社會心理學

劉安彦著

學歷：國立臺灣師範大學教育學士
美國東北密蘇里州立大學文學碩士
美國愛荷華州立大學哲學博士
經歷：大學講師、助教
現職：美國傑克森州立大學心理學教授

三民書局印行

國立中央圖書館出版品預行編目資料

社會心理學／劉安彥著.--六版.--臺北市：三民，民84
面；　公分
參考書目：面
含索引
ISBN 957-14-0289-3（平裝）

1.教育心理學

521

ⓒ社會心理學

著作人　劉安彥
發行人　劉振强
著作財產權人　三民書局股份有限公司　臺北市復興北路三八六號
發行所　三民書局股份有限公司
地址／臺北市復興北路三八六號
郵撥／〇〇〇九九九八一五號
印刷所　三民書局股份有限公司
門市部　復北店／臺北市復興北路三八六號
重南店／臺北市重慶南路一段六十一號
初版　中華民國七十三年十一月
六版　中華民國八十四年八月
編號　S 54045
基本定價　伍元陸角
行政院新聞局登記證局版臺業字第〇二〇〇號
著作權執照臺內著字第三〇二〇九號

ISBN 957-14-0289-3（平裝）

序　言

社會心理學的範圍十分廣，其所牽涉到的問題也相當多，學者們在這門學問中所倡言的理論以及所從事的研究又是紛歧不一，這許多特色對於一個編寫社會心理學入門性書籍的作者往往帶來不少的困擾，這尤其是在內容取材上更為顯著。本書的撰寫在取材上根據兩大原則來加以處理，一方面重視社會心理學基本理論和概念的闡釋與驗證，另一方面則強調此等資料在我們日常生活中的實用價值，以嚴謹的科學態度力求理論與實際的相互配合。如此做雖然不能為讀者們提供一個社會心理學的全貌，但是却有助於讀者們對社會心理學基本概念和理論的正確認識與瞭解，並進而驗證，應用於個人實際生活中。

近年來社會心理學的發展與擴張相當迅速，許多舊的理論與見解往往因新的研究發現之提出而必須隨時加以更正補充；加上新領域的開拓與介入，這不但在其本身範疇的界定上造成許多困難，而且使得新知識與新發現的及時介紹變為十分重要。作者撰寫本書所採用的很多參考文獻是在最近過去兩、三年間所出版者，其主要目的卽在為讀者們提供最新進的有關知識與研究成果，也希望能藉此幫助讀者們略窺當代社會心理學的研究發展趨勢。而所採用之參考文獻的出處資料又詳細附列於書末，有志進一步研習此門學問的讀者可依此做較深入的閱讀與研究。

三民書局總經理劉振強先生以及編輯部諸位先生們對本書的排版、付印、校對和出版等，多方協助支持，貢獻良多，謹此謝謝他們。本書付印倉促，遺漏欠妥之處在所難免，尚祈先進時賢以及讀者們不吝指教賜正。

劉安彥

民國七十三年九月

社會心理學　目次

序　　言

第一章　社會心理學簡介

第二章　歸因理論與自我歸因

第三章　社會知覺與印象形成

第四章 態度與社會化

第五章 態度與行爲

第六章 大衆傳播、宣傳與說服

第七章　人際吸引力

第八章　助人行為

第九章　侵害行為

第十章 團體的影響

第十一章 隨衆附合與順從

第十二章 社會交易與人際衝突

第十三章　領袖、領導與權力

第十四章　環境與社會行爲

參考文獻

索　引

第一章　大　綱

第一章　社會心理學簡介

許多人都知道，心理學乃是以科學的方法研究行爲的一門學問。社會心理學是心理學的一個分支，它所偏重的到底是些什麼樣的行爲呢？社會心理學的領域包括些什麼呢？顧名思義，我們不難想像社會心理學所偏重的乃是社會行爲，尤其是一個人因有他人在場時所顯示的行爲方式，一個人的思想、感觸以及行動往往會因有其他人的存在而發生變化，社會心理學的主要目的就是在瞭解社會行爲的特色及其變化。其他人的存在並不一定需要是實在的，想像中有他人在場或是因推理引伸而覺得有他人在場，也都會對一個人的行動發生某些作用。

學者們以科學的方法，有系統地研究社會心理學乃是相當新近的事，社會心理學之成爲一門學問，還沒有上百年的歷史，一直到二十世紀初，第一本社會心理學的教科書（W. McDougall, 1908）才出版問世，不過，自從此一教本問世之後，社會心理學的發展十分迅速，其研究的領域也有很大的變化，在過去數十年中，社會心理學的研究主題不但不斷地擴充之外，其分化的程度也越來越複雜，這我們可以從發表於社會心理學方面的專刊上的論文之內容略見一斑。

由於社會心理學的領域十分廣泛，而其變化又是相當迅速，因此要爲它下一個全盤性而又明確的定義並不是一件容易的事，學者們一般之所以爲它下個「概括性」的定義，大都只是爲了方便對其內容進行討論而已。明確的定義既是不易求得，這兒我們不妨例舉一些現代社會心理學家們所探討的問題，或可借此幫助讀者們對本書所將討論的主題得到一些初步的認識：

1.一般人如何分析、研判別人行爲的動機和原因呢？

2.我們如何辨別他人之是否誠懇？或是有意做假欺騙我們？

3.當一般人發現或覺得被他人佔了便宜時，其所採取的反應又是如何呢？

4.個人的態度是怎樣形成的呢？我們如何可以改變偏見，消除歧視呢？

5.那些是吸引別人，討人歡心的主要因素呢？

6.助人、行善的動作在那些情況下比較容易發生呢？

7.侵害性的行爲導因何在呢？

8.一個人居於羣眾中所採的行動與該一個人獨處時的行爲方式是否一致呢？

9.領袖人物是天生的還是由時勢所造成的呢？

10.大都市中的擁擠現象是否有助於犯罪行爲的滋長和發生呢？

這許許多多的問題以及其他相關的問題乃是社會心理學者們所努力欲求解答者，也是我們在本書中所要介紹和研討的主題。

一、社會心理學的發展

社會心理學的建立與發展，與其他一般科學的創始與成長並沒有什麼大不相同的地方，由於其發展也是同樣地採漸進的方式，因此其肇始的確定日期也就很難加以確定，不過，正如我們在上面所指出，社會心理學之成爲一個獨立的研究領域大概是在本世紀初期的二、三十年，McDougall（1908）的教本指出社會行爲主要是取決於少數的本能，這些本能乃是天生的而不是後天所習得者，因爲是本能，所以個別間並沒有差異的存在，從這個觀點來看，人類的許多社會行爲主要是由內在的驅力與動機所決定。

在1924年，第二本以「社會心理學」爲名的教科書問世，這是 Allport (1924) 所寫的一本書，Allport認爲本能以外的許多其他因素爲左右社會行爲的重要變項，這許多因素包括在場的他人以及這些人的行爲反應。Allport 在其所著教本中所討論的許多主題，我們也將在本書中加以討論，由此看來，現代社會心理學的研究主題在本世紀三十年代時已有了相當明顯的端倪。

自從 Allport出版其教本後，社會心理學的領域迅速開展，這除了增加許多新的主題之研究與探討外，系統化研究方法的設計與使用也是一大特色。在1929年，Thurstone和Chave出版了「態度的測量」一書，爲社會心理學提供了一個科學的測量方法，而其他有關測量態度的方法 (Likert, 1932) 也相繼在三十年代建立，這一來，三十年代變成是測量與研究態度及其功能的一個很重要的階段，民意測驗也在這個時候有了啓端，而時至今日，這許多測驗方法的使用，尤其是在競選期間，仍然深深地影響到我們的許多行爲。在這初創期間，還有兩項研究相當突出，那就是 Sherif 等人所研究的社會常模 (social norms) 問題以及路恩 (K. Lewin) 有關領導才能和羣體歷程方面的研究，這種種跡象顯示社會心理學到了三十年代末期已是一個相當活躍的學術領域。

Lewin在社會心理學方面的研究，其意義更爲深刻，因爲他首先把理論引入了社會心理學的園地，他首先指出人類行爲與社會情境兩者間存在著某種通則，社會心理學的研究應以發現這許多通則和原理爲要務 (Lewin, 1935)，而且這種研究應以實驗的方法來行之，經由 Lewin 的提倡與努力，社會心理學進入了一個新的里程，社會行爲的原理被認爲是全盤性個人行爲的一個統整部分，而不只是片斷的暫時性反應而已。爲了達到此一研究目的，實驗情境的設計不能只靠單純的變項來設計，由於日常生活的情境十分複雜，除非我們儘量設計類似的實驗情境，否則由此所獲得的結論，其適用性將是相當有限。

Lewin所創建的研究中心（Center for Group Dynamics）對於美國社會心理學的影響十分重大，這是因爲現代許多著名的社會心理學者都前後與該中心有過關係，參與過該中心的研究工作，因此Lewin的理想和抱負得以在他不幸於1947年逝世後繼續發揮推展。

第二次世界大戰的發生，暫時地延緩了社會心理學的研究與發展，不過，到了四十年代末期，戰爭的惡運已漸遠去，許多學者重新返回學術的園地努力耕耘，如此一來，社會心理學的研究又開始蓬勃，此一期間的主要發展包括有關羣體和其成員所處地位對個人行爲的影響，個人人格特質與其社會行爲間的關係，以及認知失調(cognitive dissonance）理論的研究與探討等。到了六十年代，社會心理學可以說是進入了一個起伏不定的時期，一些舊的研究主題繼續獲得廣泛的注意，但是許多新的研究題目也在這個時候開始受到重視，其中較引人注目的包括有愛情和吸引力，侵害性和暴力行爲，社會知覺，歸因理論以及社會交易，衝突的解決等等重要問題。到了七十年代，歸因理論，社會知覺以及環境因素對社會行爲的影響更是廣受注意，加上其他早期的研究主題，社會心理學的領域眞可說是五花八門，議論紛紛。

除了研究主題的轉變外，七十年代的社會心理學又顯示了兩項重要的發展傾向，第一是社會心理學對其本身研究主題之是否切合日常生活上的實際需要，逐漸加以重視，更多的學者認爲社會心理學的研究應該要針對嚴重的社會問題提供有效可行的解決方案，此一顧慮所顯示的可由有關種族歧視問題，男女歧視和差異，以及少數民族問題的多方受到重視略見一斑；其他有關物理環境的影響，法律以及個人健康問題方面所牽涉的社會行爲之深入研究，也在在反映了實用哲學在社會心理學近年來發展上的波盪和影響。第二，研究環境眞實化要求的得到重視，也充份地顯示了許多研究者逐漸地由控制十分嚴密的實驗室研究轉向於日常生活中情境來探討一般人的社會行爲法則的努力。

目前學者們對於今後社會心理學的研究趨向之看法大有不同，因此我們也很難在此爲各位提供一個結論性的報告，不過，學者們相信下列兩種發展趨勢乃是相當明顯的：㈠社會心理學的領域將繼續擴充分化，新的研究主題也將陸續被提出，被重視；和㈡目前爲大家所重視的實用性與眞實性也將會繼續被強化，被重視；學者們對於日常生活中的許多難題，將企求有效的因應對策，以期透過學術研究來改進我們的生活品質，消除人際間的衝突，增進人際間的相互認識與瞭解。

二、社會心理學的方法

雖然我們不一定自稱爲社會心理學家，但是我們卻都是社會心理學的直接參與者，從日常生活中對他人所做的觀察與體會，以及對自己個人的自省反顧，我們每個人或多或少地對他人的思想、行爲、相互間的影響與交流都有許多不同的看法與認識。從這個觀點來看，我們每一個人可以說都是業餘的社會心理學家。不過，專業的社會心理學家要比一般常人略佔上風，因爲他們以較系統化的方法來觀察研究社會行爲，而且他們還可以運用實驗的方法，以人爲的方式安排小型的社會情境，以便較準確地推斷因果關係的存在。這兒我們要簡單地介紹一下社會心理學家所常使用的研究方法。

有關社會心理學的絕大部份研究，主要是在實驗室和實地 (field) 進行，而這許多研究又可概分爲實驗性的和相關性的 (correlational) 兩種。實驗性的研究是在嚴格控制的情境（實驗室）下，操縱某一因素來觀察另一因素由此而產生的變化。相關性的研究則利用統計上的相關法來研判兩個不同因素間是否有著某種自然關係的存在。充份瞭解這兩種基本研究法的差別不同，在閱讀心理學的研究報告時將大有裨益，這尤其是當閱讀刊載於大眾化的新聞日報以及雜誌上的報告時更是重要，因爲研究結果之引伸和推論，與其所用研究方法息息相關，讀者們在面對各種不同的報告時，應該採取謹愼的態度，對有關的研究方法以及資料的分析做進一步的認識。

甲、實驗法

實驗法的使用可以給研究者提供因果間的關係，爲了要確定因果關係，研究者必須要能够操縱他所要研究的因素，再從這些操縱中去觀察另一因素所受到的影響。當然，研究者在開始實驗之先，他首先要建立一個假設，所謂假設，其實與一般人所稱的猜測並沒有很大的不同，只是假設是一種有相當根據的猜測， 西方學者把它稱爲 「受過教育的猜測」(educated guess)，其道理卽在此。有了假設，必須設法求證，科學的研究法乃是求證時所不可或缺的，實驗法可以說是一個最具效力的研究方法，因此廣爲研究者所採用。

實驗法的設計本身其實並不複雜，實驗室的安排，主要是在控制不相干的因素，以便研究者針對兩個重要因素——獨立變項和依附變項，來進行研究，其基本過程是在控制的情境中，研究者有系統地操縱獨立變項（independent variable）來觀察依附變項（ dependent variable ）由上述操縱所發生的變化。例如我們要研究當一般人感到恐懼害怕時，是否會比較容易與他人親近結盟，恐懼害怕就是此一研究設計中的獨立變項，而受試者的親近結盟行爲反應乃是依附變項，這種研究的主要目的是在探討獨立變項與依附變項兩者間的關係以爲先行建立的假設求證。

實驗務求「乾淨俐落」，不受不相干因素的影響，不相干的因素很多，不過大概可分爲受試者內在的因素以及環境情況中的外在因素。受試者的年齡、性別、經驗以及能力等等都是這兒所謂的內在因素；實驗場所的光線、 溫度、 佈局以及其他人物的出現與否等等則是外在的因素。爲了針對獨立變項所能引起依附變項產生變化的問題，我們必須儘量避免其他因素的介入，以減低可能發生的混淆現象。

實驗的設計常常將受試者區分爲控制組與實驗組，這種安排是爲了比較上的方便，實驗組的受試者接受獨立變項的處治，而控制組的受試者則不受獨立變項的影響，但是依附變項的觀察與測量則兩組都做，以便比較獨立變項所能引起的效應。有時實驗組又因獨立變項本身程度上（如氣温之高低；恐懼害怕程度之高低等）的不同而細分爲許多組別，例如高、低兩組的比較也可提供所需的實證。爲了避免受試者個人內在因素的作祟，受試者的分組往往採用隨機任定(random assignment)的方法，這種方法的基本精神在於每一個受試者都有相等的機會被安排於不同的實驗情況（包括控制組在內）。如此一來，各組的受試者相互「截長補短」，組與組間的差異可儘量減少，而受試者內在因素的影響也隨之減低。

實驗法具有多項優點，其中最重要的一項乃是因果關係確定之可能性，由於不相干因素的嚴格控制，實驗者可以針對獨立變項與依附變項深入探討，而兩者間因果關係的存在與否因此不難加以識別。另外一個優點是實驗者可以儘量控制實驗情境，消除或減少不相干因素的介入，使混淆現象減到最低程度。實驗者能够直接地就獨立變項加以操縱以便觀察獨立變項的變化所造成的依附變項上的變化，而對變化之趨向獲得進一步之瞭解。

雖然實驗法有多項優點，而且也是最常被使用的一個研究方法，但是實驗法也有一些我們需要注意的問題和缺點。首先，實驗法是一個很費工夫的研究方法，爲了一點點的實證，我們往往需要費一番大工夫，花很多時間去搜集證據和資料。而且，實驗法所提供的實證，在推論到其他狀況和不同的樣本時，往往會產生許多困擾，因爲實驗室情境受到嚴格的控制，這與我們在日常生活中所遭到的情況並不相同，受試者在這兩種不同的環境下所產生的行爲反應，也不見得會是一樣。爲了克服這種所謂外在效度（external validity）的問題，實驗者往往多次重複類似的實驗，採用其他的樣本，如果這許多類似的實驗所獲得的結果大同小異，那末此等實驗結果的推論也就較能令人信服。

實驗室的情境往往會使受試者感到不自然，由於實驗情境被刻意安排，受試者有時並不一定和在眞實自然情況下的直接參與者具同樣的感受，因此其行爲反應也可能有所偏差而缺乏代表性，當然，實驗法並不一定要在實驗室中進行，如何安排一個較近乎自然情境的實驗背景則有賴實驗者多費心思詳密設計。

受試者一廂情願地爲實驗者效勞的心理作用也常常爲實驗法帶來相當大的困擾，這兒所謂「一廂情願」的心理狀況指的是受試者往往在參與實驗時自行猜測實驗者所要求於他的行爲反應方式而據此做反應，這種過份合作的受試者，往往表現不自然的行爲反應，實驗者由此所得的效果當然也就要打折扣了。實驗者爲了防止這種問題發生，往往需要以矇騙的方式，假造一些與研究主題不相關的口實來應付受試者，使受試者無法確知實驗者的眞正意向，而減少過份合作現象的發生。有時實驗者也可以另外安排依附變項測量之時間與情境，在受試者不自覺受到侵擾或注意的情境下去收集受試者的反應，如此可以避免或減少受試者做作的可能性。

實驗者「求勝心切」的心理也會引起所謂的實驗者誤差（experimenter bias)，上面我們提過，從事實驗，其目的在爲原先提出的假設求證，實驗者所提出的假設自有其道理在，因此他往往在有意、無意中冀求實驗結果能够證實所提假設的眞實性，如此一來，實驗測量及資料收集都有可能受到影響而產生偏差。爲了避免這種誤差，實驗者往往要借重不知內幕的第三者來測量受試者的反應，以防止自己的期望所可能發生的偏差。

乙、相關法

雖然實驗法是研究社會心理學的一個很具功效的方法，但是在許多情況下，由於實際上或倫理上的困難，實驗法並不適用。就實際方面而言，有系統地操縱獨立變項並不一定能够隨心所欲地做到，試想一個研究者假設候選人的衣著外表與選舉得票的高低直接有關，這個研究者該如何來操縱候選人的衣著與外表呢？這是一個相當棘手的難題，直接進行操縱雖不一定完全不可能，但在實際上是很不容易辦到的。再說，要是有另外一個研究者認爲不同的時令季節影響到一個人的合作行爲，他又將如何來操縱時令季節以便觀察其對合作行爲的影響呢？

再從倫理道德上的問題來探討，有時操縱獨立變項本身並不見得有困難，但是如此去做，是否合乎道德倫理的標準呢？設想有個社會心理學家認爲一個人的侵害行爲與該一個人過去在孩提時期受到父母懲罰的多少直接有關，這個社會心理學家也許可以利用孤兒院裏的小孩爲受試者，買通院裏充當父母的保姆來對不同的小孩做不同程度的懲罰，以便觀看由此而引起的小孩的侵害行爲的多寡，如此做法當然是不爲大眾人士或其他科學家們所接納的。

爲了克服類似上面所舉例的困難，研究者可以採用相關法來進行研究。相關法的使用主要是在透過仔細的觀察來決定兩種變項（或多種變項）間某些關係的存在。使用相關法時，研究者並沒有系統地操縱一個變項來觀察由此而引起的另一變項的變化。在使用相關法時，研究者仔細地觀察或測量自然產生的變化（有關人、事、物等的），以便發現此等變項是否在某種情況下同時發生或出現，以期建立此等變項間的相互關係。

再以上面討論實驗法之困難時所使用的例子來看看研究者如何可以運用相關法來解決一些研究上的難題。候選人衣著與儀表和所獲得選票之高低的問題，研究者可將不同的許多候選人根據量表來測定每個人的衣著儀表分數，再收集每一候選人所獲得的選票數，然後透過統計上相關法的分析，就可以計算出這兩項變項的相關程度。如果研究者發現儀表衣著上乘者所獲得的選票也較他人爲多，那末這兩種因素間存有正相關的現象。至於小孩所受懲罰的多寡和侵害行爲發生的多寡也可以透過仔細的觀察來研究兩者間的關係。首先我們需要評定小孩們表現侵害行爲的次數（或程度之高低），然後計算每個小孩所受懲罰的多寡，再根據這兩項數據來計算相關度。

相關法具有多項優點。其中一項很重要的優點是可以超出不自然的實驗情境去研究日常生活中的實際事件，在眞實的場合裏收集研究所需的資料。使用相關法也可以避免倫理或其他有關的因素之限制，利用天然造成的後果，而不必經由直接操縱來直接影響受試者的反應行爲。相關法的使用也可以大量地收集資料數據，這在推論研究結果時佔有較多的優勢。

相關法雖有多項優點，但是也有其不可避免的缺點。光用相關研究法，科學家無法確定兩項變項間所存在的因果關係，因爲沒有直接加以操縱，而且許多不相干的因素也沒有加以控制（或根本無法控制），混淆的現象無法避免。例如居住環境的擁擠與否，與居民的犯罪行爲有關係，住在擁擠的環境中的個人，其犯罪率較高，但這並不一定表示擁擠的居住環境導致其居民的犯罪率之增高，因爲住居環境之寬敞或擁擠，直接與居民之收入有關，有錢人不會住在擁擠不堪的區域，沒有錢的人根本住不起寬敞的房子，搬不進高級住宅區。而且許多遊手好閒無業者也多向低收入者的住宅區集中，而這些人的犯罪傾向與可能性又比一般常人來得高，如此一來，所謂擁擠與犯罪間的關係，很可能是受到許多不同因素的影響，其因果關係的確定無法光靠此一發現來達成。

丙、現場研究（field research）

所謂現場研究在理論上與實驗室的研究頗爲類似，其主要不同的地方乃是研究場所。現場研究是在自然的情境下進行研究，而受試者往往不知道研究的進行。研究者在有限度的情況下就獨立變項做必要的操縱，由於此等操縱和依附變項的觀察是在受試者不自覺的自然情境中進行，由此所獲得的結果，往往在推論到其他場合時較少困難。現場研究也有些困難需要加以留意，變項的操縱有時相當困難，在實驗室裏，人爲的控制較易執行，但在現場這卻是相當不易的，這對於精密地測量受試者的反應造成很大的困擾。再者，現場研究往往無法對複雜的變項同時做適當的操縱，對於多種變項同時加以控制也是相當困難。

三、牽涉到倫理道德的問題

社會心理學家從事實驗、研究往往會牽涉到一些與倫理道德有關的問題，這許多問題包括下列數要項：

甲、侵犯隱私的問題　對受試者徵詢有關私人的資料（例如私生活、性行爲等，或是過去所參與的不法活動，或是測量個人的人格、智力等等）。收集這許多資料是否不道德呢？雖然並不是很多學者對此提出異議，但是對於這一類敏感性的問題，大都小心從事，儘量尊重個人的隱私權，非絕對必要時，讓受試者隱名做答或反應，要是需要受試者的個人資料，則只准許實驗者本人或直接協助研究者參閱。另外，研究者又遵行所謂知曉同意（informed consent）的原則，此一原則是在告知受試者有關參與實驗的步驟及差事之後，受試者自行決定是否同意參與該一實驗爲受試者。不過，有時實驗者爲了實驗本身的需要並不能很坦白地告知受試者有關實驗的內幕，甚或需要暫時哄騙受試者使其無法預知實驗的眞正目的而影響到其反應。

乙、哄騙受試者的問題　所謂哄騙（deception）指的是實驗者以不實的情事告知受試者。例如實驗者的眞正目的是在研究一般人的服從行爲，但是他卻告知受試者所做的是一個有關學習的實驗，要受試者權充教師，而隔間另有一學生進行學習活動，如果該學生反應錯誤，即以電擊(electric shock)來懲罰，錯誤增加，懲罰（以電力強度爲準）也隨之加重。實際情形則是該一學生爲串通者，電擊實際上也沒有發生。學生受懲後的叫喊哀求都是假的。實驗者之所以如此安排，哄騙受試者，其目的乃在避免在實驗完成前受試者因預知實驗內幕而影響到其反應。

爲了要彌補因受試者被哄騙所可能受到的傷害（心身上的），在實驗完成後，受試者往往被告知事情的眞象，研究的眞正目的，以及爲什麼要暫時欺騙他們的道理。實驗者這末做，有些受試者會疑心更重，認爲實驗者以前欺騙他們，現在所說的也可能不是實話，如此一來，受試者可能因此而時懷疑慮，甚或影響到他日後的行動。

丙、受試者可能遭受實質的損傷　獨立變項之使用於受試者，可能引起不良的作用，例如藥物的使用，引起有害身體的副作用；而利用電擊或是其他引起心理恐懼的設計，受試者在實驗完成後可能仍「心有餘悸」，甚或因電擊他人而感到罪過和心理壓力。其他的安排也可能造成受試者憂慮的心態，這許多問題實驗者也要設法避免或減少。

丁、心理不安的問題　由於參與實驗，受試者可能因此會知道自己的某些弱點而感到心理不安。例如在使用電擊時，一個受試者可能感到自己軟弱無能、無法控制，這種發現也許會使該一受試者感到心理不安或增加許多心理負擔和壓力，而這種反應也可能持續相當長的一段時間。

在社會心理學的研究上，哄騙的問題最是受人矚目，許多學者也曾就此做進一步的探討。有些學者認爲當受試者知道受騙後，往往會產生反感，對於以後的再參與實驗爲受試者會抱持懷疑的態度（Christensen，1977）。另一些學者則強調哄騙對受試者所可能造成的心身上的創傷（Kelman，1967）。這種現象特別在實驗情境刻意安排使受試時感到氣憤，罪過或是尷尬時爲然。

有些學者認爲哄騙的問題可用扮演（active role playing）的方式來解決（Mixon，1977），這些學者認爲受試者雖被告知實驗的目的與方法，但是他們需要專心一致地扮演某一特定角色，模擬一般人在某一情況下所可能顯示的行爲反應，因此可能忘了所被告知的實驗目的與方法，雖名爲扮演，但可能會導致「原形畢露」，這與不知實情時的反應沒有什麼差別（Geller，1978）。不過，以「扮演」來取代，因爲實驗的事項並不一定十分有趣，受試者可能感到厭煩而不會專心投入。另外，在獲知眞正的實驗目的後，有些受試者可能立即採取某一行爲方式以爲對付，眞正的行爲反應也就很難出現，這種困難並不容易加以克服。

哄騙之使用於社會心理學研究，近年來廣受大家的重視，因爲其本身所牽涉到的不只是倫理道德上的問題，而且直接與實驗效果之可信度有密切相關，底下我們再做進一步討論。

四、哄騙的使用與處理

哄騙（deception）乃是研究社會心理學時所常遭遇到的一個難題，純粹從研究方法本身來看，社會心理學者所採用的研究方法與其他學者進行研究時所採用的方法並沒有什麼大不同的地方，只是社會心理學者在收集資料，觀察受試者的反應時往往需要故意哄騙受試者，使受試者對於實驗的眞正目的缺乏認識與瞭解，這樣子做的主要目的是在避免受試者因社會要求或其他因素而在反應上有所做作或僞裝，其用意雖佳，但卻也引起許多有關的倫理道德上的問題。

甲、使用

哄騙的使用主要是在暫時隱瞞受試者有關實驗的眞正目的，爲了達到這個目的，實驗者有時語焉不詳，有時則故意歪曲事實，以造假的方式來欺騙受試者，有時則運用串通者（confederate）僞裝爲受試者，在實驗進行中暗地裏操縱實驗的獨立變項，或安排特殊的實驗情境，以達成矇騙眞正的受試者的目的。也許有些人會懷疑爲什麼要以這樣的方法來對待受試者呢？這主要是因爲有許多社會心理學者認爲一旦受試者得悉實驗的眞正目的，他們的行爲反應將會因此而有所改變，如此一來，有關實在可信的社會行爲資料的收集將無法進行。實驗者的此一顧慮，道理其實相當簡單，設想要是我們直截了當地告知受試者我們所做的實驗，其目的是在衡量一般常人服從權威的程度，當受試者知道了這個內幕之後，他（她）在實驗中的反應很可能會受到很大的影響。又如研究助人行爲時，實驗情境中的受害者往往都是僞裝的，因此實驗者也必須借重哄騙的手段來達成目的，否則要是受試者知道受害的人根本是假裝的，這不但不會引起受試者的助人行爲，而且可能還會引起受試者的反感，產生負作用。

在實驗中哄騙受試者會造成許多難題，首先，當受試者一旦發現自己受騙，爲實驗者所欺詐時，其反感的心態與憤怒的情緒可想而知，受試者的這種感受很可能引起他們對所有的心理實驗採取不信賴、不合作的態度，甚至對於心理學本身也可能採取同樣的不利看法。除此之外，哄騙的做法也很可能在受試者的心理上或身體上造成某種程度的傷害，這尤其是當不實的研究情境引起受試者強烈的情緒反應時（如罪惡感和憤怒等反應），或是從事一些違背常理，破壞法規的行動時（如按下標明爲高壓電的按鈕，對他人施以高壓電擊做爲懲罰時），其發生的可能性更大。不過，在實際研究中，此等情事發生的比例卻是十分有限的。

乙、哄騙的處理

哄騙的手段既然會引起許多困擾，有些學者建議採用一種叫做「活躍地扮演角色」(active role playing) 的方法來做爲取代，這種方法的使用是在實驗之前詳細地告知受試者有關實驗的眞正目的，以及資料收集的方法與步驟等等，並要求受試者在參與實驗時儘量設法忽視此等有關實驗的知識，積極地投入實驗情境，採取必要的行爲反應而不另做他圖（Mixon, 1977）。提倡這個方法的學者認爲當受試者在實驗進行中開始採取行動時，他們大都會全力地介入參與實驗而忘掉了眞正的實驗目的，至少這種暫時性的遺忘是免不了的，如此一來，以「扮演角色」的方法所收集的資料，當然也會是具有相當價值的。

此一方法的效用雖已獲得某種程度的證實 (Geller 1978)，但是採用這樣的一個方法也會有許多限制，因爲社會心理學的實驗一般並不是十分引人入勝的，要使受試者維持高度的興趣，並不見得是很容易達成的一件事，因此受試者全力介入而忘卻實驗目的的可能性也會相對地減少；加上許多受試者一旦得知實驗的眞正目的時，他們很可能在實驗一開始時就已決定採取某一特定的行動方式，如此一來，全力介入與否並不能左右此一行動方式的持續，而經由此一方法所得到的結果也就令人懷疑其眞實可靠性了。基於此等困難的考慮，許多研究者目前對於此一方法大都採取觀望保留的態度，認爲這個方法在現階段並不能完全取代哄騙的方法。

目前既然沒有一個很好的方法來取代哄騙的手段，在力求避免傷害受試者與收集必須的有效資料之間，社會心理學家們所面臨的乃是一個相當棘手的問題，有許多學者們爲此問題爭論不休，大傷和氣。不過，以目前的情況而言，大多數學者所採用的立場可大致加以歸納如下：哄騙是有其必要的，而且也可以適當地加以使用。不過，下列的顧慮與準則必須隨時加以注意，以減少可能的傷害。

首先，哄騙的方法應只在沒有其他更好的方法可以採用的情況下加以使用，絕對不能是因爲哄騙的方法比較簡單而隨便地加以使用。其次，在採用哄騙的方法之前，實驗者應仔細地權衡利弊，充份地瞭解以利用哄騙而得到的新知識是否要比受試者之可能受到某些傷害來得更重要。另外，所有的受試者在參與實驗之先，應被告知參與該實驗所可能引起的不良後果以及可能產生的不良影響（如心理上的恐懼，或是其他不愉快的經驗等），這種被稱爲是「知曉同意」（informed consent）的做法，可使志願參與實驗的受試者在沒有正式參與實驗之前，獲知參與實驗所可能遭受的不良後果。所謂「知曉同意」並不是把實驗過程及目的上的詳細內涵事先告知受試者，而只是在實驗發生之前告知受試者參與該實驗時所可能遭到的不良後果，而在自由意志的選擇下決定是否參與實驗爲受試者，要是擔心受到傷害，他（她）可以拒絕參與實驗爲受試者。

除此之外，向受試者做簡報（debriefing）的工作必須要做，當實驗完成之後，實驗者應該告知受試者有關該一實驗的重要細節，諸如實驗目的，預期的結果，採用哄騙方法的必要等，都要詳細地向受試者解釋說明。受試者所提出的問題以及該實驗所可能貢獻於新知者也要詳加解答說明。這樣子做可以使受試者所可能遭到的傷害減到最低程度，甚或加以完全消除。這樣子做也可以去除受試者對於該項實驗或其他實驗所可能持有的不利反應。

第二章 大　綱

第二章　歸因理論與自我歸因

我們對於所處社會環境的知覺與瞭解往往與該一環境中人、事、物等對於我們所代表的意義直接有關，這也就是說我們對於這許多不同的人、事和物等所做的解釋直接地影響到我們對整個社會環境的看法，一個人的行爲對於不同的他人往往會發生不同的影響，這是因爲此一行爲對於不同的人具有相當不同的意義。對於別人的行爲，我們往往根據其發生的情境，就行爲者的動機與用意做推理性的分析，這就是學者們所探討的歸因過程，這兒所謂的「歸因」，就是在推究引發行動的可能因素。一個人的行動可因內在的因素所引起，也可能限於外在的因素而導致。當約會的對方遲遲未出現於約會的地點時，這有可能是因爲交通工具發生事故所導致，也有可能是因爲他一向是不守時，不講信用所引起，前者是外在環境因素，而後者是內在的個性。至於導致行爲的眞正原因何在，這並不是很容易加以分辨的，不過，歸因理論所關心的乃是觀察者所「認定的」原因和假設，至於這些被認定的原因和假設之可信度如何則是另外値得商榷的事，但卻不是一般歸因理論所關心的問題。

除了分析別人行爲的可能導因之外，一般人對自己的許多行爲也會進行某種程度的分析，冀求對個人的行爲做一個合理、可取的解釋，這是所謂「自我歸因」的歷程，這種歷程與研判他人行爲導因的歸因歷程大有不同。一般人所稱的:「旁觀者淸，在局者迷」，是否有科學上的根據呢？這是一個値得深入考慮的問題，因爲兩種歸因歷程本身上已有顯著的差異，加上個人得失利害上的許多考慮，這兩種歷程都有許多令人感到困擾的偏差與錯誤，有關歸因誤差的研究，近年來頗多進展，成果相當豐碩，這許多新的發現，對於過去一些傳統性的觀點構成相當的威脅與挑戰，這些將是我們在本章中所要討論的重要課題。

一、歸因理論

在我們日常生活中，我們對周遭的人物需要有相當程度的認識與瞭解，這在適應生活環境上對個人有很大的助益；那些人和藹可親，那些人勢利小氣，我們都想知道，不過，別人內心想法如何，我們卻無法透視，因此我們只能根據別人所表現的行為來做某種程度的推論。這一節中，我們所將討論的是「一個人由觀察他人行為到推定這個人（行為者）之為何等人物」時所經歷的主要過程的有關理論。首先我們需要特別指出的是，學者們對這些歷程有多種不同的講法，這兒我們所要討論的是四個主要說法。

甲、相當推論說（the theory of correspondent inferences）

此一學說是由 Jones 和Davis（1965）所提倡，這兒所謂的「相當推論」是指外顯的行為乃是因行為者內在之人格特質所直接引起，這也就是說一個人的行為與其人格特性是相當一致的。當我們看到一個人喜歡同別人吵架時，假如我們認為這個人生性具侵略性，才會有這種行為表現，我們所採用的就是一種相當推論的步驟。由此可見，當同樣的形容詞可以同時用來修飾行動與個性時（具侵略性的），這種推論就是相當一致的了。而這種推論之是否可靠可信，直接與相當一致的程度之高低有關。

由於一個人之所以採取某一行動乃是為達到某種目的，如果我們能够知道其行為的眞正目的，那末對於其個性之推論也就會更有把握。在評量行動者之企圖時，我們常常要利用有關行動者之知識的訊息，而且行動者實現其企圖之能力的資料也是我們所需要知道的。一個行動往往可以產生多種效果，而這些不同的效果是否是行爲者所意欲造成，我們需要逐項加以分析研究，要是某些行爲所造成的後果並不直接與行爲者的原先企圖有關，那末這些行爲後果不能用來推定行爲者的個性和人格特質。綜合上述，我們可以看出，旁人所能直接觀察到的乃是行動本身以及因此一行動而引發的一些效應。從這些效應和行動中，我們進一步推定那些是其能力與知識所能造成，再由此來推斷行爲者之眞正企圖和動機何在。

對於企圖和用意有了瞭解之後，下一個步驟就是有關個性的推論。從動機的推論到個性本質的推論並沒有什麼特別的過程，學者們對此也少有討論，在基本上一旦對一個人的用意有所瞭解之後，很顯然地我們就可以根據此一瞭解來對個性本質做一相當的推論。假如一個人挺身而出助弱者一把，但並不是爲名或爲利，那末我們就可以推論這個人是講究義氣公理。

相當推論之是否正確可靠與兩項重要因素直接有關：某一行動之功效的多少以及該一行動的社會意欲性之高低（social desirability level)。上面我們提過，一個行動往往會產生多種不同的效應，某一行動所引起的效應越多，推論越是困難。同時，一個行動的社會意欲性越高，推論也是越困難。不過，在處理多種效應方面，我們可以運用非平常的效應（noncommon effects）來協助我們的推理，而且當非平常的效應爲數很少或是只有一個時，我們最能做一具有高度信心的推論。設想有兩個學生都喜歡到某一書店買書和文具，我們又知道這個書店書的種類多而且齊全，也知道價錢很公道，而且店員老板都親切，這許多因素都可以說明爲什麼這兩個學生喜歡到這個書店買東西，但是要是我們又知道其中一個學生的親戚是該一書店老板，這個非平常的因素對於該一學生之行動動機將可幫助我們做一具高度信心的推論。

所謂「社會意欲」指的是某一行動是社會一般人所希求、 所期待的，或是所接受的。每個人或是大多數人所喜歡的，其「社會意欲性」也越高，一個社會意欲性高的行動是一般人行爲的常模，這在解釋一個人的個性本質上少有助益。碰到熟人問好、問早的行動是一個社會意欲性很高的行動，只根據這種行動，我們很難對一個人的個性多加推論，光憑此就說一個人彬彬有禮，很有敎養，未免是有些膚淺。因此這種行動很難有助於我們辨別不同的人物，與此有關的是 Jones 和 McGillis (1976)所指出的「類別有關的期待」(category-based expectancy)。學生向老師行禮，士兵服從長官，子女孝敬父母，這一類的許多行動都是類別有關的期待。這一類的行動也很少能有助於個性的推論。

Harold Kelley（1971）綜合有關非平常效應以及社會意欲的基本理論而提出了「折扣原則」(discounting principle)，這個原則是用來說明一般的歸因歷程的。根據 Kelley 自己的說法，某一因素在產生某一效應所擔任的角色（其重要性）往往因其他同時存在的可能因素而被打折扣，這也就是說當我們可以列舉多項因素同時與某一效應可能有所關連時，任何其中的一個因素的重要性都會因此而減低。由於社會意欲以及多數的非平常效應之存在都可能提供其他的可能因素，因此都會使任何特殊的因素被打折扣。 除此之外， Kelley 還提出增漲原則（augmentation principle)，這兩個原則最適用於單一觀察情況下的歸因。增漲原則的使用在抑制原因 (inhibitory causes) 和促進原因（facilitative causes）兩者並存的情況下適用，當某一行爲同時受到促進與抑制的因素之影響，促進該一行爲發生的原因（促進原因）的重要性會因同時存在著抑制行爲發生的因素而受到較多的重視，這也就是說歸因的方向會偏重於促進原因。

乙、Kelley的歸因理論

Kelley（1967，1971）認爲每一個人都是一個「單純的科學家」（naive scientist）。我們分析環境中的許多事物企圖發現所觀察到的現象之導因，這樣做的主要目的是在去除許多有關的可能因素，以便明確地提出某一事件的導因，而這種導因可能是個人的內在因素，也可能是環境中的某項因素。例如，當我們看到有個人在看電影時嬉笑一番，對於這樣一個行爲，我們希望能够決定這個人的笑是導因於個人（這個人具幽默感，喜歡笑），或是他的行爲是由電影的某些情節（外在因素），所引起。

Kelley 指出下列三個基本因素是我們在做類似上述推論時所必須加以考慮的。這三項基本因素包括：㈠、事件的特殊性；㈡、反應的相同性和㈢、反應的一致性。

㈠事件的特殊性（Distinctiveness of the entity），我們需要瞭解這個人在看電影時是否都會嬉笑一番，或是只在看這個電影（特別的某一電影）時才笑？如果他只是看這個電影時笑，我們很難就此而能對這個人有較多的認識，因爲高度的事件特殊性往往引致外在的或是有關事件的歸因。這也就是說這個人之所以會笑是因爲電影很滑稽有趣。

㈡反應的相同性（Consensus）此一因素之考慮是在研判是否所有的人對此一事件都有同樣的反應。是不是在場看電影的人都嬉笑一番？要是大家都如此，反應的相同性就高，這種現象所指示的是這個人之所以笑是由外在因素所引起而不是導因於他的個性。反之，要是只有他一個人笑，我們對個人內在因素的歸因就會較具信心。如果這個電影是有關一個悲慘的故事，對於看這種電影還嬉笑一番的人，我們不能說他別具幽默感，也許認爲他是有點神經病倒是比較恰當。反應的相同性越高，外在歸因的可能性也越大，反之，如果反應的獨特性越高，那末內在歸因的可靠性也越高。

㈢反應的一致性（Consistency）這兒所指的一致性是時間上和場合上的一致性，如果在不同的時間和不同的場合裏，某一特定反應一再出現，此一反應的一致性比較高，高度的反應一致性是內在和外在歸因所都必須的，這種一致性所反應的是穩定性的存在，缺少這種穩定性，不管是內在的或是外在的歸因都不太可能，反應無常的現象往往是因臨時突發的情境因素所引起，而不是直接與個人或有關事件有關。

有關Kelley的理論之研究，發現內在歸因在特殊性低，相同性低，而一致性高的情況下較具可能性；而外在歸因則在特殊性高，相同性高和一致性高時具較高的可能性。而在三項因素中，以事件的特殊性佔最重要的地位（McArthur，1972）。但是，反應的相同性在歸因歷程上卻沒有想像中來得重要（Borgida and Nisbett，1976）。不過，這可能與相同性資料的使用比較複雜有關（Pruitt and Insko，1980），因為相同性資料往往不能只根據某一事件，在其他場合下不同事件所引起反應之是否相同，也是需要加以考慮。

與別人行為反應有關的資料（反應之是否相同）在下列情況下與歸因之決定有著重要的關連：⑴當有關相同性的資料是最後被提供時；⑵當相同性的資料是以具體而非抽象的方式提出時；⑶當觀察者有能力自行對情境獲得瞭解與認識時和⑷當觀察者的歸因是針對他人而非自己本人時。由此看來，相同性的資料並不是不重要，只是它之是否能發生效用，與特定的許多條件有關。

丙、成功與失敗的歸因

Weiner等人（1971）認為成功與失敗的歸因包括兩個步驟，首先，觀察者必須決定歸因之為內在或是外在？其次，觀察者還得決定成功或失敗是時常發生或只是偶而發生（stability-instability），經過這兩個步驟之後，最後總結性的歸因才有可能。穩定性和內在——外在因素兩者間相互有關，根據 Weiner 的分類，內在而又穩定的因素包括個人的能力，而外在又穩定的因素爲工作之難度（task difficulty），個人的努力程度雖是內在的，但並不穩定，不過，一個人運氣的好壞是一個外在的因素，而且也不是個人所能隨心所欲加以變化，因此運氣（luck）是一個不穩定的外在因素。

根據 Weiner 等人（1973）所做的實驗，當一個人目前的成就與過去的成就不相一致（不管是成功或是失敗），而且這個人的成就又與別人的成就有所不同時，一般的歸因大都是不穩定的內在因素——努力（effort）的程度，在成功的情況下，一定是因爲他特別努力所致，要是失敗的話，那是因爲賣力不够。反之，要是個人的成就與過去的成就相一致，而又與別人的成就一樣，那末工作的難易往往是歸因所在，成功是因爲工作容易，失敗是因爲工作太難。如果個人目前的成就與過去的成就類似，但是與他人的成就不同，那末能力就被認爲是因由所在，他的所以會成功是因爲能力強，要是失敗的話，那末一定是能力不够。

再以一個學生考試成績的好壞來說明，如果這個學生以前考試都得高分，而這次考試又得高分，但是其他的學生這次考試都沒考好，歸因推論的結果，我們大都會認爲這個學生一定是很聰明，能力很強；如果其他的學生也都考得很好，那末我們會認爲一定是考試題目簡單不難。反之，如果這個學生以前考試考不好，這次卻得高分，而其他的學生也都沒考好，那這個學生之所以得高分一定是走運，僥倖而來。要是這個學生以前考試不行，這次也沒考好，而別人也一樣沒考好，那末我們會認爲是考題太難。要是這個學生以前考試都考得很好，這次卻沒考好，但是其他人都考得不錯，在這種情況下，我們會以努力不够來歸因。

Weiner 在 1979 年又提出了另一項重要因素，他認爲控制方式（locus of control），也就是內在與外在兩種方式應該從兩個不同的方面加以分析，一方面是導因的方式（內在與外在），另一方面則是是否能够加以控制的考慮。根據這個新的說法，一個人的能力是一個內在而又穩定的特性，但是這個特性並不能隨意加以控制的。除了上面提到的能力、運氣、工作難度以及實力多寡之外，新的學說還注意到有關心情好壞以及努力程度之高低的較詳細分析。此一增訂後的學說之正確性如何有待進一步的實驗證明。不過，Weiner 還特別強調個人所處文化背景以及不同社會觀點在成功與失敗評論上所佔有的特殊地位。有些文化（如日本和希臘是）強調耐心是導致成功的一個重要因素。國人又常有「鍥而不捨，金石可鏤」的說法，其他如個人技巧以及人際關係好壞等因素，也常會影響一個人工作的成功與失敗，在這種情況下，任何一個歸因的理論都需要加以考慮。

上述三種學說具有一個共同的特性，那就是歸因的歷程都是以觀察他人的外顯行爲爲開端，而其終極目的則在探求導致此一行動的原因（內在或外在）。不過，這三種學說也有其相異處，Jones 和 Davis的學說主要是在探求內在的個性之是否與行動相吻合，而且他們只針對在某一特定時間和特定場合裏所發生的行動，對於在其他時候或場合所發生的行爲則並不加以考慮。這在 Kelley 和Weiner的學說中是一項很重要的因素，因爲現在與過去行爲的比較爲觀察者提供了穩定與否的主要資料，而又如上段中我們所提及 Weiner 對於個人所處社會、文化背景也特加重視，由此可見Weiner 和Kelley所考慮的相關資料較齊全。不過 Jones 和 Davis的學說，對於個性的認定要求具體確實，這與其他學說只偏重內在或外在因素的認定又有不同。

丁、Heider的單純心理學（Naive Psychology）

在日常生活中，一般人對其周遭人物的行爲舉止都下相當的工夫力求有關導因的認識與瞭解，此等活動與努力的後果，乃是每一個人對於一般人類行爲所抱持的某種概括理論，這就是海德（Heider, 1958）所探討的單純心理學（naive psychology）。海德認爲所有的人都有兩種強烈的動機：一種是對於個人周圍環境的適當認識；另一種則是對於周圍環境的有效控制。這些動機的存在，使得每個人對於別人行爲的前因後果做多方的探討，由於這方面經驗的累積，我們對於別人的行動舉止大都可以做相當程度的預測。

海德認爲行爲後果受到兩種不同因素的影響：個人的因素和環境的因素。個人的因素包括個人的能力和動機等；而環境的因素則牽涉到工作和任務本身的難易問題。簡單地說，行爲歸因的歷程乃是行爲觀察者衡量上述有關因素的一種歷程。行爲觀察者對於行爲者能力的知覺（perception of can）必須根據工作的難易以及行爲者的工作表現來加以衡量，能夠完成艱難任務者，其能力一定較強，反之，如果簡單的工作，幾乎每個人都可以順利地完成，這種情況對於行爲者能力的評鑑並不能產生太多的助益。但是，這在衡量行爲者的動機方面，卻有其獨特的意義，這與我們一般所說「非不能也，乃不爲也」的說法頗相類似。行爲者是否有足夠的動機企求工作的完成直接影響到工作的表現，這所牽涉的乃是觀察者有關行爲者的嚐試的知覺(perception of trying)。行爲觀察者根據上述的觀察與分析，可以就行爲者的個人本質（諸如能力、動機、企圖等）做某些程度的推斷。

歸因分析的主要目的是在能夠預測行爲者未來的行爲動向。這種行爲的預測與行爲導因之被分析爲內在的或外在的特質關係相當密切。如果某項行爲之發生是因個人內在因素所引起，那末此一個人將來在同樣情況下的行爲動向將不會有太大的變動，這種瞭解有助於未來行爲預測的準確。但是，要是某項行爲之發生是由外在的情境因素所引起，此等外在情境因素是否再度在未來出現很難予以確定，如此一來，外在因素的判斷對於某一個人未來行爲的預測較缺乏實用價值。

戊、社會認知的觀點（social cognition approach）

歸因理論學家認爲每個人在社會生活中扮演類似科學家的角色，從觀察他人的行爲來推論別人的特色以及行爲的導因。其他的學者則認爲每個人早已先有了對於世事的許多不同看法，這就是所謂的社會思碼（social schema），這些先入爲主的不同觀點，往往決定我們對於所面臨環境的不同解釋。簡單地說，社會思碼乃是一個人對於社會事物之如何運轉操作所持的個人看法（Taylor & Crocker，1981）。這許多看法可分爲三大類：(1)有關社會事件（events）的思碼；(2)有關社會人物的思碼；和(3)有關角色的思碼。

看布袋戲乃是一種社會事件，一般人對於這種事件都有其個人的特別看法，一想到看布袋戲，也許就想到廟會拜拜一類的事，而且又是敲鑼打鼓，熱鬧非凡的現象。若是提到聽京戲，那又是另一回事，京戲的演出大多在戲院裏，而且男扮女裝，大刀長槍一類的道具，舞臺佈景又是另有一番風味。這許多早已存在於我們腦子裏的看法與觀點對於我們在日常生活中所遭到的種種事物之歸納與理解佔有十分重要的地位。

角色思碼幫助我們認識各種不同的職業角色，演員和教授自有其獨特處，出版商與作家又是大有不同，所謂男女有別，長幼有序的看法也是角色思碼的一部份。至於人物思碼（personal schemata）則又有多種，它可能是與某些特定人物有關，例如是自己的兄弟姐妹，或是自己的配偶，或是某些特定人物（公共人物），如鐵腕部長，省議員或國大代表等，人物思碼也可能是自我思碼(self-schema)，這也就是自我的看法，別人對自己的期望以及自己對個人人格特質上的認識等。人物思碼也可能與某些有關的人格特質羣有關，例如內向型與外向型人格，女性化與男性化人格等。

社會思碼並不是一種推理的系統，而是累積過去許多經驗所構成，這許多思碼幫助我們組合我們所遭遇到的社會刺激，根據社會思碼我們對於社會事件與社會人物可以多少建立一個整合的看法，許多缺失的有關訊息，我們也可以根據社會思碼來加以補充。雖然我們並不一定對某一個人有深入的認識，但是根據該一個人所屬的行業以及其角色，我們並不難與之做適當的接觸。在日常生活中我們常聽到如何如何應付「這種人」或「那種人」的道理就在此。

二、歸因分析的可能偏差

歸因分析的歷程從不同的角度，研判許多不同的可能因素企求對別人行爲的導因有所認識與瞭解，這種歷程本身乃是一種相當理智的過程，不過，在研判分析的過程中，卻存在著許多可能引起偏差的因素，這許多因素的存在，直接地影響到歸因分析的正確性，這兒我們所要討論的，乃是比較普遍的幾種。

甲、行爲者與觀察者的不同　行爲者自己對本身行爲導因的分析與旁觀者對同一行爲的歸因分析頗有不同，這種差異可能是引起歸因分析偏差的最重要的因素。試以學生考試欠佳的情況而言，就學生本人來說，他可能以試題太難，範圍太廣等因素（外在的）來解釋考試失敗的行爲；但是從教師的觀點而言（旁觀者），他往往以爲學生之所以考不好主要是因爲學生不用功，沒有做充份的準備（學生的內在因素），甚或素質太差來解釋。簡單地說，行爲者本人所做的歸因分析大都是外在的，或是情境的因素，但是一般人對於別人的行爲之歸因則大都是以內在的個人因素來解釋。這種行爲者與觀察者的歸因差異相當普遍（Eisen, 1979; Goldberg, 1978; Arkin & Duval, 1975）。

爲什麼行爲者與觀察者的歸因分析會有這樣顯著的差異呢？學者們

對於此一現象有兩種可能的解釋。第一種說法可以說是著眼點不同的說法。這也就是說行爲者與觀察者的著眼點頗有不同，行爲者本人對於自己的行爲很難做直接深入的觀察，於是他們的注意力偏重於外在的情境因素，如此一來，他們也就認爲外在的因素乃是導致其行爲的主因；相反地，旁觀者集中其注意力於別人（行爲者），因此對於外在的情境因素不免有所疏忽，其歸因分析也就偏於內在的因素了。

有關行爲者——觀察者歸因差異的第二種解釋以資訊來源的不同爲基礎，根據這種說法，行爲者與觀察者所用來歸因分析的資訊有所不同，就行爲者本人而言，他（她）對自己過去的行爲頗多瞭解，在不同的情境下他們的反應又因之而有差別，這種消息並不是旁觀者所能獲得的，當然在旁觀者對行爲者認識很深的情況下，這又當別論。旁觀者旣然對於行爲者的過去行爲方式少有瞭解，他往往假定行爲者過去的行爲方式與目前所觀察者沒有不同，如此一來，歸因也就偏於個人的內在因素。

乙、自我侍奉的偏差（Self-serving bias）

自我侍奉的偏差主要是指一般人對於良好的行爲都採取居功的態度；但對於不好的、欠妥的行爲則否認個人所應負的責任。學生考試成功與失敗所做的歸因分析充份地顯示此一偏差的存在。考試考得好時，學生大多以能力強，充份準備等來解釋；但是考差時，則往往埋怨試題不當，打分數太嚴等外在因素來解釋。

與居功卸罪的做法頗相類似的另一手段則是自我貶損、自我退路，這些手段當然都是在保護自己的個人意象。雖然借酒澆愁愁更愁的道理並不難意會，但是有許多人卻以酒精來做爲個人失敗或差錯的「替死鬼」。借酒發瘋而損人傷人的行爲，行爲者本身往往是刻意安排的，以便在事機敗露時自圓其說，魚目混珠一番。

自以爲是的偏差有時又叫做自我標榜（ego-enhancing）的偏差。

有關這方面的研究，一般發現受試者對於自己的成功往往做內在因素的歸因分析，而對自己的失敗卻採外在因素的分析（Zuckerman，1979）。受試者的這種歸因分析偏差可以使個人自己的自我意象提昇，因爲憑本領的說法總是比靠運氣要體面多多。自我膨張的偏差往往隨自我介入（ego involvement）的深淺而有不同，自我介入愈深，自我膨張的程度也愈高，內在因素的歸因在成功的情形下越是顯著。這種現象的存在與行爲者和觀察者在歸因分析上的差別又有關連，旁觀者一般介入的程度並沒有行爲者本人自我介入深，因此在歸因分析上，對於行爲者的成功較常以工作容易或運氣好等外在因素來解釋；而行爲者本人則大多以能力強，工作賣力等內在因素來說明。在失敗的情況下，旁觀者與行爲者的歸因分析則剛好相反（Snyder 等，1976；Taylor 和 Koivumaki，1976）

有些學者對於自以爲是偏差現象的解釋則從認知的立場來加以分析，這與上述從個人動機上加以分析有所不同（Nisbett 和 Ross，1980）。這些學者認爲一般參與心理實驗的受試者，成功對他們而言是相當自然的，以學業成績而言，一般大學生獲得及格的分數並不是很令人感到意外的事，相反地，不及格的成績倒是有些出乎意料之外，與過去的經驗不一致。根據凱利的歸因理論，缺乏一致性的事件，往往導致外在的情境歸因分析；而一致性的行爲卻歸因於內在的個人因素。我個人一向成績不差，這次考試欠佳，教授有意當人該是相當合理可取的解說。這種認知推理上的分析並沒有牽涉到個人的動機因素。

自以爲是的歸因偏差也可以從印象整飾（impression management）的觀點來加以解釋。根據這種說法，自以爲是的做法主要是在別人面前提供一個良好的印象，我們對自己失敗或成功的眞正原因雖有正確的認識，但是在他人面前，爲了使別人對自己產生一個良好的印象，我們只好往自己臉上貼金，推卸失敗的責任（Bradley，1978）。

由此看來，「自我侍奉」的歸因方式可從動機、認知和印象整飾等三種可能解說來加以分析，這三種不同的解說在某些情況下自有其存在的價值，而且也都獲得某些實驗結果的證實，因此孰重孰輕的論斷，目前很難有一終結性的說法，雖然支持動機說法的實驗結果似乎要略佔上風。

丙、顯著與可用的偏差（saliency and availability biases）

從認知心理學家的研究發現來看，一般人的歸因歷程也受到了顯著（saliency）與可用（availability）兩種外來資訊特質的影響。Tversky 和 Kahneman（1973，1974）指出一般人在估計某一事件發生的頻率次數時，常常因爲相關資訊之是否容易在腦海裏出現而頗有不同，越容易被想起，被記起的刺激，在決定某一事件的導因上越是佔重要性。這種傾向不只是在觀察事物上是如此，而在觀察他人時也有同樣的偏差，這種相關資訊可用性的大小將影響到一個人對外界人、事、物等的歸因與解釋。

顯著突出的人、事、物我們會有較深刻的記憶，因此在歸因過程中被使用的機會也較大。從知覺的觀點來看，我們知道注意力的集中乃是促進記憶的一個要項，顯著突出的刺激物較能吸引我們的注意力，因此我們也就有較深刻的記憶。Taylor 等（1978）的研究指出小組中的一個奇特分子往往因其具顯著突出性而被認爲較具影響力。例如小組中的唯一黑人組員往往被旁觀者識爲發言較多，而對小組的討論發生較大的影響。其他的研究（Pryor 和 Kriss，1977；Higgins等，1977）也都發現顯著和可用的特殊刺激物在受試者所做的人、事、物之歸因上都發生左、右的作用，加重刺激人物的顯著性可以增加該人物在歸因解釋上所佔的份量，而某些個人特質的強調也會引起與此等特質相關行爲的得到較多的重視。

三、基本歸因誤差的解釋

爲什麼一般人在解釋別人行爲的導因時會偏重行爲者的個人內在因素而忽略了可能發生作用的環境因素而造成 Ross （1977）所謂的基本歸因誤差（ fundamental attribution error ）呢？有些學者們（如 Jones 等，1971；1976）認爲這種偏差與一般人所採的認知觀點有關。當我們觀察別人採取某一行動時，行動者乃是我們注意力集中的焦點，因此我們認爲行爲者就是所觀察到的變化之導因，於是行爲者的個人特質很自然地成爲解釋環境變化的主要原因。但是，當我們自己採取某一行動時，環境中的因素變成是我們注意力集中的所在，於是不同的背景資料導致了不同的歸因後果。而且，觀察者對於行爲者的認識通常也不深入，不但對目前行爲後面的驅使動機缺乏瞭解，而且有關前因後果以及行動者個人的歷史資料又欠缺不全，光憑推理，只好就觀察得到的歸因於個人特質（Goldberg，1978）。

其他的研究（ Duval 和 Wickluad，1972；Wickluad，1979；Carver和Scheier，1978）探討當一個人的注意力集中在自己身上時，他是否會因此而偏重於個人因素的歸因？這些研究所得的結果指出如此做，是可以增加個人對自己責任感的重視，因此其歸因也就較偏重於個人因素。而且那些生性本來就比較富自我意識者，在這一類研究中的歸因反應也是比較偏重個人因素的作用。由此看來，不管是在實驗室裏的短期控制或是一個人的生性使然，較多的自我注意力似乎可以增加個人內在因素的歸因趨向，而減低以環境因素來解釋個人自己的行爲的偏差。

有關歸因誤差的另一種解釋則偏重個人所處文化背景上不同所可能

產生的差異；在西方文化中，個人自己往往是被認為是行動的主宰，由於個人主義盛行，一般小孩從小就開始養成個人主使一切的理想與抱負，在這種環境中成長的人很自然地會偏重個人本質因素在解釋行動上的重要性（Ross，1981），這尤其是在對不良行為或導致不良後果的行為做解釋時更是如此。有些人更認為把引起不良後果的行為歸因於行動者的個人本質，這樣子做對於觀察者自己具有保護的作用，例如對於那些因汽車肇事引起車禍而受到損傷的人，許多人往往會以駕車不小心來責怪當事人；但是對於那些可能引起車禍的環境因素（如路況欠佳，氣候惡劣以及交通擁擠者）則少加重視；責怪肇事者開車不小心的做法，從另一個角度來看，觀察者可以自認並不是粗心大意的人，因此出車禍的事不會在自己身上發生，如此想法也就自得心安無疚。

四、自我歸因及其誤差

自我歸因可以說是一種自我省察的過程，對自己本身的成功或失敗做一合理可取的解說，這種過程與分析他人之所以成功或失敗的歸因過程頗有差別，這在前面我們討論行為者與觀察者在歸因分析上所產生的顯著差異時，已多少可以觀其端倪。在本節中我們將偏重有關自我觀察，自我貶損以及社會性的比較等問題的探討，除了描述普遍存在的自我侍奉行為外，對於造成此等行為的許多因素我們也將有所論列。自我貶損的做法則是採取低姿態的作風，為可能發生的失敗後果先行安排出處，以避免遭受難堪，這兩種不同的行為方式，一在抬高自己的身價，一在顧全自己的顏面。至於社會性的比較則偏重自我的評量與判斷，其目的主要是在增進對自己的認識。

甲、自我觀察

對於自己的失敗，我們往往以「天不我與」，時勢欠佳來解釋，不過，對於自己的成就，我們卻都認爲是自己努力奮鬥而來（Zuckerman, 1979）。這種自我侍奉（self-serving），自己往臉上貼金的現象十分普遍。當學生的，考試成績好的大都認爲試題很好，能够有效地測出個人的實力；但是成績不好的，則大多認爲考試不能顯示實力（Davis 和 Stephan, 1980; Gilmor 和 Reid, 1979）。當老師的又是如何呢？當自己班上的學生考試成績良好時，總認爲自己教導有方，但當學生考差的時候，則認爲學生不用心、不够努力（Arkin, Cooper 和 Kolditz, 1980）。學者教授們也沒有例外，當問及他們有關文稿之被採用或被拒絕的問題時，他們往往會指出稿件之所以被採用主要是因爲他們費心寫作，而且文稿具有高度的價值；至於被拒絕的，則大多認爲是運氣欠佳，審核者爲難所致（Wiley, Crittenden, 和 Birg, 1979）。

往自己臉上貼金的現象在與別人做比較的情況下也是十分普遍（Felson, 1981）。例如一般生意人都認爲自己要比其他商人講道義（Brenner 和 Molander, 1977）；而一般司機，甚至是那些曾出過車禍住過醫院的司機，也都認爲自己駕車小心安全，而且技術要比他人高明（Svenson, 1981）；一般老美也都自認要比別人聰明能幹（Wylie, 1979）；法國人也有同樣的優越感（Codol, 1976）。而一般美國大學生也都認爲自己能够多活十年（Larwood, 1978）。美國高中畢業生有百分之七十認爲自己的領導能力居於中上；而只有百分之二的人認爲比常人差些；至於與別人和好相處的能力，九十萬人中沒有一個人認爲比別人差；而高達百分之六十的人却認爲自己是在最高的百分之十之中，而百分之二十五的人更自認是高倨頂端的百分之一。

當然並不是所有的人都有這種自我抬轎，自我標榜的做爲，有些人甚至時常遭受到自尊心低落的困擾。也許有些讀者認爲過度的自卑可能是引起過度自我標榜的原因，這與一般學者（如 E. Fromm）的看法頗多類似，但是許多其他有關的研究（Levine 和 Uleman，1979；Rosenfeld，1979）卻指出根據自尊量表所測得的分數，仍以那些喜好自我標榜的人得分最高。反之，那些不自我往臉上貼金者，卻多有沮喪的傾向，而這種人對自己的觀察與評量也都較爲實在正確（Alloy 和 Abramson，1980；1982），這種人雖然比較悲觀，但似乎也是比較聰明些，這種人不會歪曲事實來保護自己，如此一來也就很難心情快活，自覺高人一等。

Bradley（1978）評論有關自我抬轎、自我貼金、自我侍奉（self-serving）等方面的研究報告，發現一般人確是有自我邀功的情事，當成就良好時，往往說是得自自己的功勞，但是當成就低落時，則不願擔負責任。而這種自我歸因上的偏差在某些情況下最易發生，這些情況包括有：(1)行動者積極參與活動；(2)行動者能自由選擇是否參與活動和(3)行動者的行爲後果是公開化的。行爲後果之是否需要是公開的，有些學者認爲沒有必要。Greenberg（1982）要求受試者接受智力測驗，有一半的受試者自己改考卷，考卷上也不書寫姓名，另一半的受試者的考卷則由實驗者評閱，而且做答者的名字都在考卷上。實驗者在評完分後告訴每個受試者他們答對十二題（總共有二十題），不過有些受試者被通知這種成績很不錯，其他的一半受試者則被告知這是欠佳的低分數。在受試者獲悉自己的成績後，他們被要求檢討成績的歸因是由於個人的能力或是努力或是好運之有無。那些認爲自己成績很好的人大多以自己努力和能力強來做解釋，那些被告知考差的人則多以運氣欠佳來解釋，而這些歸因上的差異並不與考試成績之是否公開有關。其他的研究（Rosenfeld 等，1981）也指出這種現象的存在似乎是用來提高自尊心，而不是用來裝飾門面，討好他人對自己的印象。

影響自我歸因的其他因素包括有自我中心（egocentricity）和認

知保守性（Cognitive Conservatism），前者指的是：個人乃是所有知識的中心，這也就是說一個人有關其周圍環境的知識是以自己個人為中心來加以整理組合，我們記憶中的事物以及人物大都以直接與個人有關者為基礎、為中心。我們對於與自己個人有關的事物，較易加以處理和回憶。而且當我們接受外來訊息時，對於與自己原有之思想觀念相吻合的東西，我們也較易加以接受。而且我們也都經由與他人的交際中來證實個人對自己的看法（Seann 和 Read，1981）。一般人對於與自己原先所持有觀點相吻合的東西大多加以追求接納，但是卻儘量避免那些與自己觀點不同，甚或相互衝突的東西，其終極目標乃是在證實個人自我概念（self-concept）的正確性；如此一來，想要對自我觀念做基本上的改變是一件相當不容易的事。知覺與記憶上的偏差自然會影響到歸因推理上的偏差。

乙、自我貶損（**Self-handicapping**）

自我貶損的做法也是一種自我保護的做法，試想一年一度的聯考就在眼前，錄取與否關係重大，但是錄取與否與考試成績之好壞直接有關，考好考壞一個人很難全然有把握，萬一考垮了，別人的恥笑輕視很難令人忍受，為了避免面對這種不愉快的後果，有些考生可能採取自我貶損的技巧，考前幾天掉了參考書、筆記，考試時忘了帶眼鏡或是手錶，諸如這一類的情事，都可能對考試產生不良的影響，如此做乃是為了將來萬一落榜時留一後路，歸罪這些因素，而去除或減少個人對行為後果所應擔負的責任。如果在這許多毛病存在的情況下仍然獲得金榜題名，那末就更能顯示個人「功力」的不凡。自我貶損的人可以不必面對不良的自我歸因，藉著自我貶損，一個人可以不必面對自己缺乏某種優良特質的難題（Smith 等，1982）。不幸的是，自我貶損的做法也會減少一個人成功的可能性，許多人借助酒精、藥物來逃避個人責任的做法，實質上乃是一個自欺欺人的做法。

Tucker 等（1981）所做的實驗是以酒精的消耗量為替罪羔羊，受試的大學生首先被告知此項實驗是在研究自行決定的飲酒量對於考試成績所可能產生的影響。這些受試者然後接受一項所謂有關高級智能的測驗，之後在第二次應考之前，他們可以自由飲用含有酒精的飲料，如果有受試者不想飲用，那也隨他的便，而不加強求；飲用與否以及飲量之多寡並不加限制。受試者有一半在第一次考試時所被考的試題並沒有固定的答案，另一半則得到明確簡單的試題。在飲用含酒精的飲料之前，有一半的受試者被告知他們第一次考試的成績很好，其他的一半則未被告知他們考試的成績，而這些沒獲得考試成績的人，原先試題的難易並不影響到飲量的多寡，但是那些知道（被伴告的）考試成績的人（都被告知考得很好），第一次試題的難易對於飲酒量的多少卻發生不同的影響，第一次考試時試題很難的那些受試者，對於自己的好成績（並不是眞的，只是實驗者所編造的情境）很難做合理的解釋，再考時如果考差了，那會有失個人面子，因為這可能證實自己並不是眞有高能力，於是在參與第二次考試之前，多喝些酒，好為自己留一退後之步，萬一下次沒考好，那就可以用喝酒過多影響思考來解釋自己的失敗。實驗結果眞正發現這一組的受試者之飲酒量要比其他的受試者（同樣的試題，但未被告知成績）顯著地多。有些人認為酗酒的現象很可能是一種自我貶損的伎倆，酗酒者以此來保護自己，避免個人眞實能力之被發現而受窘，或是受到不利於己的其他待遇。

丙、社會性的比較

這兒所謂的「社會性的比較」（ social comparison ）指的是就個人自己的信念、態度、意見等與其他人的態度、意見或信念做一比較，這種比較要比實體的比較（ physical comparison ）來得困難抽象。

這一方面與實體測量之容易達到正確、客觀之標準有關，當我們要評定所做某一實體之估計的正確與否時，我們只要運用具體的測量來加以鑑定，例如你估計在場參與聚會的人數在五百左右，這種估計是否正確只要我們淸點一下人數就可以得到答案；反之，主張以重罰來維持交通秩序之看法是否正確，並沒有一樣直接簡便的方法可以用來測量，在這種情況下我們只好拿自己的看法與別人的看法（社會性的比較）做一比較，以便加以評量。

當然我們並不是拿任何他人的態度或看法來做比較，用來同我們做比較的別人必須是適當的人選，這兒所謂的「適當」指的是背景因素的相類似，大學生同大學生比，年青人同年青人比，持保守看法的人拿其他的保守派人士做爲比較，而不會要去與激進派的人士做比較，惟有這樣子做，我們才能就個人自己的態度與想法做一適當的比較，而評定其合適性與正確性。

對於我們自己的能力，我們也需要有個客觀的評估，當你只知道自己考試得分爲90時，你並不一定知道自己的能力之高低，但是如果你又知道全班五十個學生中除了兩個人的分數高於90時，你就可以認定自己的成績（能力）屬於上上，在心理與教育測驗上我們所看到的常模（norm），就是爲了比較上的方便，因爲考試的原始分數只是一個絕對的分數，除非我們另有其他資料，絕對的分數並不容易加以比較，當然有關能力上的比較，我們也需要考慮到比較的對象之是否適當，除非你是天才，你不願意拿天才的標準來比較，反之，你也不能以低能力者的表現來比較（除非你自認是低能）。

適當的背景因素乃是適當的比較所不可或缺（Goethals 和 Darley，1977），因爲只有當有關的背景因素十分相當時，比較出來的結果才有意義。就一般人而言，自我所持態度、個人能力、或是情緒反應等，只有在同相類似的他人之態度、能力、或情緒反應做一比較之後，我們才能認定此等個性本質的正確性與合適性。

五、男女成就上的差別

男女性別上、肉體上的差異，有目共睹，無須多辯，但是在心理上、社會方面的差異並不是很明顯，因此爭論的地方甚多。不過，雖然一般人心目中男女差別之程度頗有不同，但是性別角色在這些差別上所扮演的重要性是不可否認的。從社會性的比較來看，別人對於我們的行爲之期待直接與我們的性別有關，從小開始，我們就學習如何去「不負所望」，以避免尷尬與難堪，這種經歷在性別差異，尤其是男女成就上的差異方面，具有不可忽視的影響力（Frieze 等，1978）。

男女成就上的差別種因何在呢？學者們的看法並不一致，不過，女性的成就一般不如男性，這是不爭的事實。心理學家們從不同的觀點來討論此一現象，有人認爲社會的期望影響最大（Ross 和 Fletcher, 1983），有人則從男女動機上的差異下手，其他則偏重生理上的不同導致心理上的差異而左右了成就與地位，底下我們簡單地就主要的三種不同看法做一介紹。

甲、動機上的差別

有些學者（Horner, 1968）認爲女性之成就沒有男性高，主要是因爲女性人格中存在著「避免與害怕成功」（to avoid success 和fear of success）的動機因素。由於這種人格因素普遍存在於一般女性中，加以社會期望的制約增強作用，一般女性大多不願出（男）人頭地，英雄的作風爲社會所歌頌，但是英雌的作風卻往往遭嫉而爲一般女性所忌諱。雖然傳統的社教——女人無才便是德的說法早爲時代所唾棄，但是女總經理、女董事長的名堂還是令人刮目而視的。

乙、觀念上的差別

Bem (1981) 所提出的性別思碼理論 (gender schema theory) 偏重社會思碼在性別角色上所扮演的重要性。上面我們討論社會思碼時曾指出，社會思碼乃是一個人對社會事物所持有的特別看法，根據這許多看法，我們設法就環境中所遭遇的事物加以整理歸納，以利個人的社會適應。由此看來，個人所擁有的許多觀念深深地影響到我們的日常行爲與表現，而男女表現上的差異也就可以追根到原始觀念上的差別。根據 Bem 的說法，性別的觀念早在孩提時期已種了根，而日後的發展又時刻增強這種觀念，如此一來，小孩子早就根據個人的性別來應付、整理所處的環境。個人的自我觀念不過只是許多個人擁有思碼中的一環，就女性而言，自我的觀念包括有不願超乎男性成就的想法。性別思碼 (gender schema) 的形成是一種自然長成的過程，但是其內容則往往因文化背景的不同而有差別。在一個強調成功的男性中心社會，男人爲成功而奮鬥是社會所期許的，反之，在這種社會裏，女性之避免成功甚或害怕成功也就被認爲是天經地義的事。

丙、環境的不同

以環境因素的不同來解釋男女兩性成就上的差別是Darley (1976) 的看法。根據 Darley 的說法，個人所處的現況左右一個人的行爲反應。上面我們提過，當我們採取某一行動時，我們都會關心到此一行動的正確性與適切性，而正確與否，適切與否，則有賴別人對此一行動的反應，當然別人的反應有賴於文化與社會的期望。別人的反應，社會文化背景等等都是重要的環境因素。性別角色的期望從這個觀點來看，乃是許多環境因素中的一種，如果我們同意環境因素會左右我們的行動，那末性別的不同也就會反應在行爲上的不同，性別差異（成就上的）也就不足爲奇了。Darley 的說法並不包含避免成功爲女性性格特質的解釋，因此其行動並不是內發的，而是外引的。由此來看，性別角色的行爲並不是根本的人格特質所造成，而是爲了迎合社會的期待與他人的讚許而使然（Zuckerman等，1980）。

第三章 大綱

第三章　社會知覺與印象形成

近年來社會心理學者對於社會知覺（ social cognition ）的研究十分重視，在這方面所投下的人力與物力十分可觀，而這許多研究所獲得的結果對於傳統的很多看法頗多置疑，過去一般人所共認的「正確推理能力」，目前已不再被全盤接受，而許多認知推理上的誤差深深地影響到我們的社會行爲，前一章中所討論的基本歸因誤差以及自我標榜的作爲卽是一例。在本章中我們將再提出一些影響我們思考和信念的誤差，這樣做也許可以幫助我們保持思考上的清晰，減少不必要的困擾與偏見。

一、偏差的社會認知

甲、缺乏自知之明

孔夫子說過：「知之爲知之，不知爲不知，是知也」。對一般人而言，這種「自知」之明並不是垂手可得，而且很可能是錯誤百出，自我矛盾。這種現象的存在可從有關態度改變的研究得到有力證明。Bem 和 McConnell（1970）首先調查大學生對於大學課程是否讓學生介入控制的態度，之後要求這些受試者爲文來反對學生的參與而達到原先態度上的改變。然後再重新詢問這些大學生對參與課程控制之態度（在第一次被調查時所顯示者），結果發現他們所回憶的態度與被改變後的態度較爲相近，但是這些受試者卻否認自己的態度已經有了改變。其他的實驗（Wixon 和 Laird，1976）也有類似的發現，一般人在自己的態度和觀念有了驚人的改變之後，卻仍然缺乏自覺的工夫。不過，有一點值得我們自我安慰的是，我們對於別人前後行爲或態度上的改變，卻頗能清晰地加以分辨，這也許就是俗語所指的「在局者迷，旁觀者清」的道理。

一般人不但缺乏自知之明，而且還否認別人對我們所可能發生的影響。如果我們問及他人行爲的動機和原因，一般人大都有其一套說法，問題是在：這許多答案的準確性如何？在外來影響不够明顯的情況下，一般人的答案之準確性相當低，少有相關的因素往往被認爲是關係重大，但是眞正具有影響力的一些因素卻又反而被忽略。Nisbett和Schachter（1966）所做的一個實驗很能證明這種偏差的存在。他們要求大學生接受不同程度的電擊，這一系列的電擊程度逐漸增強，有些受試者服用一種被稱爲能使人感到心跳緩慢，呼吸不均以及反胃等作用的藥物（其實是假的），因爲這許多反應是一般被電擊者通常都會有的反應，實驗者的假設是這些服用假藥物的人會認爲其反應是來自藥物，因此更能忍受電擊的痛苦。實驗結果發現服用「藥物」者所忍受電擊的程度要比其他人高達四倍之多，而且當這些人被詢及爲什麼他們可以忍受這麼高程度的電擊時，他們卻對藥物的服用隻字不提，甚至在實驗者就實際經過加以詳細解說之後，他們仍然否認藥物的影響，而且他們還認爲藥物的影響只能對他人產生作用，而自己連想都沒想過受了藥物的影響而變得更能忍受電擊的痛苦。

以五十四個哈佛大學女學生爲受試者所做的另一項研究（ Weiss 和 Brown，1976），其發現更令人懷疑一般人是否眞有「自知」之明。研究者要求這些受試者每天把自己的情緒（ mood）記錄下來，爲期兩個月。除了記錄個人心情好壞之外，她們還要把那些可能影響其心情的因素（氣候、健康、情況、經期、周日的不同、睡眠多寡等等因素）記錄下來。在兩個月後，這些受試者再就有關的因素加以判斷，並指出每項因素對個人過去心情好壞所產生的影響程度。結果發現她們所認爲重要的因素卻與眞正左右過去心情的因素少有相關，例如一般受試者都不認爲周日的不同（星期一、二、三等）會左右其心情，但是分析過去兩個月記錄所得的結果，卻發現周日的不同乃是預測心情好壞的一個最重要的因素。這種發現使我們不得不懷疑我們是否眞正知道我們快樂與否的因由所在？

缺乏自知之明，這在心理學的研究上有其不可忽視的重要性，尤其是許多心理學上的研究端賴受試者自省（introspection）的正確性，如果這許多受試者的自我報告缺乏信度，那末由此而獲得的研究結果也就會發生可靠性的問題（Fiske，1980）。在我們日常生活中，雖然別人並不一定有意矇騙我們，但要是主觀的自我報告頗有誤差，那末這種報告的效度卻很難不令人發生懷疑，不過現在我們旣然有了這種「先見之明」，或可彌補缺乏「自知之明」的一些缺陷。

乙、「先見之明」的影響

這兒所指的「先見之明」乃是先入爲主的觀念與看法（Preconceptions），這種先入爲主的看法往往控制到我們的記憶以及對外在事件的解釋；而一個人對於新事物之接受與否，也往往直接受到其控制。這種先入爲主的看法在「社會知覺」一節中我們曾有所討論，社會思碼（Schemata）的存在，對個人行爲的影響是不可低估的。

先入爲主的觀念不但會影響我們的知覺（Rothbart 和 Birrell，1979；Snyder 和 Frankel，1976），而且會影響我們對於新的知識與發現的接受或拒絕的反應（Lord，Ross 和 Lepper，1979）。原先認爲死刑可以減少重刑犯罪的人，新的發現（死刑不會減低犯罪率）除了會引起其嚴厲的批評外，並不能改變其原先的態度和看法。但是與原已存在之態度相吻合的新發現卻往往可以增強原有態度的強度，使其更趨極端化。同樣的一張正面照片，當受試者被告知那是屬於一個納粹瘋狂集團頭子的照片時，受試者大多認為照片中的表情是凶暴不肖的，但是，當被告知那是一個營救猶太人的地下組織的領袖的照片時，受試者大多認為該照片所顯示的表情為仁慈、溫和可親（Rothbart 和 Birrell，1977）。這所顯示的乃是先入為主觀念的作祟。

先入為主的觀念本身如果是一個不正確的觀念，而該一觀念的持有者又有其自圓其說的解釋時，要改變這種錯誤的觀念是相當困難的（Ross 和 Anderson，1982）。實驗者首先提供受試者兩套不同的資料，有一套資料顯示成功的救火員是比較好冒險的人，而另一套資料則顯示小心的人是較成功的救火員，當兩組不同的受試者研究不同的資料後，他們被要求寫篇文章來解釋所審視的資料及結論。當後來這些受試者被告知原先所參閱的資料並不正確時，他們卻不因此而改變自己的解說，仍然認為自己原先的看法與說法是正確無誤的，一個人的固執由此可見一斑。

一般人不但有這種先入為主，自以為是的偏差，而且對於複雜事物的解釋又多趨於簡單化。學者們還發現一般人一旦發現某一可以用來解釋事件的道理時，對於其他可能有關的因素往往加以打折扣而不予重視（Shaklee 和 Fischhoff，1977）。雖然一般人都不喜歡「頭腦簡單」之譏，但是我們對於許多事物的解釋卻往往不够講究，不够深入。另外，我們對於一般事物的解釋又往往根據原先已存在的觀點來進行，這一來，對於那些與我們看法有異的情事與證據，我們往往較難加以接受（Tversky 和 Kahneman，1980）。我們的記憶也因新事物之是否與個人原先想法、看法相類似而有所差別，那些與我們個人想法、看法相類似的，我們較能記住（Craik 和 Tulving，1975）。而記憶本身在一個人信念的形成上以及歸因歷程中都會發生影響。

綜觀上述，我們不難發現個人原先的想法與看法在新事物之觀察與解說上佔有相當的重要性，這種影響在日常生活中自有其好處，因爲這種現象的存在可以加速我們適應環境的效率。不過，這種偏差也有其不良影響，因爲先入爲主觀念的存在，我們的看法與想法往往近乎公式化，如此一來，「視而不見，聽而不聞」的毛病也就很難避免。

丙、過份高估自己的判斷力

一般人對於自己的判斷之正確性往往有過份高估的偏差，例如當我們要求受試者首先估計兩地間的距離，然後又指出對自己所做估計的準確性（以百分比來做答）時，通常要是實際的準確性爲百分之六十時，一般人往往高估爲百分之七十五左右，這種高估自己的判斷力的現象相當普遍（Kahneman 和 Tversky，1979；Fischhoff，Slovic，和 Lichtenstein，1977；Fischhoff，1982）。

爲什麼我們會高估自己的判斷力呢？Einhorn 和Hogarth（1978）認爲有幾項因素與此有關。首先，一般人通常對與自己信念不符合的事物往往加以忽略。通常我們對證明自己看法的正確的興趣要比證明自己看法錯誤的興趣高出得多。這也許是爲什麼在幾千年前孔夫子就明白告示：「知之爲知之，不知爲不知，是知也」的重要性。

高估個人判斷力既然如是普遍，我們該如何來應付這種偏差呢？在一般情況下，我們也許需要對別人過份自信的判斷打個折扣（八五折左右），不過這樣做又要依據判斷者的不同而下決定，因爲有些人比較保守（在估計自己判斷的正確性時），有些人則比較過份自信。判斷事物的不同也會發生影響，對自己所熟悉的事物加以判斷，其可靠性較高，對於不太知道的事物做判斷，其正確性比較可疑。另外我們也可以運用立即回饋（immediate feedback）的方法來訓練一個人的判斷力，這種方法是在一個人做了一項估計之後，馬上提供他這項估計的正確程度，如此使估計者從經驗中獲取評估的技巧。要求估計者提供至少一項可能證明其估計偏差的理由的做法，也可以迫使估計者探討反面的資料而增加其估計的正確性。

丁、軼事奇聞的說服力

對一般人而言，具體的事實資料往往沒有軼事奇聞來得具說服力。換句話說，我們「以偏概全」的傾向相當高，不過，當我們討論個人時，卻又往往忽略了該一個人所屬團體的通性。統計資料雖然是根據許多觀察而來，而且其可靠正確性一般要比零星的單獨事件來得高，但是在實際日常生活中，零星的單獨軼事奇聞卻往往更具說服力。一般大學生選課、選教授時，過去曾修過那一門課，上過某一教授的一個學生所做的私人評論往往要佔舉足輕重的影響力，而根據過去所有上課學生之評鑑所得的等第卻反而被忽視（ Borgida 和 Nisbett，1977 ）。一般人對於少數人生動的個人見證往往付予過度的份量，但是對於通盤性的資料卻未能適度地加以運用（Reyes等，1980）。

愛國獎券的吸引力很能反應軼事奇聞的說服力，從或然率的觀點來看，任何一個人中獎的機會是微乎其微的，除了那些眞正愛國捐獻者之外，絕大部份買獎券的人，都是想能中個大獎發財。既然中獎機會那末少，爲什麼許多人還要排長隊購買呢？君不見大眾傳播中所報導的永遠是某某人中了特獎，某些人中了頭獎等消息？千百萬的人買過獎券從未中過獎的消息根本不是消息（人人如此，缺乏生動性），誰會有興趣去提它呢？一般人也就很少會加以注意。再看若有一場火災燒死幾個人，一定是一大新聞，而聞者也必相互走告，很快地傳開來，傷亡慘重令人怵目驚心。反觀因交通事故而死亡的人數，每天一定不只三、五人，而每年累積下來的死亡人數成百上千，由於是屢見不鮮，缺乏生動性，一般人往往會高估火災所造成的傷亡數而低估車禍所引起的傷亡數。

許多人對於統計資料和或然率往往反應不够敏感，以購物中心顧客爲受試者的一項研究（Elman 和 Killebrew，1978），發現五千部駛離停車場的自用汽車，只有百分之十五的駕駛員繫安全帶，在商店出口分發提醒駕車者「繫用安全帶以保護生命」的傳單並沒有增加駕車者繫用安全帶的百分比，但是其他收到「道安會將贈送每第二位繫用安全帶的駕車者禮券」的傳單的駕駛員，有百分之四十一繫用安全帶，第三組受試者則收到「每第一百位繫用安全帶的駕車者將獲贈禮券」的傳單，這些駕車者有百分之三十七繫用安全帶。由此可見，二分之一的或然率所發生的效用並不比百分之一的或然率高出多少，一般人對於或然率的敏感度由此看來是相當有限的。

生動、具體的事例不但較能引起一般人的注意力，而且也較容易被一般人所記住（Martin，1982）。抽象的原理原則往往不容易被學生接受記住，但是若經老師運用具體的例子來加以說明，學生則不難加以記住。舉例說明的方法在教學上自有其價値在，但是在日常生活中，雖然許多例子都缺乏代表性，一般人卻往往「以偏概全」，做不正確的推論。

戊、因果相關以及個人控制的錯覺

當我們發現兩項事物有了高度的相關時，一般人往往會因此而認爲這兩項事物間具有因果關係。從統計的觀點來看，敎育程度的高低與個人所得的高低有著高度的相關。但是據此而做「高程度的敎育導致個人的高所得」的結論是不當的。因爲兩項事物的相關存在可能是與第三者同時有關，但並不一定表示這兩項事物直接具有因果關係。在我們日常生活中存在著許多迷信，而這許多迷信的形成往往是來自因果關係的錯覺。許多事情剛開始發生時可能只是一種巧合，例如棒球員第一次使用某一球棒時擊出幾個好球，他可能認爲這與該球棒直接有關，以後出擊時都要用那根球棒，　由於連續使用同一球棒，　多少總會再擊出幾個好球，這一來更增強了他對該一球棒的信念，長此以往，他很自然地會對該一球棒產生迷信，認爲該一球棒給他帶來好運。

一般人對於許多毫不相干的事物往往錯認爲是與自己的信念直接有關（Crocker，1981；Jennings，Amabile，和 Ross，1982），當我們認爲某兩項事物有所相關時，我們比較會留意並且回憶這種相關的存在。十三號又逢禮拜五的迷信，使一般人特別留意到不幸運事件的發生，而對於平安無事的這種日子卻不多加注意，因此也就加深了十三號又逢禮拜五是不吉利的日子的迷信。

迷信的行爲往往導致個人對外在事物控制能力的高估，這種錯覺常使一個人認爲他（她）具有影響隨機偶發事件的能力，這尤其是在賭博行爲上最是常見（Langer，1977）。賭博行爲往往是只靠運氣（當然刻意做假，詐賭者不在此列），不過一般人卻都有能左右機運的錯覺。以耶魯大學學生爲受試者所做的研究發現那些由受試者自己挑選的摇獎券在其心目中要比由實驗者所派定的摇獎券値錢，他們出讓自己挑選的摇獎券的要價要比派定者高達四倍之多；如果賭博者發現對手緊張笨拙時，他們下賭注的數量往往大有增加，其實這種賭博完全是靠機運，並非下賭者所能控制，但是賭徒們的行爲卻充份顯示他們對個人控制能力的高度信心與不切實際。

另一種有關個人控制力的錯覺則是因忽略了統計上回歸於平均數（regression toward the average）現象的存在所引起。這種回歸於平均數的現象在我們日常生活中屢見不鮮，但一般人卻不瞭解而引起錯覺。一般學生在考試中得到很高分的，下次考試仍然獲得同樣高分的可能性並不大，一般的現象是其分數將下降（回歸到其平均値），反之，第一次考試成績奇差者，第二次考試的成績多會有些進步，分數增高（回歸到其平均値），這與合久必分，分久必合的道理頗多相類似，而勝敗爲兵家常事，常勝軍、常敗軍是很少存在的。但是許多人卻不究明此中道理，當一個教練在賽敗之後，在下次比賽之前一定操練頻繁，多次訓話，要求下次轉負爲勝，比賽下來，確是如此，教練心想自已頗有一手，能隨心所欲，扭轉時局，對自已的控制能力產生一種錯覺。Tversky 和Kahneman（1974）認爲許多自然現象的運作循環常常會使我們感到因果倒置的錯誤偏差而不自覺。

二、社會知覺 (Social Cognition)

所謂社會知覺乃是一個人用來整理和組織社會性刺激的許多有關的思想和概念，這些思想和概念可以說是先入爲主的，這也就是說每個人經過以前生活上所見所聞，往往對於周遭的許多人、事、物等建立有一套特別的看法，這許多看法在組織新經驗上具有很重要的地位，而這一套個人的特別看法是所謂的「知識結構」（Knowledge structures)。知識結構是一種廣泛通盤性的看法，而對於某一特殊人、事、物所持的特別看法則被稱爲「思碼」（schemata)。

社會心理學家所感興趣的是「社會思碼」（social schemata)，這可以說是一般人對於整個社會環境如何運轉的看法（Taylor 和 Crocker，1981)。在基本上，社會思碼可分爲 三大類。㈠，對事的思碼（event schemata)，例如有人邀請你一同去看平劇，你心目中自有對於此一事件的某些基本假設和看法，平劇的唱作以及道具舞臺的佈置等等，除非你不懂平劇爲何物，否則我們對於平劇所擁有的認識與瞭解對於我們如何適應或反應將具有很重要的影響力，而且，這對於一個人的期待和解釋環境情況也是很重要的。由此可見，事件的思碼在組織紛亂眾多的外在刺激時頗有助益。

除了事物思碼外，一般人還有角色思碼（role schemata）和人物思碼（people schemata）。角色思碼協助我們組織有關職業性和人際角色（如爲人父母、師長之角色）的知識，對於不同種族，或是男、女兩性角色的看法，或是社會階層上不同人物的觀念也都是以角色思碼爲中心。人物思碼也有好幾種，個人對於自己周圍的重要人物的看法是其一，個人對自己本身的看法以及有關人格特質的觀念也都屬於人物思碼。有些學者認爲一般人在觀察別人時，往往是憑著一些所謂的「中心趨向」（central tendencies）來組織有關的資料，而達到某種特定的典型（prototypes），這種過程主要是從大處著手，並不一定要等獲得所有的許多細節後才能加以綜合（Cantor and Mischel, 1979）。

例如我們心目中所謂的內向的人（introvert）和外向的人（extrovert）就是一種典型（prototype）的認定。在我們心裏我們都有內向的人是如何如何以及外向的人是如何如何的基本看法，這種基本看法就是Cantor 和 Mischel所說的「中心趨向」。雖然並不是每一個人都具有所有的特徵，但是只要一個人具備許多我們心目中所持有的有關內向或外向的特色，我們就可以依此加以歸類整合，這在瞭解和應付他人上是很有用處的，尤其是在預測別人的行動時更是如此。

社會知覺和歸因過程在協助一個人認識社會情境以及適應社會需求上是不可或缺的，不過，社會知覺中所必須的社會思碼並不是一種邏輯演繹的歷程。社會思碼的存在是歷經過去許多事物以及人物所得到的一種相互有關的知識系統，我們在構成印象以及瞭解他人行爲上往往根據個人所擁有的社會思碼來做最後的結論。這種知識可以幫助我們填充一些沒能觀察到，或是遺漏的資料，因爲我們往往根據過去的經驗而認爲來者也是可以加以預測期待。人物「典型」（prototype）的塑造往往可以使一個人在沒有得到所有有關個人資料之前，先做某種程度的假設和結論以做爲人際間應對的根據。當然這與歸因的歷程是一樣的，我們根據這個方法所得到的假設或是結論可能是不正確，甚或是錯誤的。

三、社會知覺的錯誤

社會知覺是一個相當複雜的歷程，其最後目的乃是透過思碼、記憶、歸類以及回憶等等而達成一個綜合性的結論，由於這許多不同的心智活動之介入，偏差往往隨之發生。而且，每一個人的動機又有不同，這所反應於社會知覺上的並不一定是很理智的，而不够理智的知覺方式又很容易造成誤差。不過有些學者覺得這種說法值得商榷，因爲從另一個角度來看，歸因過程的模式是用來代表一般人的歸因反應，某一模式與實際反應上的不同，並不一定表示反應上的誤差，也許模式本身不够正確是造成兩相出入的原因，這尤其是當兩者間的差異是普遍性的而非因人而有所不同時爲然。基於這種認識，「誤差」一詞有加以細分爲「錯誤」（errors）和「偏差」（bias）的必要，偏差指理論模式與實際反應間普遍性的差異（不因人而異），錯誤則專指個人因資料選擇記憶偏差等個人因素所造成的差別，這種差別是因人而異的。現在讓我們簡略地介紹Jones 和 Davis（1965）所提出的兩項「錯誤」。

甲、唯樂關連（hedonic relevance）

某一行動如對觀察者直接影響到其利害、快樂與否時，就會產生「唯樂關連」的問題。銀行裏的出納員對於溢領的客戶之行爲的歸因，深受「唯樂關連」原則的影響，因爲出納員個人的利益直接受到溢領行爲的影響，其歸因往往會以客戶想佔便宜爲下場。「唯樂關連」對於歸因的歷程會產生兩種作用，它一方面會增加推論相當（correspondent inference)的可能性，當一個人的行動給我們帶來快樂時，我們會認爲這個人居心忠厚，樂於助人；反之，如果這個人的行爲給我們帶來痛苦時，我們會認爲這個人存心不良，故意爲難。在另一方面，唯樂關連會增加我們對行爲者評鑑的極端化，對於那些我們認爲是存心不良，故意找麻煩的人，我們往往會給他們罪加三等，而對於那些與我們本身利害無什相關的行爲者，其侵害性的行爲往往不至於使我們感到「恨之入骨」。

乙、個人主義（personalism）

當一個人的行爲被認爲是故意用來傷害或是討好我們時，「個人主義」的問題隨之發生，此一情況的發生將更加深上面我們所指出的「唯樂關連」的作用。因爲是觀察者個人的利害直接受到影響，而且行爲者的意願又被認爲是完全在個人控制之下，個人化的歸因也會更爲明顯強烈。

四、社會知覺的其他偏差

甲、基本的歸因偏差（fundamental attribution bias）

Heider（1944, 1958）早就指出一般人對於他人行爲的歸因往往是根據個人的因素而少留意到環境因素所可能造成的影響，近年來 Ross（1977）的評論指出這是一個很平常的現象，這種偏差是一種系統性而且又可加以預期的偏差，因此它就被稱之爲是「基本的歸因偏差」。

這種基本偏差導因何在呢？根據 Jones（1979）的說法，一般人往往認爲自己所觀察到的某一特殊行爲是行爲者日常行爲的典型，這種認定尤其是當我們個人處於同樣的情況下，但卻不會有相類似的行爲反應時爲然。基於這種假設與認定，我們往往做個人因素的歸因，認爲行爲之所以發生乃是因人而起而不是限於情況所使然。有些學者則認爲這種情事的發生與整個社會之偏於個人因素之歸因直接有關（Jellison and Green, 1981）。雖然導致基本的歸因偏差的主要因素目前仍未能加以確定，但是此一現象的存在是一般學者們所共認的。

乙、自我中心的偏差（egocentric bias）

所謂自我中心的偏差指的是一般人往往認爲別人的做法和想法都類似自己個人的想法和做法，一旦別人的行爲與我們自己的行爲有所不同時，我們往往認爲該一行爲是不尋常的行爲，甚或是不爲社會所希求的行爲，於是我們大都根據前面所述的「相當推論」（correspondent inference)的方式來歸因，個人的品質特性也因此而得到過份的重視。

丙、評鑑上的偏差（evaluative biases)

人際知覺（person perception）不準確或是有偏差的因緣何在呢？前面我們曾指出，人際知覺的一個特色乃是個人評鑑的介入，這也就是說一般人不但對於所觀察或遭遇到的他人，就其特色進行瞭解，而且還進一步根據所觀察到的特色做主觀的判斷和評鑑。判斷與評鑑除了深具主觀的特色外，這種過程也是一種推理引伸的歷程，許多人際知覺上的偏差與此頗有牽連，這一類的偏差統稱之爲「評鑑性偏差」。

(a)月暈效應 (halo effect)

判斷、評鑑的一致性乃是一般人所重視的。當我們對任何一個人做了某些判斷或評鑑之後，有關該一個人的其他特色或品質，我們往往根據原先所下的判斷或評鑑來加以推論，如果原先的判斷是良好的，其他的特質也都會被認爲是良好的，這就是所謂的「月暈效應」。相反地，要是原先的判斷是欠佳的，其他的品質也會被認爲是不好的，這是一種負值的月暈現象。例如討人喜歡的小孩往往也被認爲是聰明聽話的小孩，而其貌不揚的兒童又常常被認爲是頑皮遲鈍，這就是因月暈效應所引起。

(b)類似的假定

也許是由於「人同此心，心同此理」的影響，一般人往往都有別人與自己頗多相同類似處的假設，這尤其是在發現別人與自己的年紀、社會背景以及教育程度都相當時更是如此。這種判斷上的偏差可造成兩種利害截然不同的後果：首先，我們忽視了個別差異的存在，過份重視不同個人間人格上的相同處。其次，由於此一現象的存在，以判斷別人的方法來顯示個人自己的人格也許要比自我報告的方式更為可取，因為這種方法可以有效地控制自我掩飾或整飾的偏差。

(c)隱惡揚善的偏差

一般人在判斷、評鑑他人時大多有「隱惡揚善」的誤差，好的評鑑要比「不好」的評鑑多。這種偏差有時又被叫做「仁慈效應」（leniency effect）。為什麼一般人會有這種偏差呢？有些學者認為大部分的人都喜歡好人好事在身邊，快樂良好的人物在身邊使人也感到快活滿足，這種意願的延伸，很自然地造成了偏差。

五、印象形成

當我們第一次與某一個人見面時，從該一個人的言行舉止、穿著打扮以及容貌儀表等訊息，我們很快地形成對該一個人的初步印象。這種印象形成的過程如何？我們又如何綜合一大堆的個人資料來達成一個統整性的初步印象呢？這些就是我們在這兒所要討論的。

處理綜合各樣資料的方式有多種，不過，社會心理學家們經過多年研究的結果，發現一般人通常大多採取一種加權的平均方法（Weighted-average）。這種平均方法對於不同的資料依其重要性的高低做權宜輕重的處置。這許多資料包括有關某一個人的所有可用資料以及我們對該一個人初步的好惡觀感。

各種資料在印象形成上既有輕重之分，區別其重要性又根據何種標準呢？首先，資料來源的可靠性很有相關，對於可靠性高的資料我們往往也比較重視，在加權平均時，其份量也較重。其次，資料獲得之先後也有不同的影響，最先獲得的一些資料往往較具份量，這種現象的存在可以用來說明爲什麼初步印象一旦形成之後，欲加改變往往相當困難。俗語說第一個印象最重要，多少是有些證據的。除此之外，一般人對於不良的習性往往要比對良好的習性較予重視，如此一來，在加權平均時，不良的個性佔有較重的份量。個性顯示的經緯場合也會影響此等個性的重要性，與其他不良個性同時出現的其他個性往往會產生更不利的影響。我們對某一個人初步好、惡觀感的傾向在整個印象形成的過程中佔有很重要的地位，而且這種傾向往往是在我們獲得有關某一個人的許多資料之先就已存在的，這與前面我們所談到的「先入爲主」的偏差頗多類似。

第一印象之所以重要，一方面是因爲我們對於先獲得的資料較加重視；但是另一方面，當我們對某一個人下一評斷時，我們所記得較清楚的往往是我們對該一個人的初步印象而不是構成此一印象的許多有關個人特質。在許多情況下，我們所持有的對於別人的籠統印象往往會左右我們對別人特殊個性的評斷，而產生所謂「月暈現象」(halo effects)的偏差 (Lingle 和 Ostrom, 1979)，這尤其是當我們只憑記憶和想像來對相識不深的他人下評斷時更是如此。

有關別人的不同資訊具有不同的重要性，而這些資料的重要性也因場合和背景因素的不同而有所差別。在一般情況下，有關一個人的不良特質往往比較引人注意，因爲這些資料的特別被重視，因此其重要性也往往有被高估的傾向 (Hodges, 1974)。除了這種缺陷外，不好的第一印象又往往比好的第一印象來得不容易加以更改，如果別人所持有的第一印象是欠佳的，一旦這種印象已經形成，要想加以改變是相當費事的。這種現象之所以會發生，學者們認爲與下列兩種因素有關：(a)因爲不好的品質很容易造成個人的損失，爲了避免損失，觀察者基于本身的利益，往往會特別加以留意，因此其被重視的程度也較高；(b)好、壞兩種不同品質的資訊價值又有所不同。在社會中絕大多數的人都是善良的，他們所表現的行為也大多符合社會所要求的良好方式，因此我們通常所談到的個人品質大多是屬良性的，基於這種道理，許多良好的個人特質並不能為我們提供進一步認識與瞭解他人所需的資料。相反地，不好的個人特質卻為我們提供了一個人之所以有別於他人之處，這種資料的功能比較顯著，因此在印象形成上也就佔了較重的份量。

印象形成既然是一種評鑑判斷的歷程，有關個人人格特質適當與否的問題也直接影響到該項資料的重要性，這是 Hamilton 和 Fallot (1974) 所謂的「資訊顯著性」(information salience)。例如「懶惰」的個性在考慮、評論一個宿舍裏的室友時，其重要性並沒有當一個經理在考慮一個推銷員時來得受重視，這些研究者認為個人品質與所研判之事項互相有關時，這些人格特質所佔的重要性會比較高，而在印象形成歷程中所佔的地位也較重要。一個人智力、才幹的高低與其受到別人的尊敬之程度直接有關；而一個人之是否廣得人緣卻與這個人是否友善合羣、樂於助人的本性關係密切，但是與這個人能力的高低、聰明與否等特質間的關係就沒有那末顯著，這種現象在印象形成上自然會產生不同的後果。

六、印象形成的線索

甲、儀表

當我們直接與某一個人接觸時，該一個人的儀表往往是我們首先注目的地方，一個人儀表的是否吸引人，乃是形成第一印象的一個很重要的因素，不過，儀表在人際知覺上的重要性隨著彼此交往認識的增加而遞減。儀表一詞甚為廣泛，能夠影響印象形成的只是其中的一些素質。一個人的體格（高、矮、大、小以及健壯、瘦弱等），肢體上的缺陷，以及臉部的徵象等都會影響印象形成，而個人的穿著打扮也是左右印象形成的要素。除了儀表外，有關個人的某些屬性，如年紀、性別、種族等，在第一印象的形成上，也佔有很重要的地位，因爲一般人對於某一年齡的個人，對於男人、女人，或是某一種族，往往存在著一種刻板化的印象，而這種刻板化印象的存在，又往往對於第一印象的形成產生「先入爲主」的作用。

乙、非語言的溝通

語言的使用在人際交往上佔有很重要的地位，我們往往從一個人的談吐中來對該一個人做某種程度的判斷與衡量，而這種判斷進而左右我們對該一個人所產生的印象。在人與人的交談中，許多非語言的行爲往往隨之發生，雖然此等行爲的存在通常不太引人注意，但是此等所謂“非語言的溝通”（nonverbal communication)卻往往會影響印象的形成。日常生活中的「怒目相視」,「聲色俱厲」和「呑呑吐吐」等，即是非語言溝通的寫照。不過這些線索有些學者認爲應該與純粹的「身體語言」（body language）分開討論，身體語言也就是有關姿態以及其他如咬指甲，抓頭皮和擺動雙腳或頻摸下巴等等行爲反應。而眞正語言的使用，措詞用字自是十分重要，但是說話時的聲調與表情也往往代表許多深刻的意義，同樣一句話，因爲說話時表情與聲調的有別，其所代表的意思卻有很大的不同。「你是一個好學生」，可能是一句由衷的讚美，也可能是一種不肖的疑問，口氣的不同，意義迥然有異。

丙、臉部表情

一個人的臉部表情往往會反應這個人內在的情緒與感受，所謂「察言觀色」的道理卽是在此。專家們硏究臉部表情，發現六種不同的情緒可由不同的臉部表情來流露，這六種情緒包括快活、悲哀、驚奇、恐懼、忿怒和懊惱等（Ekman & Oster, 1979)。當然，一個人臉部所能顯示的情緒並不只六種，因爲有許多情緒並不是單純的，而是多種不同單純情緒的混合，而且上述六種基本情緒又有高低強弱的許多差別，因此透過臉部所表示的情緒十分複雜。

臉部表情所代表的情緒是否因社會文化背景的不同而有所差異呢？根據目前所有的研究資料，這個問題的答案似乎是否定的。世界各地的人，不管是來自文明社會的人或是落後的土著民族，當其感受某種基本情緒時所顯示的臉部表情頗具類似性，快樂時的笑臉以及悲傷時的愁眉苦臉並不因個人所處文化背景的不同而有所差別。經由內在情緒所引起的臉部表情雖頗具一律性，但不同的社會文化背景在此等情緒的表達上卻有其特定的規則（display rules）（Ekman, 1977）。此一現象的存在，多少限制了臉部表情在人際間溝通上的可靠性。

丁、眼神

一個人的眼神也往往表達其內在的情緒感受，在某一限度內，越是向一個人注目，其所顯示的越是積極正面的情緒，當然所謂「怒目相視」的情況不在此列。而那些逃避別人眼光的人或是不（敢）正面而視者，往往被認爲是因罪惡感作祟或是由憂慮的情緒所導致（Knapp, 1978）。有時「不屑一顧」的現象也是存在的，對某些使我們感到厭惡的人，我們大都不會有太大的興趣多看他一眼，有時因爲害羞，許多人也會有「低頭」不語的表現。根據一些西方學者的研究（Kleinke 等, 1974），低程度的眼神（與正面相視，時間長短以及眼睛大小等有關），往往代表一種不友善的情緒反應。不過，盯住（staring）別人的做法，卻又往往會引起被盯者的高度激動，因爲這種做法所代表的與「怒目相視」的情況頗多類似（起碼是在被盯住者的感受上是如此），它所代表的大多是憤怒、敵對的情緒（Ellsworth 和 Langer, 1976）。不過，有趣的是那些被盯的人卻往往會顯示較多的助人行爲，這也許是被清楚識別的事實迫使一個人表現社會所期待的行爲方式所使然。

七、人間距離

人與人之間所保持的空間距離也是左右人知覺的一個要素。由於社會文化背景的不同以及當事人所處情境的有别，人與人間的空間距離之遠近往往受到某種規範的約束（Hall,1966）。以一般歐、美民族而言，太近的距離，尤其是在對方爲陌生人時，往往會使人受窘不適，而且認爲這種行爲乃是缺乏教養的表現。西方學者把有關這方面的研究稱之爲「間距學」（proximics）。

人與人間空間距離的遠近與當事人兩者間相互所持的有關對方的態度有關，而這種距離的遠近，又會影響兩者間的情感。根據學者的觀察（Hall，1966），中等社會階層的美國人，其人際間相處空間距離的遠近，大略可分爲四種:

1.親密的距離　相距在十八吋以內，這種距離只屬於關係親密的當事人，情侶間的距離屬於比類，父母、子女間保護撫慰的行爲也在此等距離下發生。

2.私人距離　相距在十八吋到四呎之間，當事者視實際需要可能拉近距離，但並不一定要與對方的身體有直接接觸，兩者交談可以不必大聲，不必顧慮到別人聽到兩者交談私事的尷尬。

3.社會距離　相距在四至十二呎間，非私人、非正式的公務性接觸一般在四、五呎左右發生，而正式性的公務接觸，往往保持較大的距離。

4.公眾距離　距離在十二呎以上，這種距離通常適用於公眾場合或集會。

人際間空間距離的適度保持雖然與安全問題沒有直接相關，但是不適當的距離（太遠或太近），卻使人感到困擾，甚或受窘難堪。

文化背景的不同與人際間距離的遠近很有關係，地中海民族和拉丁民族的男人在相互交際中往往有很親近的接觸；阿拉伯民族也有這種傾向，而且阿拉伯人交談的聲音也較大，眼神相接觸的情形也較多，但是一般歐美民族，其人際間所保持的空間距離一般都比較大。

八、矇騙的偵察

在許多場合裏，其他的人可能故意隱瞞他們的眞實感受和情緒，對於這種矇騙，我們是否能够偵察出來呢？我們是否能够透過一些非語言的線索來幫助我們「洞悉」別人的眞正情緒反應呢？在一般情況下，若是我們對適切的外來線索加以留意，偵察別人的矇騙並不是不可能的。

首先我們可以察覺的是一個人聲調的改變，有許多研究發現當一般人從事說謊的勾當時，其聲調往往會發生變化（Streeter 等，1977），其音調往往會有提高的現象，這種音調上的變化，可以幫助我們察覺別人是否是在說謊話。一個人講話的方式似乎也與是否說謊、矇騙有關，當一個人等了好一會兒再回答我們的問題時，這往往是他有意欺騙我們的一種徵象（Kraut，1978），這種可能性往往因又有其他的線索的同時存在而有所增加。一個人的姿態和小動作等也可能給我們提供有用的線索，一個搔頭頻繁或是時時咬手指頭或指甲的人往往是表示高度的焦慮和不安，而這種情緒反應也是一般人說謊時常有的反應，因此這些動作的出現也可能有助於矇騙的偵察(Kraut，1978)。也許有些人會認爲臉部的表情也可以提供有用的線索，不過由這方面所能獲得的幫助好像比較有限，因爲一般人對於自己臉部的表情大多有較佳的控制能力，因此「面不改色」的情況也比較多，如此一來也就比較不能有所助益（Littlepage和Pineault，1978）。由此看來，只要我們多多留意，「察言觀色」往往可以有助於偵察出別人的矇騙行爲。

第四章 大 綱

第四章　態度與社會化

「態度」乃是社會心理學中的一個很重要的主題與概念，一個人的態度決定其與他人交際、交易的方式；一個人的態度也決定其對周遭事物的反應，由此來看，一個人的態度決定了一個人的社會行為，這也就難怪早期的社會心理學研究，有很多是直接與態度的形成與其改變有關。態度的形成是一個漸進的過程，透過社會化的歷程，每一個人都會養成許多的特定態度，身邊重要人物的影響，如來自父母的影響以及來自朋儕的影響，對於一個人的態度的發展往往發生重大的作用，分析態度的形成與改變，我們不但可以對人際間的相互影響之歷程得到認識，而且我們也可以由此瞭解一般人的行為之如何受到個人因素與外在因素的左右。偏見與歧視乃是一種突出的態度與反應方式，學者們面臨實際的社會問題，近年來在這方面所投入的努力很多，我們在此也將有所介紹。

在我們日常生活中，偶爾會聽到這一類的評論：「那個傢伙的態度相當惡劣」，這個論評中所指的「態度」，主要是指一個人與他人應對時的是否謙虛有禮，這與「那個人的態度很誠懇」，正成對比。這兒所謂「態度」一詞乃是一種通盤性的應對他人的方式，而不是對某一特定之人、事、物所持有的一種認知與感受，這和一般心理學家們所討論的「態度」的概念頗多出入，這是我們首先須加認清的。心理學家們所討論和研究的態度主要是「特定性」的態度，因此其所針對的只限於某一特定的人、事、物。

一個人的行動往往反應其所抱持的態度，這可從消費者選購東西的行爲上看出來，知道那一個牌子的運動鞋美觀耐穿而又舒適價廉，一般人對於那個牌子一定特別有好感，要選購運動鞋時也大都會以那個牌子爲目標而加以購用。當一個主管知道某位屬員不但能幹而且又肯幹，他對這位下屬大都會有好感，一旦有機會，他也會樂於提拔一手；如此看來態度與行爲息息相關，學者們除了研究態度之如何形成與改變之外，也研究它如何影響行爲，這在下面幾章中我們都會有所涉及的。

一、態度的定義

有關態度的定義很多，不過，簡單地說，態度乃是一個人對於周遭人、事、物等所持有的許多強烈的信念和感受，而這許多強烈的信念與感受是逐漸形成的。我們對於人、事、物的感受有好、惡的不同，而好、惡的程度也有明顯的差異，感受的好、惡以及其程度的高、低是針對評鑑的（evaluative）的一面來下論斷，除了這一方面的特質外，態度還包括有認知的（cognitive）和行爲的（behavioral）兩種特質，雖然一個人的行爲傾向受到態度的影響很大，但是該一個人的行動傾向也同時受到認知的和情緒上的因素之影響。

一個人的態度與他的意見或看法大有不同，通常我們要改變一個人的意見和看法並不是很難，但是若要改變一個人根深蒂固的態度卻不是容易達成目的的。從其持久性的本質來看，一個人的態度差不多可以說是其人格的一部分，這許多態度的形成是透過社會化的過程經年累月而來的，因爲態度的形成經過相當一段時間，其對個人行爲的影響往往也是具長久性的，一個人對於自己持有良好態度的人、事、物都會贊成擁護；相反地，若是對某些人、事、物的態度欠佳，那末就會極力加以反對。這種強烈的好、惡感受乃是態度與一般意見和看法頗有不同之處。

態度並不一定建立在證據的基礎上，大部分的態度只是社會化以及附會某些社會團體所致成，透過周遭的人物，我們往往養成某種態度而不自覺，也忽視了做為其後盾的事實與證據。態度也並不一定是合乎邏輯，而且個人所持有的許多態度可能是缺乏一致性，但是一般人卻頗能忍受這種不一致的事實而不覺有異（Bem，1970）。

偏見（prejudice）與刻板化（stereotype）是我們日常生活中所最常見的兩種最不合邏輯，最沒有事實證據爲基礎的特殊態度。偏見是一種很頑固強烈的態度，這種態度可以說完全無視於事實證據的存在，而一味地堅持偏差的看法，對於與偏見悖逆不合的消息或經驗往往不予理會，因此也少受其影響。存在於一些美國白人與黑人間的種族偏見可以說是根深蒂固，非身歷其境者有時實在無法想像。刻板化的態度則是漠視個別差異，過份類化所造成的一種偏差看法。許多美國白人認爲所有的黑人都是好吃懶做，依賴社會安全福利金過日子；反之，許多黑人又認爲白人都是種族歧視者，都是有錢階級的等等看法，就是刻板化態度的顯現，這在底下我們將做一較詳細的介紹。

二、態度的發展

態度因人而異，這是不爭的事實。但是這種個別上的差異到底是如何造成的呢？這個問題同時牽涉到遺傳與環境的因素，從遺傳的觀點來看，也許我們可以說一個人一生下來就具有某種特別的態度，但是這種可能性似乎不大，因此這兒我們將針對有關的環境因素做較深入的探討。

甲、父母親的影響

一個人的雙親對其所持有之態度多少會有影響，這我相信是大家所能接受的說法，不過父母親對其小孩態度的發展是如何發生影響的呢？首先我們要知道，父母親或是照顧小孩的人對於那個小孩的生活環境擁有相當（甚或絕對的）的控制，這些控制包括有關獎懲的控制以及小孩所吸收知識的控制。透過獎懲的使用，父母可以使小孩從事他們所喜歡的活動，或是避免他們所不喜歡的活動。在知識控制方面，父母親乃是一個人孩提時期知識的主要來源，一個人最早的啓蒙老師往往就是自已的雙親，從雙親那兒所獲得的知識又往往是一個人對周遭事物形成信仰和態度的原始知識。

孩童時期所獲得的知識乃是歸納日後所吸取新知識的主要架構，而日後新知的吸取又往往受到幼時所組成知識架構的影響，新的知識往往由於原來已有架構的優先存在而產生附會和兼容並蓄的作用。簡單地說，幼時得自父母的知識形成日後吸取新知所須的架構，而這些架構又不易加以改變，如此一來，如有新知與已存在之知識產生衝突或不協調時，原先存在的知識往往佔有優勢，發揮根深蒂固的效用。研究者曾提供受試者有關極刑（死刑）的正反辯解（Lord，Ross 和 Lepper，1979），結果發現原先早贊成極刑者，認爲研究者所提的正面辯解十分擁護極刑的使用；但是，相反地，那些原來就反對極刑的人，卻認爲該等辯解支持他們反對極刑的看法，而變成更反對極刑的使用。由此看來，早先存在的知識結構對於新知識的吸取具有決定性的影響。此一現象的存在不但說明了父母親影響其子女態度的道理，而且也說明了爲什麼改變一個人的態度是那樣的困難，那樣不容易達到預期的效果。

乙、朋儕的影響

當一個人逐漸地長成，來自各方面的影響力也隨著增多，除了父母親外，學校的老師，社團的輔導員以及其他有所接觸的人士都可傳授我們許多不同的知識與訊息。在外來的許多知識來源中，尤以一個人的朋儕之影響最爲顯著。因爲朋儕的言行態度往往是我們用來比較自已言行態度的一個重要參考。結社加盟的做法很自然地使一個人受到團體及其他成員的影響，來自整個團體以及其他成員的壓力往往迫使團體中的個人改變個人的做法與態度而附合團體的要求。早在三十年代，學者們（Newcomb，1935）研究大學新生在入學後四年中態度上（自由派與保守派）的改變情形，就已發現原先相當保守的新生，在入學後因逐漸受到高年級學生（較開放、自由）的影響，而到了畢業時，已變成相當的開放自由了。

除了基本態度有所改變外，該研究者還發現持自由派態度的女生，其偏向自由派的程度又與她的個人聲望之高低有密切關係，這也就是說自由派思想越濃厚者，其聲望也是越高。這種現象的發生可能是由朋儕人際間相互影響而來。在1935年研究計劃剛開始時，一般高年級（四年級）的學生的態度顯著地要比新進來的一年級學生來得偏於自由派的態度，而在一般情況下，高年級生的聲望通常要比新生的聲望來得高，爲了提高其本身的聲望，新生們只好附合高年級生的態度，這一方面可以以認同來提高個人聲望，同時也可以因此而顯示個人的老大、老成。

當然並不是所有的新生都受到高年級學生的態度之影響。不過這些少受影響的學生，其聲望一般是較低，在校園中的影響力也較小。而這些少受影響的學生又有兩種不同的類型，有一些學生是不自覺本身的態度與高年級生的態度有所差別，這類學生的社交圈往往相當狹小，而且所交往的人的態度也是很保守；至於這些保守的學生是因爲選擇與同樣具保守態度的其他學生爲伍，而維持其保守的態度，抑或因爲其本身原有的保守態度而減少了與其他學生交往的機會，事實眞相並不易全盤瞭解。不過，研究者認爲後者的說法似乎較具可靠性。

另一類少受高年級生影響的學生乃是那些深受家庭環境影響的人，這些學生知道自己的態度與校園中所流行的自由派思想大有出入，但是她們卻維持原有的保守作風，強烈地附合家裏父母親的態度與想法，她們擔心採取自由派的態度會造成與家庭間的困難與磨擦，於是繼續維持其原先保守的態度。

大學時期所養成的態度似乎是具有相當的持久性，原研究者就上述研究所做的追蹤調查（Newcomb, 1963），發現在畢業後25年，當初持自由派態度的學生，繼續保持其自由派的作風，這些人比一般同樣背景的女人要來得開放自由，而且與她們結婚的男人，也是比較開放自由。而那些原先就採保守態度的人，畢業之後也少有改變，而其結婚對象也都是比較保守的人（Newcomb等，1967）。

丙、平衡理論的說法

海德的心理平衡理論（psychological balance theory）原先是用來解釋人際間相互喜愛或憎惡的道理的，不過此等平衡學說在態度的形成與改變的解釋上也佔有相當重要的地位，在這兒我們將略述平衡理論有關態度形成的解釋。

海德認為人與人間或人與某一事物間存在著兩種基本關係：(a)單一關係（unit relationship）和(b)情素關係。前者只建立人際間或人與某一事物間的存在關係而不介入情緒的因素。「他正在種花」的敍述，只說明了一個人與花兩者間的單一關係。但是假如說「他很喜歡種花」，那末情素（喜歡）的關係也隨著建立。

海德的平衡論包括有三個主要的角色：（甲）當事人（P），（乙）他人（O），和（丙）事物（X）。當事人與他人間存在著某種關係，而且兩者又都與某事物有關。由於受到完形學派理論的影響，海德認為一般人所喜好的關係是平衡和諧的關係，因此追求P，O，和X三者間相互關係的平衡乃是一個很重要的動機因素，如果任何兩者間的關係失去平衡，那末調整改變的現象就會發生。舉個例子來看，小王（P）有個女朋友（O），兩個人很要好，小王的女朋友喜歡看平劇（X），而小王卻不喜歡看平劇，在這種情況下，平衡現象無法存在，解決此一不平衡的關係，小王可以改變他對平劇的態度，開始學習去喜歡平劇，或是改變初衷，修正與那位女朋友的關係。

這種所謂P－O－X三足鼎立的局面，在當它們相互間都保持有平衡協調的關係時，一般人的感受最是滿意愉快（Insko 等，1982），除此之外，還有一種所謂「同意效應」（agreement effect），當P和O兩者對於X的態度是互相同意時，這種關係往往比較使人愉快，由此可見光是維持P－O－X三者間關係的平衡是不够的，因爲平衡的關係並不一定就會使人感到滿足（Zajonc，1968）。學者們還發現另一種叫做「吸引效應」的現象，當P和O兩者的關係是一種良好的關係時，基於雙方相互吸引的結果，P－O－X的關係往往較令人滿意，要是P－O兩者互相沒有好感，但兩者卻又都喜歡X，雖然這仍然是一個不平衡的關係，但其令人感到不滿意之處要比一般不平衡的情況來得多。

丁、態度的制約與學習

學習理論中所討論的三個主要學習歷程：（甲）古典制約，（乙）工具制約和（丙）觀察學習（observational learning）在態度形成上也具有獨特的地位，這兒我們將討論這些歷程在態度形成上所扮演的角色。

1.古典制約

古典制約的基本原則相當簡單，根據此一原則，一個中立的刺激如果持續地與某一非制約刺激同時出現，此一中立刺激將慢慢取得非制約刺激的功能而可單獨引起受刺激者的相同反應。古典制約的發現雖始自動物的研究，但是古典制約在我們日常生活中普遍存在，這尤其是以強烈恐懼情緒的學習爲然，當某種中性刺激物連續多次與另一種原先就會引起恐懼感的刺激同時出現後，該中性刺激物的單獨出現，將引起類似的恐懼感。

古典制約在態度形成上最顯著的作用偏重於態度中情緒因素的那一方面，這尤其是在對某一個人或事物的喜愛厭惡方面爲然。學者們的實驗（Steats，1958；1968；Zanna等，1970）證明古典制約的方式可以用來塑造受試者的態度。Zanna等（1970）是以耶魯大學的女生爲實驗對象，在實驗中這些女生以爲她們是參與兩個分開的不同實驗，首先她們被告知將接受微電刺激，而此一刺激的起始與終止將各用一個不同的字來代替。

由於微電刺激是一種叫人廻避的刺激，其所引起的情緒反應是反面的，令人感到不舒服的，而此一刺激的終止則是令人歡迎的，其所引起的情緒反應乃是正面的，令人感到舒適的。根據這種推理，實驗者認爲用來代表刺激起始的字將會具有引起反面情緒反應的功用，而用來代表刺激終止的字，則會產生正面的情緒反應。實驗中所使用的兩個字是明（light）和暗（dark），受試者的各一半分別以這兩個字爲起始，再交換使用，這也就是說對有些受試者，「明」代表刺激的開始，而「暗」代表終止，但對其他別的受試者，「暗」代表開始，「明」代表終止。

爲了要衡量這些受試者對「明」和「暗」兩個字的態度，另外一個實驗者要求這些受試者塡寫一份「字義辨別量表」，表中所使用的形容詞包括有「明」和「暗」兩個字。實驗結果顯示上述的假設是可取的，當「明」代表微電刺激的開始時，「明」字所引起的態度是負値的，而「暗」字因代表該刺激的終止，而具引起正面的情緒反應之功能，而反之者亦是。

透過這種古典制約方式而習得的態度往往又會產生類化的作用，延伸到其他態度的形成。在上述的硏究中，學者們還發現那些對「明」字抱持良好態度者，對於「白」字又較具好感，而對「暗」字存不良態度者，對「黑」字又然。由於「黑」「白」種族問題是一個很令人關切的問題，這種態度的類化，在社會問題的處理上具有特殊的意義。

由古典制約方式所學到的態度經由類化的作用常常變成非理性的態度和偏見。說「下港人」是土裏土氣，是鄉包佬，或是說猶太人狡猾愛錢，因為「土裏土氣」，「狡猾」等一類形容詞原已具有引起不良情緒反應的功能，把某些人物多次同這一類的形容詞同時使用，很自然地受刺激者將逐漸對那些人物抱持一種不佳的態度。偏見和態度的形成往往是在不自覺的過程中完成，我們常聽人說：「我也不知道為什麼我會有這種想法或態度，我一向是如此的」。這是一個很好的寫照。

2.工具制約

工具制約和操作制約的學習理論，其根本乃在於增強原理的使用，對於合適的態度予以獎勵，而受到獎勵的態度，其再度出現的機會也隨之增高。為人父母者往往採用有形的和無形的獎勵來操縱其子女的行為與態度。工具制約在態度形成上所扮演的重要角色獲有實驗結果的證實(Insko，1965；Insko 和 Melson，1969)，而且在實驗情況下，一般所使用的只是口頭上的獎勵，其效果已相當良好，而在日常生活中，可以用來獎勵的方式種類很多，其所能發生的效用自然也就更為可觀了。

3.觀察學習

觀察學習又叫模倣，從觀察他人的言行而學到同樣的言行，所謂近朱者赤，近墨者黑，多是倣效的結果。小孩子在日常生活中從觀察其父母親的言行而學得相同的言行。在言論與行為兩者之學習中，行為的模倣似乎要比言論的模倣來得容易（Rushton，1975；1979），這也就是說為人父母者，其行動往往要比其說教更能影響他們的子女。言行不一致，或是只說不做的教養方式，效果往往不能令人滿意，這是為人父母者不可不小心的。

各種不同的學習方式，在態度的形成上自有其不同的作用，不過，一般的態度也許是同時受到上述三種不同的學習方式的共同影響，互爲運作而形成的。例如，一個小孩剛開始時可能透過古典制約的方式對清潔工人產生欠佳的態度，再從日常生活中所觀察到父母親對清潔工人不屑的態度，進而加以觀察學習，而當小孩子對清潔工人採取不屑的態度時，父母親又有形、無形地加以鼓勵，如此一來，小孩子也就很快地從父母親那兒學到許多父母親本身所擁有的態度，而在日常舉止言行中顯示出來。

三、社會化 (socialization)

生活於社會中，我們互相學習環境中許許多多事物所代表的意義，學習社會所明定的法規以及不成文的社會常模，而且對於周遭的人、事、物也逐漸地形成某種特定的態度和看法，是非的明辨以及善惡的識別也在不斷地與別人交互作用中慢慢地養成，這種種的過程就是社會化的過程。根據 Brophy (1977) 所下的定義，社會化乃是一種人類本能的發展，社會化也是社會羣體用來同化其組成份子的各種壓力的總合，而這許多壓力乃是用來使羣體中的個人就範該羣體之法則和常模的有效工具。社會化的目的在使經歷此一過程者能够適當地參與社會中的各項活動，而爲羣體所接受（Papalia 和 Olds，1982）。社會化的過程大多在不知不覺中慢慢進行，這是一般人所謂的「潛移默化」的工夫，由於羣體社會的不同，社會化的結果往往會造成許多格格不入的傳統與習性。

一個社會羣體所奉行的法規以及行爲規範，對於羣體中的個人具有相當的約束力，違反這種規則的個人，往往會受到羣體的制裁與懲罰，因此處於羣體中的個人必須對羣體所期待的行爲準則有所認識並加以遵行，慢慢地將羣體的行爲規範變成爲個人的行爲規範，這種把外來的要求與規則變成爲個人內在的行爲準則的過程乃是所謂的「內在化」（internalization）過程。內在化的過程簡單地說就是一種把外面加諸於個人的行爲規範變成爲個人內在的行爲標準的一種歷程，內在化的結果，使得一個人的行爲符合社會羣體的要求，而且是自動自發的，非假於外求。

內在化可透過多種方式來達成。認同（identification）乃是一種常見的方式，一般人對於個人身邊那些具有影響力的顯著人物，如父母、師長、偉人、明星等等都可能產生加以認同的作用，經由認同這些人，我們模倣這些人的行爲方式和態度，以及價值觀念和人生觀等等。認同的過程使一個人的行爲和思想直接受到被認同者的影響。認同本身又有許多不同的種類，例如 Bronfenbrenner（1960）所謂的 anaclitic 認同，乃是與可親可愛的人認同，而Freud（1946）又有所謂的 defensive 認同，這乃是父子間的認同，兒子以父親爲認同的對象，這種認同在學習性別角色上具有重要的地位，認同的作用尤其是在孩提時期最爲重要，因爲成人行爲方式的學習有很多是在兒童期經由認同而達成的。

獎懲的適當運用也是促使內在化形成的一個重要方式，在一般社會羣體中，合乎要求、常模的行爲受到認可和鼓勵而繼續存在，而那些違反規定的行爲則會受到懲罰和壓制。獎懲的運用直接影響到一般行爲的學習之增強與否，而學習與增強的觀念在社會行爲的發展上佔有很重要的地位，這在前面討論到態度的發展時，我們已做有較詳細的解說。

四、偏見與歧視

對於某一個人或團體的偏見往往會產生歧視該一個人或團體的行爲

方式，這種行爲方式對於社會生活的和諧往往產生破壞性的後果，因此社會心理學家們對於這個問題也相當重視，其研究的重點一方面在深入瞭解造成偏見的主要原因，而另一方面則偏重消除偏見與歧視之有效方法的探討。

簡單地說，偏見乃是對於某一個人或團體所抱持的一種不公平、不合理的消極否定的態度。因爲偏見是一種態度，因此它也包括有感受（情緒）、信念、以及行動趨向的三個主要成份。大男人主義的擁護者對於女人有偏見，他們認爲「女人無才便是德」（信念），因此不喜歡她們獨立自主（感受），往往以不平等的行動來對待她們。偏見的感受往往是經由刻板化（stereotyping）的信念所造成，所謂刻板化就是一種類化的過程，忽視個別間差異的存在，把具有某些相同背景的個人「一視同仁」，認爲是沒有不同，義大利人如何如何……，日本人如何如何……的一類說法，就是一種刻板化的表現。刻板化常常過份類似化，不够正確，而且矇蔽一個人的看法而無視於新知識或其他資料（不同看法）的存在。刻板化並不一定都是消極否定的，例如認爲擁有博士學位的人樣樣都通，什麼都懂。但是偏見確是具有一種消極否定的意味在。所謂歧視則偏重因對某人或其所屬團體存有偏見而引起的不公平、不合理的行爲方式。偏見會造成歧視，偏見的根源又是在那兒呢？

甲、社會的因素

社會的因素包括有很多相互有關的因素，其中一個很重要的因素是社會地位的不平等所引起，由於個人在社會上所佔地位高低懸殊，這種不平等的社會地位很容易造成個人的偏見。奴僕往往被其主人視爲懶惰、不負責任、不上進，如此做法，可以使奴隸他人者獲得歧視別人的藉口，做爲維持奴隸制度的依據。擁有財富和權力的人往往透過偏見來維護其經濟上以及社會地位上的優勢，根據 Pettigrew（1980）的看法，偏見被用來做爲進行歧視的依據，而歧視又加深偏見的程度。

除了地位、財富上的不平等外，宗教信仰的不同也往往是引起偏見的一個重要因素，根據有些學者的研究（Gorsuch和Aleshire, 1978），美國教會的信徒要比非教徒更富種族歧視，而且越是信仰傳統基督教精神的人，其種族歧視的程度較之那些非正統的教徒越是高深。宗教信仰與偏見兩者間相關的存在，並不就表示宗教信仰導致種族歧視，因果關係的建立有待進一步的分析。而且其他的研究報告，卻有相反的說法，Batson等（1982）發現在教徒中，那些做禮拜比較勤的人要比那些只是斷斷續續上教堂的人沒有種族歧視的態度；而且擔任牧師、神職者（宗教信仰比一般教徒爲深）也多是比較贊助消除種族歧視的（Hadden, 1969; Fichter, 1968）。Allport綜合有關的研究，曾慨嘆:「宗教所扮演的角色是矛盾的，它會製造偏見，但是它也會消除偏見」（Allport, 1958）。

偏見的態度也往往會因果倒置，強化自我附會的趨向。受害者不但得不到同情，而且所遭到的損害往往被歧視者用來做爲進一步偏見的依據，白人住宅區的居民往往十分痛恨有黑人搬進去他們的住宅區，因爲他們認爲這種情事的發生會降低他們所擁有住宅的價值。而那些被歧視的人，也往往會因外來的歧視導致行爲上的不適應，多少應驗了歧視者的譴責與作賤，而發生所謂「自我應驗預言」（self-fulfilling prophecy）的不良後果。

成羣結黨（並不限於政黨），明分彼此也是造成偏見的社會因素，一般人對於自已所屬的團體大多具有優越感，而對於其他的團體及其成員又多有瞧不起他們的想法與行動。而且彼此的劃分並不需要有什麼特別的條件或資格，一旦有了「我們」，「他們」之區別後，「我們最棒」（ingroup bias）的偏見往往造成「他們較差」的歧視（Taifel 等，

1974; 1982）。學者們發現一般受試者在分享獎金時，分配給自己所屬團體的往往佔有三分之二，而分給其他團體的只佔三分之一，自我團體的偏心與偏見由此可見一斑（Wilder, 1982)。

在日常生活中，自我團體的偏心往往因其社會行動的方式而益形顯著。一般人與自己所屬團體的其他人員接觸較多，而且也比較喜歡互相來往，這種行為方式一方面可以加強忠於自己所屬團體的信念，但在另方面它同時也會加深對其他團體刻板化的歧視，長此以往，彼此的劃分也就越加清楚深入。而且一旦有了偏見，而這種偏見又進而變成一種社會常模，一般人又都會隨眾附和，這樣子做並不一定表示憎恨別人，這樣子做主要是要爭取同一團體內其他人的歡心，以便為別人所接受（Pettigrew, 1980）。在美國以及南非所發生的許多種族歧視現象，有很多白人之所以會有種族歧視的行為，主要是受到社會常模的影響所致，這並不意味所有歧視黑人的白人都憎恨黑人或是心理不正常。大眾傳播、書籍雜誌以及其他具有影響力的人也都會增強一個人的偏見，這許多影響雖然不一定是直接或是故意的，但是卻會產生很大的作用。

乙、情緒因素

偏見也有可能是因個人遭到挫折或痛苦而引起，當一般人受到挫折或外來打擊時，變成具侵害性是一種很普遍的行為反應，於是找「替死鬼」來洩恨的作為很自然地對某人或團體產生偏見，甚或加以傷害，這是心理學家們所謂的「替罪羔羊理論」(scapegoat theory)。有許多苦困的美國白人對於黑人歧視的程度很高，因為黑人的出頭直接影響到這些人的工作機會，而且在相形之下，黑人生活水準的改善可能更意味著貧苦白人的落魄失意（Tumin, 1958; Pettigrew, 1978），這是一種兩者強烈競爭所常會發生的後果。不過競爭本身並不一定能完全用來解釋某些種族歧視現象的發生與存在，一個人所抱持的種族態度和偏見往往是經過長久社會化的歷程而形成，並不只是一種短暫性的情緒反應（因個人眼前利益遭到威脅或打擊所引起）。

當一個人的自尊心受到打擊或是缺乏安全感時，往往會有偏見的反應。Cialdini 等（1980）以亞里桑那州立大學的受試者進行實驗，首先徵求那些單獨在校園裏走動的人參加一項所謂「創造力量表」的問卷調查，然後告訴受試者：他的創造能力的分數要比一般人低（打擊其自尊心），然後再詢問受試者評鑑自己的大學和亞里桑那大學（爲州立大學的死對頭），結果發現這些受到打擊的人對自己學校的評估較高，但對對立的大學卻給較低的等第。Amabile等的研究（1982）則發現缺乏安全感的人對於別人的批評比較苛刻。男人對於女人的態度常常因個人自我接受程度的高低而有不同，那些自我接受程度低的人，對於現代化的能幹女人往往不持好感，但是那些自我接受程度高的人，卻比較喜歡這種女人（Grube等，1982）。

丙、認知因素

近年來學者研究偏見的形成比較重視認知因素的影響，從這個觀點來看，偏見與刻板化乃是一般人把世間人物簡單化所發生的一種副產品。一般人往往爲了心智處理上的方便而把不同的人加以歸類成不同團體，這種做法一方面造成團體間差別的尖銳化，但同時也使我們忽視了同一團體中不同個人的相異處，而且這種分類編組的作法也使「自我團體偏差」（ingroup bias）的現象較易發生，促進偏見的形成與增強。而且在認知過程中我們對於出色、特別的人物往往比較注意，因此這種人物對我們認知和知覺上的影響也比較大，以偏概全很容易發生，這尤其是當一個人對於某一團體所知有限時更是如此。加上一般人的歸因歷程往往會有所謂「基本歸因錯誤」，把別人的行爲視之爲其人格特質的產物，進而認爲一個團體的不受歡迎的行爲方式也是天生使然，而貶低其地位和優點，並以作賤他人及其所屬團體來提高個人的自尊以及自我所屬團體的地位。

從社會知覺的觀點來看，一般人之所以往往採取刻板化的行爲方式主要是爲了社會資訊處理上的方便與簡化，但並不一定是因爲不喜歡任何一個人或其所屬團體所使然（Taylor，1978）。而明分彼此，進行歸類的心智活動本身也足以引起歧視性的行動，一旦界限劃分，彼等往往被視爲大有不同，而這種偏差並不需要有形的實際資料來加以支持（Locksley 等，1979）。由此看來，偏見的產生乃是出自一般人在處理有關社會資訊時所採取的特別方式——分類歸檔，簡化類推以及抑貶他人團體的心態。

丁、消減偏見的對策

偏見與歧視在我們日常生活中具有強大的影響力，因此社會心理學家在這方面也下了不少工夫企求有效消滅偏見與歧視的良方，由於此等問題本身的複雜以及基本態度改變的不易，快速有效的方法迄無所獲，不過，他們努力的方針大致可分爲預防與消減兩方面來加以探討，預防的方法著重在建全的社會化歷程，在偏見未形成之前加以防止；消滅之方則注重團體與團體間的接觸，促進雙方充份的相互瞭解與認識。

1.社會化的對策

父母親對於他們的小孩的態度的形成佔有十分重要的地位，而不幸的是，許許多多的偏見也是從父母親那兒傳遞到小孩子的身上。爲了防止這種不良的影響，從父母親那兒來下工夫似乎是一個合理的對策，不過父母親如何教導小孩乃是他們自己本身的事，直接加以干預並不是合理可取的方法，除非得到他們的合作與贊助，此一對策的效率可能十分有限，所幸的是一般爲人父母者大都不希望自己的子女養成偏見，因此爭取他們的協助並不是很困難的。Stephan 等（1978）發現那些父母親以專制嚴厲的管教方法所教養出來的小孩子，當這些小孩子所上的學校採行黑白合校的政策後，他們的種族態度有不良的轉變，但是那些來自父母親採用較溫和的管教方法的家庭的小孩，這種學校制度上的改變卻有改進種族態度的現象。根據這一類的研究結果，有關人士似乎可以向爲人父母者說明管教方式所可能發生的作用，而期望爲人父母者能够採行有利的管教方式，共同爲消除偏見而努力。

學校的教師在這方面也負有很大的責任，而且又具有相當的影響力，除了直接的說教和開導外，安排學生可以親身體會被歧視的痛苦和折磨，往往是一個很有效的方法。美國愛我華州的一個三年級的老師爲了使她的白人學生瞭解被人歧視的感受，她把全班的學生依眼睛顏色的不同分爲兩組——褐色組和藍色組。首先把褐色組的人當做被歧視的對象，老師和學生都譏笑他們，而且還要他們帶特別顏色的圍巾，以便一眼就可以被認出來，他們在班上的權利也不及藍色組多，如此進行多天之後，再輪流藍色組爲被歧視者。這些學生很自然地發現被歧視乃是一種很令人困惱的經驗。如此做法或可啓發小孩子們「己所不欲，勿施於人」的行爲方式而減少歧視和偏見。

2.增進團體間的接觸

團體與團體間的直接接觸可以使雙方有進一步的認識，他們彼此可能都會發現兩者間的相似處要比不同的地方多，而由此互相友好；而且這種接觸也可能使雙方發現原先存在的偏見和歧視其實與事實不合而改變他們的主意。不過，以團體間的接觸來消滅偏見之是否有效可行，我們必須注意到幾項有關的因素：(a)雙方的社會與經濟地位之相同與平等是很重要的，要是雙方在這方面差距過大，往往會產生反效果；(b)雙方的接觸應以非正式的方式行之，正式的接觸往往因過分拘謹而難發生作用；(c)雙方應在合作的氣氛中進行接觸，特別是雙方爲某一共同目標而努力時最爲有效，在這種情況下彼此間的敵對態度往往可以減少，而友善的態度可以增加（Kennedy等，1977；Worchel 等，1977）；要是在雙方相互競爭的情況下進行接觸，這往往會增加雙方的敵對和歧視。這許多問題我們必須特別留意，善于運用。

第五章　大　綱

第五章　態度與行爲

許多學者認爲態度本身包括有三個主要成份：認知（Cognition），感受（Affection）和行爲（Behavior），若把每一成份的第一個字母並列，有些人把它稱之爲「態度的ＡＢＣ」。行爲既是態度的一個主要成份，態度與行爲兩者間的關係自是十分密切，一個人的態度決定該一個人的行爲傾向，這是不爭的事實，但是一個人的行動會不會影響到他（她）的態度呢？這個問題就沒有那麼單純了，因此學者們的看法也比較紛歧不一。不過，一般人大多力求言行上的一致性，口是心非的做法往往爲他人所輕視所不齒，由此加以引伸，那末態度與行爲上的欠調和對一般人而言往往會產生內心的不安與衝突，而造成個人心理上的壓力與困擾，個人謀求解脫此等壓力與困擾之道，久爲社會心理學者所關注，認知失調的理論與研究就是一個很明顯的例子；新近的許多研究，對於典型的認知失調理論，形成了相當的挑戰，也對態度與行爲兩者間的關係提供了一些新的看法與解釋，這在本章中我們也將一併有所論列。

一、認知失調理論（cognitive dissonance theory）

Festinger（1957）所提出的認知失調理論，其重點在於探討不同認知情況間的相互關係。這兒所謂的「認知」（cognition）可以說是某種特定的知識，這種知識可能是關於某種態度、情緒、行爲、價值等的一種知識。知道「你喜歡看平劇」就是一種認知，而獲悉「某義士駕機投誠」，也是一種認知，而且每一個人都同時擁有許多許多不同的認知，而這許多不同的認知間的關係又有調和、失調和不相干等不同的情況。不相干的認知，兩者間並沒有心理牽連的存在，知道南部下大雨和知道臺北與臺南間的距離，通常在心理上是不可能產生什麼牽連的。調和的認知是相互符合邏輯的，知道臺北與臺南間有一段距離，而又知道必須搭乘特快車才能及時趕上開會，兩者是合理而不相衝突的。失調的認知，兩種認知的同時存在是相互矛盾的，例如一個知道自己很喜歡抽煙的人，又知道吸煙有害健康的事實，這兩種認知的同時存在，乃是相互衝突的，而會引起認知失調的現象。

根據 Fertinger的說法，認知失調的存在會使一個人產生心理上的緊張情況，而這種緊張情況會促使一個人採取某些對策來消滅此一已存在的緊張狀況。認知失調會產生一種類似饑餓和口渴等所能引起的驅力（drive)，只是消滅其所引起的心理緊張情況並不像克服饑渴的飲食行為那末單純而已。

認知失調程度的高低與下列諸因素直接有關：甲、兩種認知間差異的大小。當兩者間差異越大，失調的程度也越高；乙、認知差異的多寡又與失調程度有關。如果互相衝突的認知有很多種，其所引起的失調也隨之增高；例如，一個小孩買了路邊小攤上的食物吃，一想到小攤上的東西一向不衞生，就會產生認知失調的反應，如果又記起前天因為吃了那個小攤的麵而發生過腹瀉的現象，失調的程度即隨之增高，又若加上其他小朋友也有過類似的遭遇，那末失調的程度更要往上升。丙、調和的認知數目。調和的認知越多，失調的程度越低。丁、不同認知所具有的重要程度。關鍵性的認知之調和與否要比不關緊要者之調和與否來得重要。因此在考慮上列甲、乙、丙三因素之作用時，我們還要考慮到關鍵性認知所可能產生的影響力。

失調的認知之存在既然會產生心理上的緊張狀況，而當事人又力圖該等緊張狀況的消除或減少，其可採之對策可分下列三項：

甲、改變認知　這種改變可從一方面下手，改變一個認知以便與另外一個調和，或是同時修改兩個失調的認知，而使他們趨於調和。在有關的認知沒能獲得改變而達到協和的地步時，失調的現象會繼續存在。

乙、增加認知　借助其他的認知來消滅已存在的失調現象，例如一個抽煙很多的人，雖明知多吸煙有礙健康，但他卻又認爲有很多樂享長壽的人也是吸煙很多的人，如此做法可減少前面兩種不同認知的失調程度。

丙、改變認知的重要性　學校課業欠佳的學生，大可用「強調步入社會工作時的表現才是評定個人才幹的重要條件」來減輕平時不够用功的罪惡感。改變認知的重要性要比完全改變認知本身較易達成，容易辦到。

二、有關認知失調影響的研究

心理學家們曾利用各種不同的設計來研究認知失調所可能發生的影響，這兒我們將討論一些主要的研究方法。

甲、導誘服從的方法（**induced compliance**）

導誘服從方法的使用，旨在造成受試者認知上和其行爲上的不調和，或是言行上的不一致。例如一個反對臨時抽考的學生，被誘導發表推廣抽考的演說，如此一來，他的內在態度和外顯行爲失去調和，在這種情況下，他將如何來消滅因失調而引起的心理緊張和不適呢？

根據我們在上節中的討論，改變認知乃是一個可行的對策，但是兩個認知中到底是要改變那一個呢？有關行爲（演說）本身的認知並不容易加以改變，因爲行爲往往是公開的，行爲者很難加以否認，若眞要加以否認，也很難取信於人。但是內在的態度（認知）卻只有自己清楚，因此改變起來也就沒有那末麻煩。他可以說服自己改變初衷，認爲自己並沒有那末反對臨時抽考的措施。基于這種認識，採用此一方法的學者往往是以態度的改變爲減低失調程度的證據。

Festinger 和 Carlsmith（1959）的研究乃是此一研究方法的典型。他們首先要求受試者從事一種簡單無聊的呆板性工作（重複地旋轉木栓），長時間地從事此一工作是會使人感到很厭煩的，然後研究者要求受試者佯充爲其助理去游說在等候室裏的人，冒稱實驗工作很是有趣，這末做的受試者，有些人獲得美金一元爲代價，有些則獲得二十塊錢。另一些受試者則只從事呆板性的工作，而沒有獲得金錢的報酬，也不必去向等候室的人撒謊，（等候室的人才是眞正的研究助理），這三種受到差別待遇的受試者，最後都到辦公室向祕書報告他們參與實驗所感到的有趣程度。現在讓我們來看看這三種差別待遇所引起的不同反應。

那些只從事呆板性工作而未受酬勞，也不需要說謊的受試者，都認爲實驗工作呆板無聊。那些獲得二十元報酬的人，也覺得實驗工作頗令人厭煩不耐。只有那些得到一元報酬的人認爲實驗工作是相當有趣的。爲什麼這些不同的受試者會有如此出人意料的反應呢？研究者認爲這是由於受試者基本態度上有所改變使然，只爲得到一塊錢的報酬而撒謊是不值得的，這是很難加以否認的現實情況，爲了減少自己的行爲（只得一元而撒謊）與態度（實驗工作實在無聊）上的不調和，受試者於是改變對實驗工作的看法，向祕書報告實驗工作是相當有趣的。那些得到＄20報酬的人，認爲撒謊是有足够的代價的(看在錢的面子上而撒謊)，直說實驗工作呆板無聊也就無妨了。

從這一類的研究中，學者們發現一個與個人的某種態度不調和的行爲可以導致這種態度的改變。而這種態度上的改變，其程度直接與不調和的程度有關。除此之外，當引發行爲的誘導因素和辯護該行爲發生的理由減少時，態度改變的程度卻隨之增多。有關認知失調理論的研究發現引起與態度失調的行爲有其必要，不過，誘導行爲發生的理由（金錢或其他因素）要適可而止，過度的辯護理由並不能導致態度的改變，甚至會得到反效果。

誘導服從的重要因素到底包括些什麼因素呢？根據這方面的研究發現，以誘導服從的方法企求態度改變需要考慮到下列諸因素：

⑴選擇行動的自由　如果與態度失調的行爲是在被強迫的情況下發生，此一行爲將不會導致態度的改變，在這種情況下，行爲者有足够的外在理由來爲個人的行動辯護，因此這種行爲與態度間的差異不可能引起心理上的緊張與壓力，態度的改變也就沒有必要。相反地，如果行爲是自動自發的，其所將引起的態度改變也就較爲顯著。至於金錢的鼓勵在自由選擇與否兩種情況下所發生的效用都有所不同，多量的鼓勵在非自由選擇的情況下效果較佳；相反地，少量的鼓勵在自由選擇的情況下會產生較多的改變（Linder等，1967）。

⑵個人參與的深入與否　深入的參與使一個人少有後退之途徑，而以自圓其說做事後解釋的機會也很少，在這種情況下行爲與態度兩者間的差異不易加以彌補，迫於因差異所引起的心理緊張壓力，處於這種情況下的行爲者，其改變態度的程度將會較高，較爲顯著。

⑶不良後果　在一般情況下，除非被誘發的行爲導致不良的後果，行爲者改變其原有態度的機會並不大。反過來說，與原有態度相違背的行爲，要是會導致不良後果，它很可能引起認知失調的反應而導致態度上的改變（Cooper等，1970；Collins，1972）。

⑷個人責任　個人責任的有無乃是根據採取某一行動時是否已能預測其行爲所將引起的後果而定。如果在採取行動時已能預測該行爲的不良後果，那末行爲者將負個人行爲責任，在此一狀況下，態度的改變有

可能。但是如果行爲者在採取行動時並不知道其行爲所將導致的後果，那末態度的改變並不太可能（Wicklund and Brehm，1976）。

乙、以甜檸檬爲辯護的方法

一般人非不得已，大都不願受罪吃虧的。但是有時我們卻一反常態，忍受委曲、活受罪，如此行動之後，心理失調的現象隨之發生，我們於是想辦法爲自己辯護開罪。

設想你排了一個下午的隊，終於買到一張入場券進去電影院看了一場早就想看的電影，結果發現所看到的並沒有想像中的好，甚或令你感到根本不值得一看，如此浪費了老半天的時間跟著排長隊，而所看到的卻是不入流的差勁影片，除非你自己承認是大笨牛，缺乏判斷的能力，否則總不能讓自己白受罪而不設法辯護。根據認知失調理論的道理，爲了避免使自己難堪，你可能會反過來大大地讚賞該影片，聲稱不但值回票價，而且還受益良多。

如果你是在迫不得已的情況下發生同樣的情事，你的反應又將是如何呢？設想你之所以會花那末多時間排長隊買票去看那末一場差勁的電影，原來是因爲好友堅邀你一起去散散心，輕鬆輕鬆，爲了不願讓他失望不高興你才勉強同他去的，根據前面所討論的，你的行動並不是在完全自主的情況下發生，因此你並沒有需要改變你對該電影的看法，差勁就是差勁，這與你的判斷力並不相干，白受罪乃是爲了討好朋友，這本身已有足够的理由來加以解釋，而無須歪曲事實來硬說電影好看。有些學者（Cooper，1980）以類似的設計研究心理治療的功效，發現不同的治療方法所產生的效果差不了多少，但是除非接受治療的人擁有充份選擇的餘地，任何方法所能產生的效果都很值得懷疑。

丙、阻撓力不足的方法

這種方法的使用，主要是以兒童爲對象，根據這方面的研究結果，我們多少可以看出小孩子如何把成年人的態度與價值觀念加以內在化(internalize)的過程。早在二十年前(Aronson 和 Carlsmith, 1963)，學者們就進行研究不足的阻撓力對於一般兒童行爲所可能造成的影響。他們所安排的實驗情境是一個小孩在房間裏玩玩具，玩具一共有五樣，當小孩玩過一會之後，要求小孩就他喜歡此等玩具的程度加以列等第，然後把小孩第二喜歡的玩具放到桌上，不同的受試者接受不同的指示。實驗者告訴一些受試者他需要暫時離開，小孩可以隨便玩任何一樣玩具，有些受試者則被警告絕不可以玩那件放在桌上的玩具，否則實驗者會很生氣而把所有玩具都拿走；另外一些受試者則只被告知不要玩那件放在桌上的玩具，因爲實驗者會因此而感到不高興。這些受到不同指示的受試者在實驗人員離開房間之後都沒有去玩那件放在桌上的玩具。不過，根據認知失調論的推斷，那些只被告知不要玩桌上玩具但並未被嚴重警告者將產生最大的失調作用，因此他對該一玩具(被放在桌上，原爲小孩所第二喜歡者)的態度會因此而有所改變。

實驗結果證明上述的推論是正確的，當實驗者隔些時候再回到房間時，他再次要求受試者就所有五樣玩具加以列等，那些只被告知不可玩那件放在桌上的玩具的受試者，對該一玩具的評等有顯著的降低，改變他們原先對於該件玩具所持的態度，而這種態度上的改變又具有相當的持久性(Freedman, 1965)。由此我們可以看出態度內在化的發生。

類似這種研究結果使我們對於使用重罰以控制小孩行爲的做法感到有些不自在，而懷疑其長期的嚇阻效用。重罰的威脅在阻止不良行爲上自有其效果，但是卻往往是暫時性的，一旦重罰的威脅消失時，不良的行爲往往隨之再度發生，因爲被威脅者有足够的理由來解釋爲什麼自己行爲發生變化，因此並沒有需要在態度上做根本的改變。但在另一方面，如果一個小孩在輕度的警告下(阻撓力不足的情況)，制止個人某種行爲的發生，此一行爲上的改變並沒有足夠的外在理由可以合理地加以解釋，既然沒有強烈的外力迫使自己改變行爲，而自己的行爲卻已有相當的改變，這一來他就只好反求於己，從內在的因素來尋求自己行爲改變的緣由，態度上的基本改變也就油然而生。

丁、自我知覺（Self-perception）

自我知覺的解釋要比自己辯解的說法來得簡單，Bem（1965,1972）所主張的自我知覺理論認爲當我們對自己的態度沒有很清楚肯定的認識時，我們往往根據自己的行動以及所處的環境因素來做必要的推理與判斷，如此一來，態度與行動兩者間的吻合度也就很高。這種說法與我們日常生活中觀察他人行爲， 進而推論其行爲後面的原因的做法頗爲相像。例如，我們看到一個小孩在被他的父母親訓了一頓之後才道歉認錯時，我們大多會認爲這個小孩的道歉行爲並不是出乎內心的，而是爲外力所逼迫的；反之，要是在沒有外力威脅影響的情況下，這個小孩自動道歉，那末我們大多會認爲這個小孩是眞心反悔。當然，這個小孩是否自動自發，抑是限於局勢而行動，外人只憑觀察是很難加以確定的。

根據 Bem 的說法， 當一個受試者被詢及個人態度時 （於參與實驗之後）， 受試者往往採取類似旁觀者對行動者之行爲動機進行歸因（attribution）探討的歷程，來思索自己的內在態度。Bem 運用所謂的「人際複製」（interpersonal replication）的方法來證明上述說法的眞實性，這種實驗方法是以書面資料告知受試者有關某一個人的行動以及該一個人因此一行動所得到的報酬，然後要求受試者根據這些資料來推定行動者的態度。如果根據這種方法所推定出來的態度與行動者個人所自己表明的態度相當類似，那末自我知覺理論的眞實性可獲得一些實證。Bem（1965）的實驗就是利用「人際複製」的方法來進行，而所得結果與原先Cohen（1962）實驗中受試者自己所表明的態度頗多吻合，而爲自我知覺的說法提供有力的實證。不過，其他有關的許多實驗（Bond，1981；Snyder and Ebbessen，1972，Ross and Schalman 1973），所得到的結果卻有些出入，因此目前仍難有個定論。

三、口是心非，言行不一致？

一般人都認爲一個人的行動決定於該一個人的思想、信仰與感受，換句話說，我們的態度決定我們的行動，就此再進一步推論，如果要改變一個人的行動與做法，我們最好設法改變這個人的想法。反過來說，如果我們瞭解某一個人的想法，我們就可以預測這個人的行動表現。社會心理學家們一開始時，也都很贊同這種論調的，不過，到了一九六〇年代，許多新的研究結果迫使社會心理學者們重新考慮，此一論點的正確性，在1964年，有些學者（如 Leon Festinger）已正式就上述的假設提出疑問，認爲研究結果並不支持態度決定行動的看法，他甚至認爲行動是決定態度的主力，因爲一般人對於個人的行動往往都能提出許多理由來加以支持，但是所謂「說到做到」卻往往止於「紙上談兵」，少能付之行動。

學者們對於態度與行動兩者間的關係之看法到了一九六九年有了進一步的發展，Wicker（1969）在複審幾十件研究報告之後，發現一般人所表明的態度往往無法預測到百分之十的行動上的差異。例如，一般學生對於考試作弊都持反對的態度，但是實際上在參與考試時，其行動卻往往與其所持之態度不相吻合，這種言行上的不一致到處可見。許多滿口道德仁義的人，卻從事一些傷風敗俗、違背良心的勾當。遵守交通規則似乎是一般人所持有的態度，但是行人搶紅燈，司機違規超車或是超速行車的交通混亂情況有目共睹，態度與行動兩者間並沒有絕對的相關存在。

爲什麼一個人所表明的態度與該一個人的行動少有相關（甚或毫無相關呢）？這其中道理是因爲態度與行動兩者都受到其他許多因素的影響。基于此一認識，我們也就很難能够根據一個人所表明的態度來預測這個人的行動。不過，要是我們能够把那些影響態度和行動的許多因素加以控制和中立化，那末用態度來預測行動的可能性也會隨之增高。

影響態度的因素，最重要的乃是口是心非的因素。一個人的態度如何，一般人無法直接獲知，我們所能做到的只是透過個人的口述或是紙筆一類的測量來加以測定，依賴口述直接報告，口是心非的問題自然發生，這尤其是當一個人的態度與社會所期望者有所差別時更是如此，如此一來，個人所表明的態度往往並不是眞正的態度，根據表明的態度（expressed attitudes）來預測行動當然會有出入。而且問問題的方式又直接會影響到答案的提供，加以回答問題的情境又會左右回答的內容。社交經驗老練者常有「見人說人話，見鬼說鬼話」的本領，這在眞實的態度之正確測量上構成相當棘手的難題。

學者們爲了克服上述的困難而發明了所謂「假導管」（bogus pipeline）的測量法（Jones 和 Sigall，1971），這種方法的主要步驟是首先使受試者信服一種新的機器可以測量一個人的生理上的反應來顯示該一個人的眞正態度，之後再要受試者預測該種機器的反應，而根據此等反應可獲得受試者的實在態度。運用這種測量法所測得的態度與運用紙筆測驗所測得的態度往往大有差別，這些發現給「口是心非」的說法提供了另一實證。

個人行動受到社會因素之影響要比態度之表明之受到其影響更多更廣泛。一般人限於情勢，往往會有所謂「行不由衷」的反應方法，所謂「身不由主」的現象相當平凡易見，迫不得已，只好遷就原則，改弦更張一番。行動本身既然深受環境（社會性的）因素的影響，根據態度來預測某一特定的行動將是相當困難。不過，假如我們能够多次觀察一個人在不同場合所表示的行動，透過「平均」的方法，不難獲得該一個人的一般行動趨向。預測某一虔誠的教徒下個禮拜天是否上教堂做禮拜並不一定很有把握，因為上不上教堂的行動除了個人的信仰態度外，又受到天候，個人時間安排，心情好壞以及講道的人等等因素的影響，不過若以全盤性的宗教活動之參與來衡量，一個人信仰態度的預測能力是相當可靠的（Fishbein 和 Ajaen, 1974; Kahle 和 Berman, 1979）。

綜觀有關研究，我們可以看出態度之是否能預測行動與多項因素有關，如果所測得的態度是普通廣泛的，那末以這種表明的態度來預測某一特定的行動，其效果並不高。但是，假如我們所測定的態度是特定的，那末根據這種態度來預測有關的某一特定行動，在一般情況下是相當有效的。當然，態度預測行動效果之好壞直接與態度的功能之大小有關。

態度功能之高低又與行動自動化的程度直接有關。在我們日常生活中的許多行動大都是相當自動化的，這也就是說這許多行動通常我們多不加思索就可採取，諸如碰到熟人時點頭問好，駕車遇紅燈時慢下停車等是適應日常生活所必須的行動，是相當習慣化而不必三思而後行的。對於這一類的行動，態度的功能是相當有限的。

有許多其他的行動我們往往需要加以思考之後才會採取，這一類的行動受到有關態度的影響比較大，尤其是當一個人在採取行動之先進行思考的工夫時為然。有一項以大學男生為受試者的實驗，首先測定受試者對於公平聘用求職者（affirmative-action）制度的態度，然後要這些受試者權充法庭陪審團的成員就審判歧視女性的個案做一判決，這些受試者的態度與其判決兩者間只在受試者做決定之前先有一個思考自己對此制度之態度的機會時才會發生關係（Snyder 和 Swann，1976）。由此看來，如果一個人在採取行動之前，有機會先想想自己對某一事件的態度或看法時，其所採行動較易受到個人態度的影響。

學者們還發現當我們的自我意識（Self-consciousness）增加時，我們的行動也較能反應我們自己的態度。增加自我意識的一個方法是面對鏡子而行動（Carver 和 Scheier，1981），以這一類的方法來增強個人的自我意識可以提高言行的一致性（Froming 等，1982）。Diener 和 Wallbom（1976）的實驗在研究大學生對考試作弊的態度（大多數是反對作弊的）與其實際應考時的行動間的關係是否與個人自我意識的強弱有關。他們要受試者解答一些字謎，並告訴受試者這些問題可以用來預測一個人的智力之高低，實驗者還告訴受試者在聽到鈴聲響時就停止做答。在普通情況下不另加干預，有百分之七十一的受試者在聽到鈴響後仍繼續做答；但是另一組受試者，被安排面對鏡子做答，同時還聽到由錄音機播出自己以前所錄的聲音，這一組受試者只有百分之七的人作弊。

態度影響行動功能的高低又與態度形成或習得之過程有密切關係。一些從經驗中所形成的態度，往往根深蒂固，這種態度對於行動的影響較大（Fazio 和 Zanna，1981）。而且當個人所採之行動對自己利益有密切關係時，其個人態度的影響也較大，對於有利於己的行動往往也是符合個人態度的行動（Borgida 和 Campbell，1982）。而且個人主動由經驗中所形成的態度也要比被動灌輸而來的態度來得穩定、清楚，而且比較不易被改變（Sherman等，1983）。

四、行動會影響態度嗎？

在上一節中我們所討論的是態度如何影響一個人的行動，不過，社會心理學家們還發現我們的行動也會影響到我們的態度。這兒我們先來看看幾個實證。

擔任或扮演某一角色往往會改變一個人的態度和看法。這兒所謂的「角色」乃是因個人社會地位所需的行動方式，當老師有老師樣，當總經理要有總經理的樣子，雖然該是怎麼個樣子並不是很容易地加以界定，而且所有的老師、總經理也並不是只有一模一樣，不過，一般人心目中的老師、總經理所應具有的「派頭」，就是一般所謂的「角色」。有時同事多年的好友忽然當了官，變成自己的頂頭上司，過去水乳交融，毫無介蒂的關係一下子有了相當的改變，未得高昇者往往會有「跟我擺起架子來」的憤慨，雖然這種人際間的變化有失厚道，但是這一事例卻可明白地指出個人的行動會影響到自己的態度。過去研究者觀察在工廠上班的工人遷昇後的態度改變，發現昇爲工頭或被任命（推選）爲工會領袖的兩種工人，在擔任新的角色之後，態度上的改變迥然不同，工頭領班對於資方經理方面的立場深表同情，但是工會領袖卻對工會組織的立場採同樣的看法（Lieberman，1956）。由此我們又可看出，個人的職業角色深具影響力。當了警察，執法如山；當了老師，傳道授業，兩袖清風，如此一來，由於職業角色上的需求，個人的人格和態度都會受到影響。職業地位高超者，對個人的自尊心也有優異的看法，這當然是與外來的尊崇和欣羨也多少有所關連。

差不多兩百年前美國名政治家傑弗遜氏曾做過如下的評論：一個人一旦說了謊，再次說謊甚或三度說謊將變成相當容易，一直到說謊成爲習慣，而說起謊來毫不經心。有時雖說實話，別人再也不會相信。如此言而無信也將導致心地不善良，而斯文掃地。積非成是的現象在我們日常生活中並不難看到，實驗室所得的研究結果也證實其可能性（Klaas，1978）。要受試者以口頭或書面報告的方式來爲某一事件做見證，雖然這些受試者對該一事件的實際經過頗具疑心，但是一而再，再而三地要他們提供見證往往會逐漸地使他們相信自己的說詞，這尤其是當他們如此去做並沒有受到外力很大的影響時爲然。

前面我們提過「見人說人話，見鬼說鬼話」的現象，這種順風轉舵，討好聽眾（或可說是滿足聽眾的要求）的做法，一般人也都常加使用，當然這在選舉期間，各候選人爲爭取選票時更是容易看出。以現實的眼光來看，這只是個人塑造處理印象時的一種手段（Baumeister, 1982），並不一定是說謊欺騙，所謂「甜言蜜語」,「花言巧語」等一套作風與「空口說白話」到底是有所不同的。除此之外，一般人也都有「隱惡揚善」的美德，好消息的傳播往往是要比壞消息的傳遞來得爲一般人所樂爲，而且我們還常常針對聽眾的立場來調整個人的言論（Manis，Comell，和 Moore，1974）。當一個人敍說了這麼一個經過渲染，加糖加醋的言論後，他／她往往深信個人所說而不覺有異（Higgnis 和 Rholes，1978）。

因行動而改變態度的現象並不只限於口頭上的渲染，許多殘酷的行爲卻被行爲者認爲是理所當然，罪有應得。行爲者之所以如此做，主要是在減輕個人的罪惡感，爲個人的暴行找藉口（Bercheid，Boye，和 Walster，1968）。在日常生活中，對於我們所不喜歡的人，我們加以傷害的機會也較大，這似乎是很自然的事；但是，不幸的是，被我們傷害過的人，我們也不會喜歡他們。過去美國南方以黑人爲奴，極力反對林肯總統解放黑人的政策，南方佬（白人）多方低貶黑人，認爲黑人所具有的許多特性使得他們不配自我作主，應該繼續爲奴受擺佈。這種壓榨黑人勞力的做法需要某些藉口爲後盾以求其合理化，行動與態度的一致性是一般人所追求建立的。

韓戰期間，美國戰俘受到中共情治人員的洗腦（brainwashing），其目的當然是在改變那些戰俘對共產主義以及所謂「美帝侵略者」的基本態度。雖然「洗腦」的方法並不見得對所有戰俘都發生效用，但是許多戰俘在被「洗腦」之後或變爲共產主義的同情者，或與共產黨人員合作，甚至有許多人願意留下而不願意被遣返美國，這種後果也是相當可觀的。美國學者訪問受過此等待遇的戰俘（Schein, 1956），發現中共情治人員所使用的方法包括有「逐步要求」（Pacing of demands）和「持續參與」（constant participation）兩種技巧，所謂逐步要求就是從最無關緊要的反應逐漸地延伸到重要的反應要求，這在引起自白、自批以及重要情報資料上效果頗著。「持續參與」可以說是直接介入而不只是聽訓而已，從問答、抄、寫等過程到進一步在團體中討論或認錯，每一戰俘都需要一再地參與多項活動。另外有一點值得特別指出的是「威脅」儘量少用，「利誘」則是主要的手段，這在引起戰俘們某種自我行爲的責任感上相當有效，而這種自我責任感的存在乃是態度基本改變所必須。根據此一分析，所謂「洗腦」的方法與一般推銷員「得寸進尺」的推銷術頗多類似處，剛開始時是小小的投注，漸漸地進入要害而達到全面的征服。

五、為什麼行動會影響態度呢？

學者們對於上面有關行動影響態度的現象，在基本上持有兩種不同的解釋，見仁見智，目前尚無一致性的說法。現在讓我們就這兩種不同的理論稍加研討一番。

甲、自我辯護（Self-justification）

簡單地說，所謂「自我辯護」乃是爲自己的行爲找藉口，找理由。這種說法的理論根據是Festinger的認知失調學說（cognitive dissonance theory）（Wicklund 和 Brehm, 1976）。認知失調說的學理相當簡單，不過，它的應用卻是十分廣泛，這個學說的基本假設是當一個人所持有的兩種看法或信念不相協調一致時，心理上會產生一種壓力和緊張。Festinger 還認爲爲了要減輕壓力，我們往往就兩種相互衝突的看法做某種程度的調整和修訂。認知失調的現象也會產生行動與態度兩者間的衝突，要是有個煙槍每天需要兩包半的香煙，但又相信吸煙會得肺癌、會短命，這種行動與觀念上的不協調是會讓人感到難受的。

Festinger 和 Carlsmith(1959)所做的一個典型的實驗，其發現也許會讓你覺得不可思議。現在我們簡單地介紹這個實驗。實驗中一個小時，受試者所被要求從事的是一而再，再而三地很古板地旋轉木栓，當這項工作結束後，實驗者告知受試者：這是一件研究個人期望影響其表現的實驗，而下一個受試者正在外邊等著受試，使下一個受試者覺得這項實驗操作十分有趣是很需要的；不過，研究助手正好有事未能接見下一個受試者，不知道你（剛完成操作的受試者）能否暫時權充助手，說服等在外面的下一個受試者他所將從事的是一個很有趣的工作？爲了對你的幫助表示一點謝意，你將得到一些金錢上的報酬（有些受試者得到$1.00；有些得到$20.00）。受試者旣受人之託而又拿錢，於是就答應實驗者的要求，向下一個受試者（其實是眞正的研究助理）進行說項，告訴他實驗相當有趣，而不是別人所說的呆板無聊。最後，在你離開實驗室之前，另外一個人說是在研究一般受試者對於參與實驗的反應，這個人要求你塡一份問卷，指出你對於旋轉木栓的差事到底眞正有多喜歡？

要是你是受試者，你的反應會是如何呢？獲得一塊錢與獲得二十塊錢會有些什麼不同的反應呢？你一定說拿了二十塊錢的人會說他在實驗室內所做的事（旋轉木栓）很是有趣是嗎？而只拿一塊錢的人會說呆板無聊是嗎？其實，研究結果發現正好與此相反，只拿一塊錢的人說實驗室的差事很是有趣，而拿了二十塊錢的人卻說它是呆板無聊。這與「報酬越高，效果越佳」的普通常識背道而馳，我們將如何加以解釋呢？Festinger 和 Carlsmith 認爲只得一塊錢就答應說謊的人對於自己的行爲（說謊）找不到合理的藉口，被一塊錢所收買未免是太便宜了些，這種認知上的衝突使得一個人在基本觀念上有所改變，而認爲其實實驗室的差事是蠻有趣的。那些拿了二十塊錢的人，則認爲既然有人給我這麼多錢要我代他撒個謊，二十塊錢撒個「小」謊並無傷大雅，那工作本身還是呆板無聊的，說謊只是爲了「厚酬」而已。由此可見，基本態度之是否改變與行動藉口之是否足够適當息息相關，有了足够的藉口，不必改變態度，否則沒有足够的藉口，令人感到尷尬甚或起了衝突，於是改變主意，冀求協調，行動旣已外顯，無從修改，只有改變態度一途。

其他許多類似的實驗也都發現相同的結果，在一般情況下，一般人對於在意志自由狀態下所能加以選擇的行爲方式之效度往往較具信心而易被說服改變。與此有關的另一重要因素是個人行動之後果多少可以預期知曉。設想你平時嗜煙如命，每天非吸上兩包半不可，而且對於吸煙會對個人健康產生不良影響的說法頗不以爲然，但是，心臟學會的人需要一篇談戒煙好處的文章來敎育大衆，因爲該學會爲非營利機構，經費不多，只能給你十塊錢臺幣聊表謝意，請你幫幫忙寫個稿。而你又覺得這種事不好意思多加推託，也就一口答應完成。當你寫好這篇戒煙好處的稿子後，你對吸煙的行動和態度會不會有所改變呢？根據美國學者用美國大學生爲受試者所做研究之結果，發現一般人在這種情況下多少都會有所改變的（大煙槍變成小煙槍；不信其害變成具有戒心）。

藉口不足（insufficient-justification）原則的使用除了可用獎勵的方式加以配合外，懲罰的方式也具有相同的效果。過份懲罰的威脅同大量的獎勵酬勞會產生同樣的後果（不能引起態度或行動上的根本改變），藉口不足原則本身的運用，其目的在引發某種預期的行動或態度，這與獎懲原則的使用於某一行動發生之後頗有不同。嚴厲懲罰的威脅在遏止某種行動的發生上具有相當效果，但是只限於表面上的，而很難引起內在化的根本改變。為了避免重罰而遵守交通規則和為了維持良好秩序而遵守交通規則是頗有差別的。為了避免重罰而遵守交通規則的人，由於所行的乃是表面工夫，一旦重罰的威脅不存在時（沒有警察或執法人員在場），遵守規則也就不被認為有所需要。當然，有許多規則常常是外加於行動者身上，行動者雖被規範所限但並沒有參與制定此等規則的責任感，在這種狀況下，行動者支持擁護並進而遵行該等規則的可能性也就不會很大。

過猶不及，太多或太少的獎懲都是沒有好結果的，心理學家研究動機有所謂「過度藉口」(overjustification）現象的發現。一個自得其樂喜歡塗塗繪畫的小孩，一旦受到成人們因「急功近利」而過份加以獎勵之後，往往失去原先以作畫為享受，自得其樂的原動力，如此一來，作畫變成一種獲得外來獎勵的工具行為，或是滿足成人虛榮心的一種行動，為他人做嫁衣裳的感受與自動自發的內在驅力是大有不同的。

天下事十全十美者可以說是微乎其微，很少存在，因此在日常生活中我們做取捨選擇的決定時，往往遭到許多困擾，而在下了決定之後，失調的現象也隨之產生。這尤其是在兩種十分類似的事物中做一選擇時更為明顯，被選中的多少不免有些缺點，而未被選上的，也有它的優點在，決定住在校內宿舍，當然上下課很方便，而且又可與其他同學多有接觸，但是寢室裏又往往人多繁雜，少有安寧；在校外租屋，價錢貴，又離校較遠，能同住一起的人數十分有限，有時又不免覺得寂寞孤單。不關緊要的決定我們不會多加介意，但是一些重要的抉擇，不但在未下定決心之前相當令人頭疼，而在做了決定之後，也往往困擾未了。

一般人如何來消除或減低這種在做了重要決定之後所帶來的失調困

擾呢？根據有關的實驗結果，大部分的人都以類似「甜檸檬，酸葡萄」的方式來解決這種問題，對於所選擇的事物儘量發現表揚其長處優點，對於沒有加以選擇的，則加以低貶作賤。Brehm（1956）最初所做的一個有關這方面的實驗，是以女大學生爲受試者，首先這些受試者品評列等八樣產品，諸如烤麵包機、收音機以及頭髮吹乾機等一類日常用品，然後就兩樣爲受試者所認爲相類似的產品任其隨意挑選一樣爲己有，過一段時候，同樣的受試者再品評同樣的八樣日常用品，受試者對自己所選的東西的評價有所增高，不過，對於沒有選上的東西的評價則有了減少。其他類似的研究還發現在一個人做了決定之後，但並未獲悉其決定所將帶來的結果之前，其對自己所做的決定也都信心大增。在賽馬場下賭注者，往往在下了賭注之後而在比賽未開始之前，對自己所選定的馬之將能獲勝大有信心（Knox 和 Inkster，1968）；選民對於自己所投票圈選的候選人之信心和擁護也在投下了票之後有顯著的增加（Younger，Walker，和 Arrowood，1977）。

乙、自圓其說

對於個人自己的行動、信仰和情感，一般人都有加以維護辯解的強烈動機，這種「自圓其說」的心理狀況在我們的日常生活中並不難獲得具體的證實。當一個人做了某件事，他將儘可能地去說服自己或他人他的所做所爲乃是合情合理的，「自圓其說」雖然不一定可以說服他人，但至少可以使當事人獲得暫時的「心安理得」，減少個人認知上的失調現象（cognitive dissonance）。

試想你是一個每天抽三包香菸的人，當你聽到有關吸煙引起肺癌的論調時，你的反應將是如何呢？你也許會說那是鬼話連篇，我知道很多人吸煙很久而且也很多，但仍然是健康無病痛，而不理會別人的論調，那也就不會引起煩惱和不快。要是你認爲那些有科學證據的說詞是眞的話，那末你心裏會感到不安，擔心繼續抽煙會產生不幸的後果，而有設法加以戒除的念頭和行動。不管你所採取的行動爲何，你所表現的乃是一種「自圓其說」的行爲方式。

分析「自圓其說」的行爲方式，我們不難發現人類並不是很理性的，雖然從事理性化的活動是我們生活中很重要的一環。再以抽香煙爲例來說明，當一個人企圖戒煙而未成功時，該一個人往往因此而產生忽視因吸煙可能引起危險的態度，戒煙未成者的這種態度往往要比那些還沒有設法戒煙者所持有者來得牢固深刻。酸葡萄、甜檸檬以及由愛變恨的種種行爲在在顯示人類缺乏理性的一面。當我們對於某一行動或信仰有著強烈的認定時，我們對於反對此一行動或信仰的外來言論或行動也就同樣採取強烈的抵制，這也就是爲什麼改變一個人的態度是很難的道理所在。在我們的社會裏，我們不難見識到許多所謂「打腫臉充胖子」的事例，這種「硬撐」的做法，其實並不是很明智的。

對於那些外來與我們個人信仰或某些行動產生衝突的事物，一般人大都不喜歡看到或聽到，這當然是爲了避免認知失調現象的產生。對於那些我們所見所聞的事物，我們也往往「各持己見」「歪曲事實」，我們對個人所見所聞的觀感與解釋往往受到個人所持的態度和信仰的左右和影響，在必要的情況下，不惜「指鹿爲馬」「顚倒是非」以期減少或消除個人認知上的失調。

第六章 大　綱

第六章　大衆傳播、宣傳與說服

我們所生存的時代可以說是一個大眾傳播的時代，也是一個大眾宣傳的時代，每當我們扭開收音機，打開電視機，翻閱報紙、雜誌時，總會發現許許多多的個人和團體企圖透過這些大眾傳播的工具來向我們進行說教，做宣傳，對一般人而言，每三、五分鐘出現一次的商業廣告，乃是觀賞電視節目時最令人感到不耐和懊惱的，這末多公司商行之所以願意花費大筆的廣告費來進行大眾宣傳，其目的無非是想說服觀眾們去購買他們的產品或商品，或是服務（如餐旅業和保險公司等），在我們日常生活中除了這些直接、有形的宣傳之外，還有其他的許多大眾傳播工具的影響並沒有那末明顯、直接，但是這許多影響所發生的效用卻往往是十分廣大深入。報紙的社論、專欄，電視專片以及特別節目的製作和廣播，原先製片時或撰寫時的意向早已受到其特別興趣以及立場的影響，而且這許多言論與節目所能引起和造成的衝擊又往往超乎原先的目的，這對於廣大羣眾的看法、態度以及行動都會發生許多深入的影響。

現在讓我們來看看那些所謂「客觀公正」的新聞報導，照講新聞播報員的主要職責是在告知廣大的聽眾有關國際、國內以及地方上重大事件的發生與經過，他們應該不至於有意想說服聽眾，或是左右聽眾的意見和看法才是。不過，矛盾的現象仍然存在，有許多評論家認爲新聞報導有欠客觀，而大部份的新聞從業人員卻都自認爲公正不偏的。公正與否姑且不談，但是有一點是我們可以確定的，那就是記者、播報員以及編輯者光在他們選播或刊印不同的事件本身上就可以對廣大讀者和聽、觀眾的意見和行動發生很大的影響，因爲每天所發生的各色各樣的事件並不是短短的幾張報紙或是半個小時、一個小時的播報時間所能全部包容，所以新聞稿的選擇是不可避免的，編輯人員操此「取捨」大權，自可發生相當的左右作用。

有些電視傳播公司的負責人認爲電視新聞乃是一種娛樂節目，而且也有些研究報告指出許多觀看電視新聞的人，其主要目的是在消遣取樂，「欲知天下大事」的動機乃是一個次要的動機。基于這種認識，許多主持電視新聞節目的人，在一大卷一大卷的錄影帶中選取所要提供於大衆的節目時，他們所做的決定至少有一部份是基于某一錄影帶的娛樂價值的考慮。因爲新鮮刺激的東西較富娛樂價值，也較符合大衆口味，因此暴亂性、破壞性（如戰場實況、車禍火災一類）的鏡頭往往要比平靜無奇的會議、談判錄影較常出現在新聞節目中，這種特殊的安排，往往使一般觀衆產生一種人心不古，世風日下，暴力橫行的感覺，長此以往，其可能造成的許多不良影響是不難想像的。

一、廣告的效果

這兒我們所要討論的乃是有關利用大衆傳播工具來推銷產品或是從事競選活動，爭取選票等的效果問題。光從大公司、廠商花費鉅額廣告費的事實來看，廣告的效果應該是相當龐大才是。許多觀衆都看過有關小孩玩具和餅干糖菓的廣告，這許多廣告的主要目的乃是在引誘小觀衆們，使他們進而要求父母親採購那些廣告所推銷的東西。根據 Lyle 和 Hoffman（1971）的報告，爲數超過百分之九十的未及學齡的小孩所要求其父母購買的玩具或食物都是他們在電視上所看過的廣告所推銷的；而且在同一個報告中又指出：大約有三分之二被調查的母親過去都曾聽過她們的三歲大的小孩子哼唱廣告詞令與小調，這類廣告的效力由此可略見一斑。

不過，隨著年紀的增長，小孩子們對於商業廣告的眞實性與可靠性會慢慢地有較深入的認識，Lyle 和 Hoffman（1971）的報告指出，只有百分之二十左右的小學六年級的學生認爲電視廣告的內容大部份是眞實可靠的，到了高一程度時，這個百分數只剩下百分之四左右。一般成人對於電視廣告大都採取不信任的態度，許多成人根本認爲電視廣告都不够可靠。上項報告又指出，一個人所受的敎育越高，他（她）對電視廣告的眞實性越具疑心，而且那些認爲自己不相信廣告的人，又都相信自己不會受到廣告的影響。根據這個發現，也許會有很多人認爲只要我們認識做廣告的具有某些偏見與偏差，那末我們就可以避免受到這一類廣告的影響。這種看法是否正確呢？不幸的是，這並不一定是一個很正確的看法，因爲一個人光是認爲自己不會受到不實廣告的影響並不一定就能保證他不會受到這些廣告的影響。從一般日常消費用品的選購行爲來看，一般人所購買的大多是那些廣告得最厲害的東西，而一般消費者的此等選擇，又沒有其他什麼比較特殊的理由。

一般商品廣告之所以會影響到消費者的購買行爲，其主要原因何在呢？在我們日常生活中，由於各色各樣的商品往往有許多不同的廠商製造推銷，而這許多商品在實質上並沒有什麼大不相同的地方，在這種情況下，我們對於某一商品之熟悉程度，往往在我們的選擇行爲上發生相當的作用，左右我們的取捨。在其他條件大致相當的情況下，那些我們越感熟悉的東西，對我們越是具吸引力（Zajonc，1968），而我們對於某一產品之熟悉與否，往往又與該項產品所做廣告之頻繁與否很有關係，這也就是爲什麼生意人會花鉅款來做廣告的主要原因。

二、教育或是宣傳

日用消費品的商業廣告旨在推銷產品以圖私益，這可以說是一種宣傳無疑，不過，公職候選人之電視廣告，其性質卻是相當複雜。公職候選人之電視廣告（尤其是類似美國總統候選人之電視廣告），其目的主要是在塑造一個很可取的候選人寫照以及爲選民提供候選人的政治主張和看法。何者爲教育？何者爲宣傳？這其間並不易加以區別，但是，不管是教育抑或是宣傳，廣告的實質乃是一種說服確是不可否認的。

在現代社會裏，我們每個人往往都是被說服的目標，而且來自各方面的說服訊息往往是在我們不經意的情況下向我們下工夫，因此，瞭解說服訊息溝通的技術有其必要。說服效力的提高並不一定要依賴歪曲不實的技倆，在基本上，有關說服訊息的本質，訊息的來源以及說服對象的特色等三大變項，乃是影響說服效力的主要因素。

甲、訊息的來源

1.可靠性 宣傳訊息之是否會產生效用與宣傳者的權威性和可靠性很有關係，來自有名的小說評論家的評語遠比一個普通讀者對某一部小說的評論更具說服力和影響力；一篇有關吸煙危害健康的講辭，透過醫生和商人兩種不同身份的人爲宣傳者所產生的作用是會大有不同的，由於醫生是公認的有關健康問題的權威，他對健康問題所發表的意見具有較高的可靠性，而聽眾受其影響也較深。當然，同一個宣傳者對不同個人的影響也會有所不同，因爲有些人認爲他很可靠，而另一些人可能認爲他並不怎末可靠。除此之外，宣傳者的其他屬性也會對其所做宣傳的效用發生不同的影響。例如，一個人的膚色和種族背景對其宣傳效用有所影響（Aronson 和Golden，1962），以小學六年級的學生爲受試者的一項實驗，發現那些對黑人存有偏見的學生，黑人宣傳者要比白人宣傳者少生效用；但是對黑人最沒有偏見的學生，其受到黑人宣傳者的影響卻是較高的，雖然同是有聲望的工程師，黑、白兩種膚色卻會產生不同的影響力，這主要是因爲聽眾或是被宣傳的對象往往受到宣傳者之種族與膚色之影響，而在考慮宣傳之是否可靠時起了作用，如果我們對某一個人持有欠佳的偏見，或是不信任的態度，那末我們對於這個人的言論與說詞也大都會採不信任、不加以尊重的態度，如此一來，也就會少受其影響。

宣傳者之能否被信任與其所能產生宣傳作用有著密切的關係，越是被聽衆信任的宣傳者， 越能影響聽衆。 既然宣傳者的可信程度如此重要，我們如何來增加一個人的可被信任的程度呢？宣傳者可以使用的一個方法乃是採用與個人利益相衝突的一種論調，當一個人不是利用宣傳來獲利時，我們較易爲其所說服，而增高其宣傳效用。設想有一個犯罪多次而被判過刑的人，他向我們呼籲一般法官量刑過輕，罰款太少，因此對於犯罪行爲的遏止作用甚爲有限時，以此一犯人的身份背景而言，他的這種說法也許是受到司法當局的某種壓力而產生，但是假如這種看法缺乏實質的證據，身爲聽衆的我們大多會認爲犯人的這種說法一定頗有道理， 否則他不至於持這種論調而危害自己 個人 的 權益。 綜觀上述，可見當某一個人的言論與我們所期望者相互抵觸時，我們往往認爲該一個人的言論較誠懇，因此其宣傳力也較大；而且當一個人的言論與聽衆所持的觀點有異時，而此一言論又不因來自聽衆的壓力而隨之改變時，聽衆對他的言論往往會覺得較具可信性，也比較會受其影響。

當聽衆絕對相信言論者並不是有意影響他們時，言論者的可信程度也會因此而增高。例如股票經紀人打電話告訴你有關某些股票的內幕行情，你會不會因此而對該股票採取行動呢？也許你會認爲股票經紀人行情清楚，聽他的話買下股票可以撈一筆；但從另一角度來看，也許該經紀人是爲了賺取佣金才打電話向你通報行情的，你要是這樣想，那末也許就不買了，如此而減低了他的說服效用。換個情境來說，要是你在偶然不經意的情況下聽到該經紀人告訴他自己的太太說某一股票將漲價，由於他並無意遊說你，你也許較易因此而受到影響。心理學家實驗研究（Walster 和 Festinger，1962）的結果證實這種說法是正確的，一般人對於那些非刻意安排的外來訊息往往比較容易接受，而對於那些純粹以我們爲對象，有可能從我們身上因此而得利的訊息，卻大都會採不信任的態度，因此也比較不容易受到它的影響。除了考慮到宣傳者之是否能够加以信任的問題外，宣傳者的吸引力也是影響到宣傳效力的一個重要因素。

2.吸引力　宣傳之有效與否，與宣傳者之是否吸引人，是否爲其宣傳對象所喜愛很有關係。商業廣告中的人物，我們都知道他們有意推銷某一產品，或服務，或觀點、言論等，而且我們也都很淸楚他們之所以這樣做，乃是爲了個人的利益（做廣告獲報酬），這些認識對其宣傳內容的可靠性往往會打折扣，但是是否也會減低其宣傳效力呢？這其實並不盡然，雖然我們不太相信廣告中人物的言論，但這並不一定表示我們不受他（她）的宣傳影響。這就牽涉到宣傳者的吸引力的問題。一項實驗結果（Mills 和 Aronson，1965）證實漂亮的女人可以對其聽衆產生顯著的影響，而且該女人刻意表示其宣傳傾向時，一般聽衆受其影響也最大。而且其他實驗又指出：越是吸引人的宣傳者，其宣傳效力越大（Eagly 和 Chaiken，1975）；除此之外，一般聽衆又都期望吸引人的宣傳者能够支持一個可取的立場。很顯然地，我們往往把宣傳者的吸引力和宣傳內容的可取與否混在一起。而我們往往又受到我們所喜愛的人的影響，當我們喜歡某一宣傳者時，我們又都有討好該一宣傳者的傾向，如此一來，我們也就很容易聽從該一宣傳者的說詞了；不過，這種影響只在不很重要的事件上發生，至於那些重大的切身問題，一般聽衆是不會因宣傳者的吸引力而受顯著的影響的。

歸納上面所討論的，我們可列述數點結論：

1. 我們的意見受到專家和我們所信任的人的影響。
2. 宣傳者的效力和可信程度可以透過以採取與個人利益相抵觸的立場來增高來加強。
3. 宣傳者的效力和可信程度又可透過掩飾其說服傾向的作法來加以提高。
4. 在不很重大的事件和行為上，要是我們喜愛宣傳者，那末我們受其影響也較大較多。
5. 在不很重大的事件和行為上，只要我們喜愛某一宣傳者，明知其動機和受益，我們仍會受其宣傳的影響；但是這在切身的重大問題上卻又不盡然。

乙、傳播訊息的本質

傳播訊息內容本身與宣傳效力的高低有直接關係，此項問題的探討以下列四項為最重要：(一)訴諸於聽衆理智的內容比較有效呢？抑或是訴諸於感情者為有效？(二)單方辯論或正反兩面辯論為有效？(三)在正反兩面辯論的情況下，程序上的不同是否影響到效力的高低？(四)聽衆原有看法與傳播訊息兩者間的差別大小是否與宣傳效力之高低有關？

1. 訴諸理智或感情？

假設你要說服一個好朋友戒煙，一個可行的方法乃是就吸煙的弊害以及可能牽涉到的許多令人頭疼的問題同朋友分析，希望朋友在認清楚吸煙的壞處後，會戒除吸煙的習慣。另一個可行的方法則是讓朋友親眼看看吸煙者感染肺癌的實況以及痛楚，使他對吸煙產生一種恐懼的情緒反應，而不敢再吸煙。這兩種方法到底那一種比較有效呢？

根據實驗結果所顯示，訴諸感情的方法所產生的效果似乎要好一些。不過，截至目前為止，專家們並沒有一個肯定的結論，此一問題之癥結所在乃是所謂理智與感情的分野並沒有想像中那末容易。弊病的分析其本身可能引起不快或懼怕的情緒反應，而導致訊息接受者的行爲改變。基于此一困難，研究者於是改變探討此一問題的方式，另從嚇唬程度的高低來研究宣傳效力的變化。一般人也許會認爲越能引起強烈恐懼的說詞一定會具有較高的宣傳效力，這種看法到底與實驗室的研究結果是否相吻合呢？現在讓我們來看看一些實驗所得的結果。

再以戒煙的例子來說明，研究者（Leventhal，1970）曾安排三種不同程度的恐懼狀況：低度者所接受的只是設法戒煙的勸說和X一光檢查；中度者則觀看一個年青人因吸煙而引起的肺癌X一光片；受到高度恐懼的受試者不但觀看有肝癌的X一光片，另外再觀看肺癌患者接受開刀治療的彩色記錄片。這三組不同的受試者中，以受到高度恐懼者企圖戒煙的行動最爲積極顯著。也許有些人認爲過度的恐懼感可能會使人「嚇呆」了而無法採取適當的行動，這對某些人來說是正確的。對於自尊心較強的人來說，強烈的恐懼往往可以引起行爲上的較多改變。相反地，那些自尊心和自信心較低的人往往會有被「嚇呆」的反應，不過，這些人雖不能做立即的改變，但在稍後卻會有顯著的改變行爲發生。就一般人而言，過度的恐懼確是往往會使人不知所措，而影響到適當行爲的反應。

利用恐懼感來提高說服的效力還要同時注意到提供行爲者有關的明確指示。例如疾病預防針注射的勸導，引起強烈恐懼感的說詞來得效力最高，但是詳確的有關指示（如注射的地點，時間以及如何去接受打針等），在引起實際行動上具相當的重要性。根據一項研究報告（Leventhal，1970），獲得詳細說明的受試者有百分之二十八接受注射，而那些沒有得到詳細指示的人，只有百分之三去打針，控制組的受試者只獲得有關打針的指示，但卻沒有經歷恐懼的狀況，這些人一個也沒有去接受預防注射。根據這一類的研究結果，我們可以看出：恐懼感的引起以及適當明確的行動指示乃是說服行爲者採取某一特定行爲的最有效方法。

2.單方或正反雙方辯論

在日常生活中我們所遭受的的問題往往具有正反兩種不同的看法，當你試圖去說服聽衆來同意你的看法時，你是否只提出自己看法的優異而蔽口不提反對的意見呢？ 還是客觀地就正反兩方的意見加以敍述之後，拒絕對方的意見而強調個人看法的正確與高明？這就是這兒我們所謂單方或正反雙方辯論的問題所在。上述兩種方法效果好壞的比較與其他有關因素具密切關係，因此孰佔優勢的評定並不是絕對的。影響此一評鑑的一個重要因素是聽衆原先所持有的個人意見，要是大部份聽衆原先所持的看法與說服者所見略同， 那末說服者採取單方的策略較爲有效，這樣做一方面造成聽衆有力的反響與認可，另一方面又可避免因提出對方的看法而引起聽衆的困擾和疑惑。但是要是聽衆原先的立場有所不同，那末採取正反雙方辯論的方式也許較爲有利，這樣不但可以提高說服者的客觀性而且有利於影響聽衆接受新觀點的意願。

除了聽衆原先所持觀點外，一般聽衆的知識程度的高低也是一大重要因素，知識水準越高的聽衆，他們被單方議論說服的可能性相對地減少，面對這種聽衆，正反雙方意見的先提出，再進而攻擊，拒絕對方看法的方式，會產生較佳的後果，因爲知識較高的聽衆往往對於問題正反兩方有相當的認識與瞭解，說服者要是避而不談，聽衆會產生一種不平的感覺，或是認爲說服者沒有辯倒對方的能力，而喪失其說服的效力。

3.辯論的次序

候選人在政見發表會上發言的次序是否會影響到選民的投票決定呢？此一問題在只有兩位候選人的情況下，顯得更爲嚴重。先發言或是後發言到底有些什麼差別呢？這個問題所牽涉的相當複雜，它不但牽涉到學習與記憶的問題，而且又牽涉到印象形成的問題。從學習的問題來探討，發言的先後會左右記憶的多寡，這在學習心理學上有所謂啓頭效用(primacy effect)和新近效用(recency effect)的差別，先發言者佔有啓頭作用的優勢，但是後發言者卻佔有新近作用的好處。而啓頭作用與新近作用之優勢的上下則取決於時間因素。這兒所指的時間因素包括兩種：(1)第一個人發言後到第二個人發言兩者間的時間之長短和(2)第二個人發言後到聽衆（選民）需做最後決定（投票）的時間之長短。要是第一個人發言後與第二個人發言間的時間很短暫，干擾的效用最大，第一個發言人將佔啓頭效用的好處。要是政見發表會後，選民馬上就要決定投票，那末最後發言的人可以佔有新近效用的好處。

4.看法上的差別

說服者與被說服者對某些問題所持看法的不同有大小之別，爲了增加說服的效力，說服者是否應該設法減少兩者間的差別以期較佳後果？抑或是極端的不同較易促成被說服者的改變？此一問題的探討，牽涉到一個基本問題，那就是說服者的權威性和可信賴度。在一般情況下，較具權威，爲被說服者所信賴的說服者，其所持看法上的大差異往往促使被說服者的改變，進而接受其看法，但是，當說服者的權威性和可信賴度不高時，看法上的改變較易由中程度的差別來促成。看法上的大差異，除非說服者的可信賴度很高，往往很難爲被說服者接受，因此說服的功效也就無法達到。

丙、聽衆的特質

聽衆間存在著很大的個別差異，教育程度的不同，人格本質的差異以及智力高低、過去的經驗等等許多個人因素對於說服的功效可以產生顯著的影響。到底那些人比較容易被說服呢？從人格特質來看，自尊心和自信心是很重要的一個決定因素，這在前面我們討論恐懼感與說服效益一節中已稍有說明，綜觀有關的研究資料，自尊心和自信心較低的人較易被說服，這其中道理似乎不難瞭解，一個缺乏自信和自尊的人，對於自己所持的看法往往也沒有很大的把握，一經他人的挑戰，很容易地會一改初衷而被說服。

與自尊心和自信心有關的另一個人格因素是個人的社會認可需求（need for social approval），所謂社會認可需求指的是一個人意慾被他人認可或喜愛的程度，有強烈社會認可需求的人通常要比此一需求不高者容易被說服改變（Skolnick 和 Heslin，1971）。以智力的高低而論，通常智力不高者較易被說服左右，但是在傳播訊息相當複雜的情況下，智力高的人往往較易領會其中道理而有所改變。

聽眾在被說服以前所持的心境也是一個重要的因素。快活滿足的聽眾一般較易被傳播訊息所左右。事先受到警告的聽眾，其抵制被說服的程度往往較高而不易被說服，學者們的研究結果指出，事先對聽眾宣佈演說的主題足可減低該演說的說服力（Freedman 和 Sears，1965），這尤其是當演說者的目的主要是在說服其聽眾時較為顯著，因為很明顯的說服企圖往往引起被說服者的戒備而提高其抵制力。

當聽眾本身的自由受到威脅時，其抵制被說服的程度也隨之提高，當說服者過份強調其觀點，增加其壓力時，其所得效果往往是相反的，（Gruder等1978；Brehm，1972，Wichlund，1974）。Brehm（1972）認為當聽眾遭遇說服者過度堅持的看法時往往會在心理上產生一種反抗的意識（psychologial reactance），這種意識的產生與存在使得說服的效力相對地減低，當聽眾對說服者缺乏信心與尊重時，反效果將更為明顯。在另一方面，說服者要是堅持個人看法而嚴重地限制了被說服者的選擇方式，被說服者也往往會採取一種反抗的態度，而其反抗的程度與被限制選擇的程度往往是成正比的。

反抗意識的觀念在政令的推行和大眾行為的改變上具有相當的重要

性。新規定的制定和實施，對一般大眾而言，乃是一種行爲上的自由受到某種程度的限制與約束，抵制反抗的反應方式往往由此產生，這是值得政令推行者注意的。避免此一困難的一個方法似乎是防範於未然，在某種行爲達到「習以爲常」的地步之前，加以限制取締，否則「積重難返」的處境是很難避免的。交通秩序之缺乏改善多少與此有關。

從另一個角度來看，反抗抵制的心理與個人對其所處環境擁有控制感的追求有關（Wortman 和 Brehm，1975）。一般人對於周遭環境大都認爲可以有效地加以控制和應付，基于這種心理，外來的干預和指示往往被視爲對個人行動和思想自主的一種侵犯，這種外來的侵犯自然引起反抗和抵制。

從被說服者的立場而言，他們應該怎末樣來避免被說服呢？心理學家認爲「免疫作用」（inoculation effect）是一個有效的方法（McGuire 和 Papageorgis，1962）。免疫作用的產生是先提供少量的說服言論，而被說服者有能力去拒絕此等言論。如此一來，被說服者對外來的說服宣傳將具備一種類似打過預防針的功力，而減少受到外來宣傳的影響。「免疫作用」之發生，一方面是因爲外來的低度挑戰引起被說服者防禦個人信仰、見解的動機；另一方面則是被說服者因此而獲得練習防禦的機會。在一般情況下，當我們個人所持的見解和信仰未被挑戰質詢之前，我們往往缺乏爲何抱持該等見解或信仰的瞭解與認識，在這種情況下，要是受到外來強烈的挑戰與說服，我們很容易受到影響而改變初衷。爲了要使一個人對自己原先抱有的見解擁有維護的能力，讓那個人認識有被他人攻擊挑戰的可能是有其必要的。

許多剛步出校門，完成學業的大、中學生往往對於五花八門的成人社會缺乏適當適應的能力，而有所謂「溫室裏的花朵」之譏，經不起外來勢力的影響而同流合污，這與校園內生活的單純多少有關，純潔的學生生活方式很難爲青年學生提供注射「預防針」的機會,「免疫作用」也就無法產生。有許多剛出國留學的青年男女，對於共產邪說以及統戰宣傳缺乏抗拒抵制的能力，這與在國內時很少很少有人受到有關政治思想之挑戰是有其關連的。如何使涉世不深，政治思想單純的青年男女具備「免疫作用」的能力，有關當局似乎需要爲他們提供「預防針」，對原有所持的政治思想或信仰先做有限度的挑戰，然後再做有力的辯護，如此鍛鍊之後，當可避免在毫無防範的情況下一舉而被瓦解的危險。

三、重複效用 (effects of repetition)

電視、廣播、報紙和雜誌上的商業廣告大都一再地重複，很多到了令人感到厭煩的地步，這樣做到底是否會收到預期的效果呢？根據專家們的研究結果，在某些限度內，一般人對於某一刺激物的良好反應似乎是與該刺激物重複出現的次數成正比，這也就是說訊息的一再重複是可以引起訊息的受納者的良好反應，而達到宣傳的目的。

有關重複作用的研究，早先是以字彙出現次數的多寡和該字彙所引起字義之好惡爲基礎 (Zajonc, 1968)，此項研究資料指出出現較多的字，其所引起的反應也較爲有利積極。以後的有關研究，發現重複作用在許多不同的刺激物中都會產生，這些刺激物包括花草、蔬菜、照片、音樂、圖畫等。(Mita 等，1977; Smith 和 Dorfman, 1975)。不過，這些研究又發現，重複作用只發生在較爲複雜的刺激物，簡單的刺激物不會引起此種作用。而且，過度的重複有引起不良反應的危險 (Zajonc等，1972)

重複作用在政治上競選時的實用價值也受到社會心理學家的重視，有些專家們認爲重複作用對於選舉的後果具有相當大的影響力，他們相信當所有的候選人都不爲選民們所熟悉時，花最多錢在大衆傳播媒介上來提高其知名度的候選人，往往是獲得最後勝利的當選人，(Grush等，1978；Grush，1980)。在有候選人是競選連任者的情況下，或是有知名度很高的人參與競選時，這些人當選的機會也往往要比其他的候選人爲佳。而有名氣的候選人，其當選機會更要比競選連任者來得高些。以美國總統初選和國會議員初選的情形來看，花錢較多的候選人，其獲勝的機會要比其他候選人高達一倍之多。美國人競選時挨門按戶拜託選民惠賜一票的情況不多見，一般候選人大都透過大眾傳播媒介來從事競選活動，利用電視、報紙或廣播來發表政見或攻擊對手，政見發表會也只在大型的選舉時才較普遍，小型地方性的選舉是很少有的。在這種情況下，買廣告打知名度成爲花錢最多的一項競選活動。至於在汽車上裝個擴音機在大街小巷喊話競選的情形，簡直是不存在的。

重複作用爲什麼會發生呢？目前學者們還沒能有一個令人滿意的答案，不過，有兩種可能的解釋較引人注意：(a)重複地看到某一刺激物的出現也許在情緒上會引起一個人的好感而逐漸變成喜歡它（Moreland和Zajonc，1979)；和(b)重複可以導致熟悉，而這種變化可能有助於對該一被重複的刺激的良好評鑑（Birnbaum 和 Mellers，1979)。也許上述這兩種可能互相作用而共同引起了重複作用也有可能。

四、傳播工具

訊息的傳播可以透過許多不同的管道，面對面的交談(或是說教？)，以書面的方式來進行，或是用影片、電視、收音機廣播等等，我們都可以向目標人物進行宣傳以期改變該一個人或團體的態度。這許多不同的管道，在宣傳效果上會發生什麼樣的不同呢？

甲、私人方式與大衆傳播方式的比較

直接的接觸（私人間）對於我們的態度以及觀念上的影響往往要比

來自大眾傳播的訊息之影響要大而深遠。假如我們訊問住過學校宿舍的大學畢業生：在教科書、教授、以及同學好友三者間那種接觸對他（她）的影響最為深遠，大部分的人大都會認為後者可能最具影響力，教室外的私人接觸對於一般學生在大學生活中的改變具有強大的影響力，這是由多項研究結果所支持的一個看法（Astin, 1972; Wilson 等, 1975），俗云：「近朱者赤，近墨者黑」，人際環境（個人直接接觸到的）的影響所顯示的是私人管道的高度效率。

在公共事務方面的情形又是如何呢？Maccoby等（1977; 1980a; 1980b）所做的研究可以在此用來說明。這些研究者的目的是在減低加州三個小城市民（中等年紀者）的心臟病的發病率，為了比較個人直接接觸和以大眾傳播方式兩者方式的效果之不同，他們在研究計劃開始時以及之後三年的每一個歲末，一共與將近一千二百個人會談並做健康檢查，在 Tracy（城名），除了一般電視和收音機通常可聽到看到的廣告外，別無其他的宣傳活動；在 Gilroy（城名），電視、收音機、報紙以及直接通信等方式都被用來做宣傳，告訴市民心臟病的危險以及有效的防止辦法，這許多活動為時兩年；Watson-ville（城名），除了上述的多方面宣傳外，對三分之二較具患病危險性的一些人另外又以私人直接訪問的方式來進行宣導。這許多研究活動進行了三年，結果發現住在 Watson-ville的人降低生病危險性的程度最為顯著，住在 Gilroy 的人也有相當的改進，但是住在Tracy的人卻少有變化。由此看來，個人直接接觸的效果最是可觀。

另外一項類似的研究是以小孩子為受試者，分析電視節目「自由式」(FREESTYLE)對這許多小孩所發生的影響。「自由式」是一系列的電視影片，其目的在向孩子們宣導個人的性別並不一定限制個人所應從事的不同活動，而企圖改變小孩子對性別角色刻板化的想法與看法。這項由 Johnston 等人(1980)研究七千個小孩所獲得的結果指出那些除了觀看節目之外，又有機會與學校的老師進行討論的小孩在態度上的改變最爲顯著，不過光看節目的人(未與老師討論者)其態度上的改變雖然沒有那些具討論機會的小孩子多，但卻是比那些沒看過影片的小孩多些改變。

個人直接接觸雖較具效力，但這並不意味大眾傳播的缺乏效果，其實大眾傳播的影響力是很大的，這尤其是以此項管道所能在短時期內深入不同角落，達到廣大羣眾的功效而言，更是可觀。不過，大眾傳播的方式又有那末多種，到底以何種方式最具效益呢？一般研究結果所指出的是所用的管道越是生動，宣傳的效力也越高，根據這種結果，我們可以看出「親自出場」要比記錄片或錄音帶或書信來得有效；因爲這許多不同管道的生動性是依次遞減的。

不過宣傳管道之影響力之大小除了生動與否的因素外，宣傳內容之是否容易被瞭解也是一個重要的因素，而以書面的方式來提供訊息，往往對於目標人物之瞭解宣傳內容最有助益（Chaiken 等，1978），這些研究者一方面就宣傳工具加以變化，另一方面又同時就宣傳內容的難易瞭解加以操縱，結果發現在宣傳內容不易瞭解時，書面的方式效果較佳，但當其瞭解不會有困難時，影視的方法較具功效，而音響的方式（收聽錄音）在困難內容的情境下，效果最差，不過內容簡單易懂的，其效果雖然沒有影視佳，但卻比書面好。

乙、標語與口號

以招貼標語的方式來進行某一宣導，其運用的效果又是如何呢？這種方式不但是在政令的宣傳上常被使用，在學校裏，在大街小巷我們也常常看到各種不同的標語，或在招租，或在推銷產品和服務等等，但這許許多多的宣傳活動的實際效果卻是頗値得懷疑的。Paloutzian(1979)在加州一個小規模大學中所進行的觀察相當有趣，在學校廣貼標語的前一天，他故意在一個交通頻繁走道旁的垃圾桶旁散置一些垃圾，然後躲在附近來觀察一百八十個人經過該處時的行爲，結果發現沒有任何一個人撿起垃圾丟入垃圾桶。等到推行淸潔運動的最後一天，他重新安排同樣的觀察，結果發現在一百八十個人經過該處時，只有兩個人撿起垃圾。這等結果的推廣性如何，也許尙待硏究；不過若光以張貼標語來推行整潔運動，也許會徒增街面的不雅觀瞻而已（來自不整潔的標語本身）。

喊口號或是口頭說教的效果是否好一些呢？這也不盡然，苦口婆心並不一定就能使浪子回頭，當然我們仍然十分偏重以說教的方式來影響別人，來改變觀念來傳道。Crawford（1974）的硏究就是分析教堂裏的傳道之效用，這些硏究者分別在受試者聽道之前以及聽道之後訪問他們，觀察傳道內容（呼喚聽道者不要有種族歧視和不公道的行爲）所發生的影響。在聽過傳道之後所做的訪問，發現只有百分之十的人回答是讀過或聽過這種反種族歧視的言論；當硏究者更明確地詢問他們的牧師在講道時是否提過有關種族歧視的問題時，高達百分之三十的人否認曾聽過，說教之效果如何由此可略見一斑。

爲什麼競選公職的人大都借重大眾傳播的方式來爭取選民和選票呢？這也許可以用來證明這種宣傳方式一定會產生效果，否則花一大筆宣傳費未免太寃枉了。而且電視、收音機裏的宣傳與廣告看不勝看，聽不勝聽，廣告費用又是十分昂貴，難道那些做廣告的人都是傻瓜？這也不是這末令人悲觀的。因爲廣告的作用是有的，例如根據Grush(1980)就美國1976年總統大選時競選情況的分析，以民主黨初選的經過來看，那些宣傳費花得最多的，通常所獲得的廣告也較多。這種宣傳「曝光」的作用往往是在打知名度，使一個不太爲人所熟悉的人在很短期間內變成是家喻戶曉的人物。至於那些已經廣爲人知的候選人，以大眾傳播的方式競選所獲得的效益是相當有限的。廣告效用旣然有所差別，到底在那些情況下較易產生效果呢？一個通則是當論題的重要性以及熟悉性增高時，宣傳說服的效果大多隨之減少；而在不關緊要的題目上（例如牙膏、肥皂之選擇等），其效果往往較爲顯著，若要改變一個人的基本態度和觀念，這往往是要費很大工夫的。

五、對外來宣傳的抵制

對於外來的宣傳與說教，一般人大都會有加以抵制的反應與意向，一般人大都不願承認因受到別人的影響而有所改變。當目標人物知道別人有意向他宣傳或說服他時，這往往會增加這些人抵制外來影響的反應（Kiesler 等，1964；Watts 等，1979）。爲什麼一般人會有這種反應呢？這也許與一般人的反抗心理（reactance）有關，當一個人的自由與自主權受到威脅時，他們往往會固執己見，進行抵制；也許改變本身乃是一種需要付出一番代價的行爲方式，基于惰性，來自外面的改變要求並不容易被接受。當然許多人也可能爲了顧全自己的面子而不願意有所改變，或不願意顯示太容易被人改變。一般人既然不太願意被改變，他們對於外來的說教與宣傳如何加以抵制呢？

甲、一口拒絕　這是一種最原始的抵制方法，因爲說教的內容與個人原有的態度互相衝突或缺乏一致性，直截了當的方法是全面加以拒絕而不予辯論或考慮。說教內容之是否合理可取，被說教者只是一口加以拒絕而不必爲自已的態度做任何答辯，許多人常常以「我根本不相信」來否認外來的說教與宣傳。

乙、作賤說教者　這是一種反攻的方法，爲了避免因說教而引起自已心理不舒服或感到受外來壓力（尤其是那些言之有理的宣傳和說教），有些人於是採取攻擊說教者的抵制方式，或把說教者看成是不可靠、不懷好意的人，或把說教者認爲是別有企圖的人，而貶低說教或宣傳的價値，如此達成消滅個人因外來宣傳所引起的壓力，而且這種目的如果順利達到，還可以使得說教者以後的說教力量大量減少。

丙、歪曲宣傳內容　爲了減少因外來宣傳與個人態度不一致所可能引起的壓力，被說教者可以歪曲宣傳的內容來減低這種因欠缺一致而引起的壓力。這種做法是比較消極的抵制方法，甚或會有自我麻醉之譏。一方面他可以故意歪曲說教內容，減少它與個人態度的不一致性；但是另一方面，他也可以把外來的宣傳渲染成不近情理，過份極端，而毫無可取處。

丁、以理智的辯論來辯護自己態度的正確　反擊說教之缺乏合理性或是其本身有許多缺陷，自相矛盾而又缺乏一致性，這種針對說教宣傳內容本身加以攻擊的做法還包括自我辯護的行爲在內，一方面加強自我的防衞能力，另一方面則針對說教內容的弱點採取攻勢。這種方法的採用有時頗多困難，因爲說教宣傳者往往是有備而來，加上強烈的動機支使，要打敗它並不容易。就目標人物而言，他的動機通常不會很高，而且在短期內也很難收集反擊所需的有力資料。

戊、先下手爲強的做法　上面幾個方法都是在說教或宣傳已發生之後所採取的抵制方法，這兒我們討論的則是一種防範在先的手段，在遭遇到外來的宣傳或說教之先，把自己的態度和立場加以公開於世，這樣子做往往可以使這些態度少受到外來的影響。這種做法與自我的尊嚴和自我觀念有關，爲了保持前後的一貫性、一致性，非受到相當壓力，態度上的改變在此種情況下比較不容易發生。

「注射預防」的方法也是一個有效的方法，學者們把這個方法叫做「態度的預防注射」(attitude inoculation)，這種方法很像疾病的預防方法，在沒有受到攻擊之前，先打預防針，以引發身體的抗體，加強其抵抗力。在防止態度的改變上，我們通常是用適度的打擊方式，先就一個人或一個團體的所持態度進行攻擊，所謂「適度的打擊」，應該是一種可以引起目標人物反應，但不至於使他招架無力的打擊程度，一般人在受到這種攻擊時，往往會更堅持自己的態度，而增強外來宣傳的抵制力量（Kiesler，1971）。根據 McGuire（1964）的解釋，當一個人受到攻擊時，常常會有反擊的行動產生，這些行動包括收集有利於自己所持態度的資料，加強自我信心等等，而這許多準備，一旦在眞正的外來攻擊發生時，就馬上可以加以利用來保護自己，以免態度因被攻擊，措手不及而無法做適當的保衞。

預防注射的方法最近曾被許多學者用來幫助國中年紀的學生抵制吸煙的壓力（Mc Alister，1980；Evans 等，1981）。根據許多有關中學生爲什麼會吸煙的研究結果，來自同儕的壓力乃是引發中學生吸煙行爲的一個很重要的因素，有很多中學生因爲怕被其他同學譏笑自己膽小，於是只好附合他們的要求，開始吸煙。爲了增強這一類「身不由己」的人對外來壓力的抵抗能力，學者們刻意安排一些有效的反擊理由，並敎導他們在受到壓力時採用自衞，這些學者發現多次訓練之後，一般學生的抵制力有了顯著增加，與其他沒有受過這種訓練的學生比較，受過訓練者的吸煙率只有其他學生的一半。

電視上的許許多多商業廣告大都以小孩子爲其宣傳之目標人物，而這許多廣告所推銷的又往往是一些營養份欠佳的食物或是各種不同的玩具，小孩子們對於這一類廣告的反應又是如何呢？學者們發現七、八歲以下的小孩往往無法分辨電視廣告以及眞正的電視節目，而且對於那些廣告的宣傳企圖也沒有正確的認識。他們還發現一般小孩大都相信電視廣告而很少對它產生懷疑；不但如此，小孩子們又往往會要求其父母購買電視廣告中的那些產品（Adler 等，1980；Feshbach，1980）。對於這種現象的存在，有很多家長以及社會人士認爲是需要加以改進，因爲廣告商人以及其他商人似乎是有意利用小孩來達成其商業目的。學者們在這方面能否有所幫忙呢？學者們在這方面所做的努力偏重於強化小孩子們分析廣告內容的能力，首先讓小學生觀看廣告影片，然後再討論這些廣告，除了討論之外，有些還要小孩子們在看過廣告之後，（有關玩具的廣告），再拿出廣告中所宣傳的玩具叫小孩子們來試試是不是眞如廣告中所說的那末好玩，如此做法可以幫助小孩們判斷廣告的眞實性，以避免受到不實廣告的不良影響。

「打預防針」的做法在強化某種思想（如愛國情操以及忠於主義等等）上的運用似乎指出學校老師以及訓導人員所應該採取的一個較具效果的方法，一味地灌輸，敎條式的說敎似乎無法訓練學生們抵制反動思想的能力，如何在適度的範圍內向正統的思想提出攻擊，以便引發「注射預防」的功效，是任何訓導人員所不能不深加考慮的。俗語說：「溫室裏的花朶經不起風雨的打擊」，如何使民族幼苗的思想經得起外界反動思想的挑戰，這是一個很重要的課題，光憑灌輸說敎是不够的。

根據上面的討論，站在宣傳說敎者的立場來看，一個不够充份有力的說敎可能不但不會達到預期的宣傳效果，而且還有可能會引起反效果。因爲不够有力的說敎，往往會引發目標人物的反抗與抵制，而且很有可能造成一種「注射預防」的效用，使目標人物擁有防疫的力量，如此一來，以後宣傳的效力也將受到不良的影響。

與「預防注射」相類似的一個方法是事先向目標人物發出警告，提醒他們在不遠的將來可能會受到說敎和宣傳的衝激，這也就是說在外來的宣傳還未發生之前，先告知目標人物有人很想改變他的態度和主意，這樣子做不但可以提高他的警覺性，而且一旦遭到外來宣傳時，他也往往已是有備而來，較能經得起考驗。許多有效的宣傳往往是在不經心的情況下發生作用，上面我們已經提過，一般人要是事先知道或洞悉別人的說敎企圖，心裏往往會產生一種反抗的反應，而這種反應在抵制宣傳上相當有效。受過警告的人往往會裝備自己，收集有關可以應付挑戰的資料（Hass 等，1975），這與預防注射有異曲同工之妙。

六、謠言的傳播

在一般社會裏，訊息的傳播除了書信、報紙、收音機和電視廣播等正式管道之外，非正式的傳播網，往往會很迅速地把大家所關心的事項傳開來，這種以一傳十，以十傳百的散播方式，其效力十分可觀。根據一項報告（Greenberg，1964），當年美國總統甘廼廸被暗殺時，在正式新聞首次報導之後的四十五分鐘內，高達百分之九十的美國成年人已經獲悉此一不幸事件的發生，而這許多人之中，超過半數的人是從別人口中得到這個消息。在今日電訊設備之普遍與精良的情況下，一個人並不需要費太大的工夫來傳遞消息，散佈音訊。甚至素不相識的人，遠在千里外，要傳遞口信給他也不會有什麼困難（Milgram，1977），而且一般人大都找與自己同性的人（男人找男人，女人請其他女人幫忙）來傳遞口信，這中間可能要經過幾個人才能達到最後的目標人物，但是一般人大都不會有什麼太大的困難來完成這種差事。

Allport 和Postman（1947）曾研究消息經過多人的傳遞後到底會發生怎樣的變化的問題，他們所得到的結果顯示經過多人傳遞的消息的變化可分三方面：(a)削平（leveling），消息的長度被縮短，但是變爲較精確易懂；(b)刻意化（sharpening），消息中的某些要點被重視渲染；和(c)同化（assimilation），消息與報告者所持的看法與興趣產生同化的現象，變爲互相一致類似。這許多變化在我們日常生活中佔有相當的重要性，這尤其是在傳播那些不是十分準確的消息時更是如此。在法庭上證人所做的證據言論很可能也會受到這許多變化的影響，來自第三者的證詞往往不爲法官所採納其道理在此。而且，出庭做證的人有時還會因沒有詳細看清楚出事的經過，或是記憶不清，但爲了自圓其說，結果做出不實的證明而不自知。

正確消息的傳播會有這許多變化發生，謠言的傳播又是怎末一回事呢？所謂謠言乃是一開始就是錯誤不實的消息，這種消息再經他人散佈之後，會有些什麼變化呢？心理學家們（Rosnow 和 Fine，1976）在這方面的研究，主要是針對這個訊息之如何被扭曲的問題。Postman和Allport 等發現謠言的傳播與收受必須要有兩樣因素存在時才會發生：(a)矛盾不清的情境，以及(b)高度的興趣。除非事情發生的情境與經過不夠明確，除非有人對此一事件感到興趣，有關的謠言是不容易發生的。再從社會比較的觀點來看，一般人對於不同事件所代表的眞實意義，在矛盾不清的情況下，他們只好轉向別人以求澄清，以訛傳訛的現象也可能隨之發生。瞭解內幕者是不會這樣的。其他學者（Anthony，1973）發現謠言的散佈傳播與一個人的人格特質有關。那些在焦慮量表中獲得高分的人（焦慮的程度比較高），也比較會散佈謠言；Jaeger 等(1979)所做的實驗再度證實個人焦慮的程度與謠言的傳播是有相關。

七、言論的查禁

基于某些考慮，有些言論或通訊物、宣傳文件會遭到有關當局的查禁，這種做法對於聽衆（被宣傳的對象）的態度會產生什麼樣的影響呢？根據一些有關的研究發現，言論與通訊物、宣傳品的查禁對聽衆的態度具有改變它的作用。Ashmore 等人（1971）首先告訴大學生受試者，他們將有機會聆聽有關警察出入校園是否得當的言論，有些人將聽到支持的言論，其他的人將聽到一些反對警察出現於大學校園的言論；然後實驗者又告訴一些受試者，由於訓導長反對，該項言論已被查禁，他們將沒有機會去聽該項演講。受試者對於讓警察出入校園的態度會因此而有些什麼變化呢？測量態度的結果顯示受試者態度上的改變傾向於被查禁的言論所支持的立場，學校當局不准學生聽取反對警察出入校園的言論的做法，使許多受試者採取相同的反對態度。

查禁者在聽眾心目中所處的地位以及對聽眾所能產生的吸引力之高低是否會影響到查禁所引發的態度上的改變呢？另一項研究（Worchel和Arnold, 1973）的結果指出：不管當初受試者對查禁者是否抱持好感，上述有關態度上的改變並不受到影響，態度的改變大都傾向於被查禁之言論所支持的立場。除了態度上的變化外，查禁的行爲往往會加強聽眾追求獲取那些被查禁的資料之慾望。Worchel等（1977）的研究發現甚至當查禁者是被公認的專家、權威，上面所述的效應和態度上的改變仍然不可避免。這種反應很類似我們在討論態度改變時所提到的反抗反應（reactance），過去有關黃色刊物以及言論偏激期刊或文件的查禁，往往造成那些被查禁的書刊被搶購一空的現象，可以給透過實驗所獲得的結果提供實際的證據。

根據這許多研究結果來看，以查禁的方法來控制不利言論或刊物往往會引起「適得其反」的效果，這種效果是由什麼原因所造成，目前我們並沒有明確可靠的答案，不過有一點是可以確定的，那就是查禁的做法不但得不到預期的效果，而且還會得到反效果，那些原來對有關言論和刊物不感什麼興趣的人，也會因該等東西之受到查禁而大幅提昇其興趣，查禁的行動反而加速有關資料、言論的擴散和流傳，這絕對不是查禁者所期望發生的。再以學校禁止學生看小說或其他所謂「課外讀物」，連環畫等一類文物的做法來分析，一般老師大都會有查不勝查，越禁越複雜的感慨，這種消極性的做法除了增加被查禁的東西之吸引力外，很難得到預期的效果，如何從積極的開導和運用不同的東西來剋制乃是我們必須留意、努力的方向。

第七章　大　綱

第七章　人際吸引力

在我們的一生中，許多的時間是花費在與他人交際周旋，認識別人與結交朋友上，在這種過程中我們會發現一些我們所喜歡的人，但是我們也會發現有些人與我們格格不入，很難相處。社會心理學者早就對於這種人際間相互吸引的行爲發生興趣，他們從事這方面的研究，一個很重要的目的乃是在發現人與人間相互吸引的重要決定因素。社會心理學者研究吸引力的問題，乃是以一種評鑑、衡量的方式就人際間由恨到愛這兩極端間的相互關係做科學化的探討。

在本章中我們將討論我們結識別人的歷程，在此一歷程中有三種因素影響最大：空間距離的接近（propinquity），情緒，以及結盟的需求（need for affiliation)。這三項因素乃是情境因素，與別人的內在特質並沒有什麼關係。但是這三項因素乃是兩個人間初步開始接觸、交互作用所必需，一旦有了這個開端，那末個人間的特質開始變爲很重要，這許多特質包括有姿色、兩者的相似性與相異性以及其他人格上的特質等等。友誼的形成與維持依靠許許多多的因素，而一種很特別的友誼——愛情，又需要一些特別的因素，這我們也將有所論列。

一、情境因素

情境因素可以說是建立友誼的一個舞臺，這些因素雖然與個人內在的特質沒有直接相關，但是友誼的初創卻不能不考慮到這許多因素，因爲它們具有相當的影響力。

甲、空間距離的接近

所謂「近水樓臺先得月」的說法可以佐證兩者間空間距離接近的重要性。空間距離越接近，兩者相互接觸「碰頭」的機會也越多，而當他們接觸越趨於頻繁，兩者互相認識，進而互相喜好的可能性也隨著增加（Festinger 等，1950）。根據這些學者的研究，大學生們初步的相互吸引所受到這方面的影響遠較系科的不同，信仰的差別以及個人的興趣等因素爲多爲大。教室裏座位的安排往往可以預測那些人將成爲朋友而無需多考慮其他的個人因素。

空間距離的接近乃是初步相互吸引的主要決定因素，這是許多研究結果所證實的，Caplow等(1950）早就發現住在學校夫妻宿舍裏的人，住在緊鄰的或是時常有機會碰面的最容易結交爲朋友；Festinger 等人（1950） 所做的類似性的研究， 指出兩家相距22呎者， 很容易變成朋友，而那些距離在 88 呎以上者，則很少會結交爲朋友。Nahemow 等（1975）也發現住在老人公寓裏的人，住在同一樓者最容易建立友誼關係。空間距離的接近不只是影響到友誼的建立，而且也左右友誼深淺的程度（ Ebbesen 等，1976），最要好的朋友往往也是住得最靠近的朋友。

爲什麼空間距離的接近會有這種作用呢？Zajonc 等人（Moreland 和 Zajonc，1979；Zajonc，1968）認爲一再地與某一刺激物接觸、靠近可以增加我們對該一刺激物的良好態度，由生疏而熟悉，而熟悉往往可以引起良好的感受（Jorgensen 和 Cervone，1978），這種良好的感受又導致了雙方的相互吸引。當陌生人被安排在可以變化相互接觸次數的實驗情境裏，接觸的頻繁往往可以正確地預測雙方相互愛好的程度（Saegert等，1973；Swap，1977）。

重複接觸要能進而造成雙方的相互吸引，早期的接觸必須是中性的或是有些良好的反應，要是一開始接觸時，任何一方因某種因素就對對方不存好感，重複的接觸不一定會增加雙方喜好的程度（Brockner 和 Swap，1976），而且這種現象可能還會增加雙方不好的相互評鑑（Grush，1976），這一點我們不得不加以留意。Swap（1977）的研究發現一個陌生的人如果能爲個人帶來好處獎勵，接觸的頻繁可以增進雙方的喜好；但是如果陌生人帶來的是懲罰，那末接觸的增多反會增加不喜歡的程度。

乙、個人感受

有些學者（Clore 和Byrne，1974）認爲情緒感受乃是決定吸引力的主要因素。凡是能够帶來良好感受的將會造成喜好的關係，但是那些帶來不好的感受的，則將造成兩者間關係的不友好。如果任何一個人能够使你感到快活舒適，你就會喜歡這個人，但是那些使你感到生氣焦慮的人，這會引起你的反感而不會喜歡他（她）。個人的情緒反應並不一定全由他人所引起，情境中的許多因素都會左右我們的情緒，而這些情緒反應又會影響到人際間的吸引力。May 和 Hamilton（1977）所做的實驗是以大學女生爲受試者，他們首先叫這些受試者評定她們所最喜歡和最不喜歡的音樂，然後以另一組受試者評定男陌生者的照片，而在評定過程中以不同的音樂爲背景，結果發現當她們所喜好的音樂（搖滾樂）被用來做背景時，照片中的人被評爲較吸引人；但是當古典樂爲背景時，照片往往被評爲最不吸引人；而在沒有音樂配合時，吸引力的大小介於兩者音樂之間而有些偏於吸引的一端。其他如氣溫、噪音等等許多可以左右我們情緒的因素，往往會對人際相互吸引的反應發生作用。甚至我們也都比較喜歡那些快快樂樂的人，對於那些悲傷或是沒什強烈情緒反應的人，一般人都比較不會產生好感而難增進雙方的吸引力。

丙、結盟需求

結盟的需求是一種很普遍的現象，這不只是人類如此，其他的動物也有相類似的反應。不過，這種需求有相當的個別差異存在，有些人好社交，其他的則喜孤獨，當然在不同的時候與場合，我們的結盟需求也會隨之有所變化。不過，結盟需求的高低卻可以影響到人際間的吸引力。根據Crouse和Mehrabian(1977)的研究，結盟需求較高的男性，大都認為自信心較強，而且對於異性陌生人也比較喜歡與之交談，主動進行接觸。當兩個人的空間距離很接近時，如果又有較強的結盟需求，雙方進行接觸的可能性會隨之增高，反之要是雙方無意進行接觸，光是接近是不會有太大的助益的。

二、個人特質

一個人的某些特質與別人喜歡他（她）的程度有重要的關連（Lott等,1970)，大家都知道一般人所喜歡的是誠實、能幹、聰明和具有活力等等特質的人。有關這一方面的研究大多是以問卷調查的方式來進行，直接探詢被試者到底那些個性令人喜歡？那些個性會使人感到厭煩不耐？運用這種方法很難確定因果的方向，到底這些受試者是因為某一個人具有這許多特質而去喜歡一個人呢？還是因為一般人對於自己所交往的朋友都會認為他也都擁有一些令人喜歡的良好個性？為了要確定一個擁有良好特性的人比較叫人喜歡，控制性的研究是必須的，學者曾就個人的才幹與外表的吸引力兩項因素做較深入的研究，這兒我們就來進一步加以分析。

甲、才幹

在各方面條件相當的情況下，很顯然地那些較具才幹的人比較會獲得別人的歡心，而為他人所喜歡。這種現象為什麼會產生呢？我們都知道，人際間相互吸引的條件往往是相當複雜的，因此簡單的說明往往不容易求得，這在「才幹」這個因素上的作用也是如此；目前所得到的許多研究結果很多是相互矛盾，十分令人感到困擾。有些研究指出（Bales, 1955），在用來解決問題的小組中，那些被認爲是最能幹而又能出最佳主意的人卻並不是最討人喜歡的人。對於這種矛盾，有些學者認爲：一般人雖然都喜歡聰明能幹的人，但是一旦與這些人在一起時，他們的存在往往會使我們感到很舒服順適。很是聰明的人往往使人有一種超人一等，高高在上，不容易去接近他（她）的感受，自己與之一比會有差人一截的挫折感。這種說法如果是正確的話，那末聰明能幹的人要是也有一些小瑕疵的話，他們應該會比較使人感到喜歡，較具吸引力。太過完美反而會使人敬而遠之。

在1961年，美國當時的總統甘迺廸先生政運亨通，人緣很好，他具有上述許多討人喜歡的特性。在當年他接受內閣親信的建議，發動出兵古巴的軍事行動，但卻慘遭敗北，不過這種失敗不但沒有給他的個人聲望帶來不良的影響，他在美國民眾心目中的良好人緣卻反而有了顯著的增加，在這種不可思議的慘敗情況下，身爲一國總統的甘迺廸於犯了如此愚蠢的過錯之後，卻反而深得民心，這將如何加以解釋呢？有些學者認爲這與甘迺廸一向「太過完美」有關，如此偶爾犯犯過錯，反而會使他在民眾眼中變成比較平凡近人，也因此更得他們的歡心與喜愛。

這種解釋只是許多種可能的解釋中的一種，而且在日常生活中，要能確定地驗證一個假設並不那末簡單，在實際的世界裏，有太多的事情同時發生，而這許多同一時間裏所發生的任何一件事都有可能會增高甘迺廸的聲望，例如在軍事行動慘敗之後，甘迺廸總統並沒有用任何藉口來搪塞個人責任，他沒有責怪下屬，嫁禍他人；反之，他勇敢地擔當起全部的過失責任，這樣一種不自私，有擔當的作爲，很可能在一般民眾的心目中留下深刻感人的印象，而導致他個人聲望的提昇。如果眞要確定證實「十分能幹的人如偶爾小有差錯，這樣反而可以增加他（她）被喜歡的程度」的假設，我們需要以實驗控制的方法來進行研究。

Aronson等（1966）曾做過一個實驗來探討此一假設的可取性。他們是以錄音帶的內容為獨立變項，讓受試者聆聽四種不同的描述：(a)差不多是完美無缺的一個人；(b)差不多完美無缺但小有過錯；(c)普通平凡的人和(d)普通平凡的人而又小有過錯。受試者首先被告知他們將聆聽有關一些參加「大學杯」急智賽候選人的描述，在聆聽這些資料之後，他必須根據這些資料就不同的候選人加以品評其是否會受歡迎。錄音帶的內容包括候選人與口試者間的對話記錄，其中的一卷顯示候選人十分能幹，答對百分之九十二的試題，而在對話中又很謙虛地指出自己過去是學校裏的高材生，擔任學校年鑑的編輯，而且還是田徑隊的選手之一；另外一卷錄音中，候選人（與前者同為一人，而其答話口氣又同前者）顯示智力平平，只答對百分之三十的試題，而在對話中又透露自己過去在高中時的成績平平，曾幫忙校對學校的年鑑，曾試加入田徑隊，但未被錄取；其他的兩卷錄音與前兩者類似，不過卻加了受試者小小地犯了令人難堪的差錯：在對話結束時，受試者不小心地碰翻了咖啡而弄髒了衣服，此一情節在錄音帶中以杯子打破聲，椅子被搬動的聲音以及候選人以略帶生氣的口吻說：「唉呀這下子可好了，我把新西裝給濺滿了咖啡」來加以表達。如此的錄音安排造成了四種不同的實驗狀況：(a)能幹者小犯差錯；(b)能幹者不犯錯；(c)平凡者小犯差錯；和(d)平凡者不犯錯。

實驗結果發現那個優秀而又犯了小差錯的候選人被受試者品評為最吸引人；那個平凡又犯小差錯的人卻被評為最不吸引人；能幹又未犯錯者被評為第二吸引人；平凡未犯錯者居第三位。打翻咖啡本身雖然不會產生吸引人與否的差別，但是我們從此一實驗結果可以看出這樣一個動作卻能使能幹的人更加吸引人，而又會減少平凡普通的人的吸引力。如此看來小小的差錯對於很有才幹的人不但無碍，反可增加一個人的吸引力，使一個人更令人覺得可愛可親。

其他較為複雜完整的實驗所獲得的結果大致相類似，在基本上，上述的效應似乎在含有競爭的氣氛中最為明顯，因此這種效應在男性身上發生的機會比較多（Deaux，1972）。男性的受試者雖然認為能幹又犯小錯等情況較為吸引人，但是女性受試者卻比較喜歡那些能幹而又不犯差錯者，而這種性別上的差異又不因目標人物（候選人）之性別不同而有所差別。但是個人自尊心的高低與這種效應似有相關，自尊心中等程度者似乎比較喜歡優秀而又小犯差錯者；但是自尊心低的受試者，則比較喜歡那些優秀而又不犯錯的人（Aronson等，1970）。

不過，有一點我們需要在此特別提出，那就是只有很小部份的受試者（不管其個人自尊心之高低與否）喜歡那些平凡普通的人。這在我們實際的日常生活中也有實例為證，當年尼克森當美國總統時（1970年初期），經由他的司法部長的推薦，他曾有意提名兩位普普通通，少有名氣的地方法院法官為全國聯邦最高法庭的大法官而未被同意，當時還有一位聯邦的參議員為這兩位法官極力辯護推薦，這個參議員先生曾高呼：普普通通的老百姓所須要的乃是普普通通的大法官來代表他們。不過這許多活動並沒有達到預期的效果，普通平凡的人似乎在一般老百姓（多數為平凡之輩）心目中不會有什麼好感，其吸引力也不會高的。

乙、外表與姿色

假如你問學校裏的老師或是商場的僱主：到底一個男人的外表是否瀟洒或是一個女人是否具有相當姿色對於這個人（不論男女）的昇遷、學業成績或是所得薪水的高低是否會發生影響？這些被你所詢問的人一定會笑著說這樣的問題是無聊荒謬的。不過，要是你問他們是否留意到他們所教的學生或是所僱用的人員的外表與姿色時，如果這些人是誠實的話，他們很可能會承認是有的。根據許多觀察與研究的結果，我們可以明確地指出：不管是有意或是無心，一個學生的外表以及一個僱員的姿色很可能影響到這個人的老師或是老板對他（她）所做的判斷。從實驗研究所獲得的結果，我們相信你要是想叫別人喜歡你，善待你，好好地美化自己乃是一個相當有效的方法。一般人不但都會比較喜歡那些外表吸引人，具有相當姿色的人，而且還時常把一些好的個性加諸於漂亮美麗的人身上。

Walster 等（1966）以大學生為受試者，他們先測量受試者的人格特質，然後再透過電算機以隨機取樣的方式把每兩個男女受試者配成約會的對象參與舞會活動，在舞會中休息時間，再詢問這些男女受試者對自己所配到的對象的喜歡程度以及是否願意以後再有機會同該一對象進行約會，結果發現喜愛的程度與是否有意再約會直接與對象的外表之吸引力有關，那些比較吸引人的，也比較令人喜愛。Dion 等（1972）的實驗，首先讓受試者觀看三張年青人的照片：一張很好看；一張平平；另外一張是不好看的。然後要受試者以二十七項人格特質來就這三張照片進行品評，並且還預測這些照片中的人日後生活的快樂程度。結果發現那些最好看的被認為將來的日子會是最快樂，而這些好看的人所獲得有關人格特質的品評也都是最叫人喜歡的。這種研究結果不管是在男人品評男人時，或是女人品評女人時，都沒有不同，在男女互相品評的情況下，所得的結果也是一樣的。

成年人的反應如此，小孩子是不是也有同樣的反應呢？Dion 等（1971）發現上托兒所的小孩對於自己的同伴、小朋友的外表已有所反應。研究者首先要研究生們品評托兒所裏小孩子們的外表，然後再觀察這些小孩子們相互喜愛的程度，這樣觀察所發現的是：好看的小男孩比較為其他人所喜愛，那些不好看的男孩子被認為要比好看的男孩來得具侵害破壞性；而且這些托兒所的小孩還認為那些不好看的小孩是有些令人感到害怕的。大人們對於小孩子的外表也存有偏見，外表吸引人的小孩犯了過錯比較能夠獲得寬恕，至於那些不好看的小孩，要是犯有過錯，往往被大人認為是調皮搗蛋，喜歡擾亂秩序，常常不守規矩（Dion，1971）。

一個人的外表與姿色不但會影響我們對他（她）的品評，而且也會影響到我們對同他（她）有關係的人的知覺印象。Sigall 和 Landy（1973）的研究顯示當一個男人同一個很美的女人在一起時與他和一個不好看的女人在一起時，別人對他的觀感會因此而有所不同。同樣的一個男人，當他坐在一個很吸引人的女人身邊時，別人對他會較具好感，而且還認為他比較友善，比較有自信；但是當這個男人坐在一個不好看的女人身邊時，別人對他的品評都是不太好。

為什麼外表吸引人的人會比較討人喜歡呢？上面所提到的實驗（Sigall 和Landy，1973）指出一個可能的解釋：吸引人的人可能使與其有關的人獲得「與有榮焉」的好處，另一項研究（Kernis和Wheeler，1981）發現與具姿色者為友，別人會「另眼相看」，較易獲得他人的歡心，也被認為較具吸引力，外表好看的人既然能夠帶來這許多好處，那也就難怪別人比較喜歡他（她），給他（她）較高的評價。另一種解釋是一般人大都認為具吸引力的人與自己有很多相同的地方，這種類似感可以使一個人喜歡另外一個人，Marks等（1981）詢問受試者到底在多項人格特質上他與一些人有多少是相同的，結果發現一般人都認為那些外表吸引人的人具有較多的類似處，根據這項發現，一般人似乎也都具有「自認好看」的一種「內在美」。其他的學者（Reis 等，1980）則認為也許吸引人的人本來就是高人一等，在各方面要比常人表現優異，善交朋友，而又很有口才。不過，眞象如何，仍有待進一步的研究來加以確定。

三、類似與吸引力

許多有關人際間相互作用的理論都認爲接觸的雙方如果有許多類似處，那末雙方互相吸引的程度也較高。在討論有關態度的形成與改變的問題時，我們曾提到平衡論，根據此一學說，我們可以看出類似與吸引力是直接有關，例如甲、乙、丙三人，如果甲喜歡丙，乙也喜歡丙，那末甲和乙在這方面的反應是相同的，那末甲和乙相互吸引的可能性也許會高一些，不過，這也不盡然，如果甲、乙兩人都喜歡丙，都在追求丙，那麼這種類似很可能引起甲、乙兩人的競爭，而降低相互間的吸引力。再從增強學說的觀點來看，贊同我們看法的人，可以引起我們的歡心，而跟我們持不同看法的人容易引起衝突，兩者的吸引力很自然地會受到影響。

社會心理學者研究類似與吸引力的一個基本方法包括要求受試者回答有關個人態度的量表，再過一段時間之後，這些受試者到實驗室閱讀一項有十二題問題的態度量表，然後根據這些有限的資料來判斷塡寫此一量表的人。實際上，受試者所閱讀的態度量表是由研究者根據早先受試者所塡態度量表的答案加以變化（根據相同性的多寡）而成。受試者所塡的問卷中有兩項是牽涉到人際相互吸引的問題（Byrne，1971；Byrne 和Nelson，1965）。這一類實驗所得的結果顯示吸引力與類似程度的高低直接有關，有些學者甚至認爲這兩個變項間的關係可以用數學方程式來代表（Schoenemann 等，1976）。充份地顯示這兩個變項間之可預測性相當高。

當事人雙方類似性的高低與吸引力有關，但是雙方相類似的事項或地方之是否爲重要的變項也很有關係。個人的態度，宗教信仰以及人格特質的相類似具有較大的影響力，其他一些不關緊要的事項（牙膏、衛生紙等等），其影響雙方吸引力的程度並不高， Touhey（1972）的研究還發現男受試者與女受試者兩個人間有關性方面的態度相類似時，男人會覺得這種女人較具吸引力，但是當女方的性態度有所不同時，男受試者會覺得這種女人的吸引力最小；女受試者則認爲那些宗教信仰與自己相類似的男人最具吸引力，而與自己宗教信仰的態度最不相同者最沒有吸引力。由此看來，那些地方或事項之爲重要與否，男、女間的看法是有不同的。

與什麼樣的人相類似也是一個很重要的因素，一個人地位的高低往往會有不同的影響，與地位高、身份高的人相類似自然可以增加吸引力，但是與地位低的人相類似並不會因此而覺得吸引力有所增加；與一般常人有所類似，可能發現對方較具吸引力，但是與不正常的人有所類似並不能增加吸引力，而且還會降低吸引力（Lerner 和Agar，1972；Karuza 和Brickman，1981）。這尤其是在態度方面的是否相同更是如此。

上述有關類似與吸引力間的關係大多限於短期間內實驗室研究的結果，這也就是說，當一個人對於某一他人的認識要是只限於他對某些問題的看法與意見時，那末當兩個人的看法與意見愈是相類似，他們兩者間的吸引力也愈高。這種現象的發生，道理何在呢？有一種說法認爲我們之所以會比較喜歡那些類似我們的人是因爲這些人爲我們自己的看法之正確性提供了有效的支持，這種贊同對我們來說乃是一種鼓勵，因此我們也就比較喜歡他們。但是當別人對我們的看法持有異議時，這可能顯示我們的看法有所偏差，不够準確，這是不利於我們的，因此我們也就不喜歡那些不同意我們看法的人。另外一種解釋則認爲那些不同意我們的人，我們往往會認爲這是因爲那個人的個性本身有問題，我們往往會認為只有那種無知、不道德、頑固者才會不同意我們的看法，這種人對於我們當然不會有什麼吸引力。不過，這種說法的準確性如何有待商榷，因為有些學者（Sigall，1970）曾發現一般人對於那些改變原先所持之意見而來附會贊成我們的意見和看法的人，往往會比較喜歡，而這種喜歡的程度還要高過對那些原已贊同我們看法的人的喜愛程度。

四、喜歡導致喜歡

我們之所以會喜歡那些與自己持相同意見和看法的人的另一個原因是：我們往往相信那些持有類似看法的人要是有機會同我們認識，見面的話，他們一定也會喜歡我們的。喜歡與否往往是雙方面的，而且「禮尚往來」的道理很是重要，Walster 等（1963）的研究為上面的說法提供了實證，Aronson和Worchel（1966）則認為類似與吸引力間的相關可以用「禮尚往來」的壓力來加以解釋，從正面的觀點而言，被別人所喜歡的事實的確能培養一個人更多的愛心。

一個人對別人的愛心或是喜歡他人的程度與這個人本身是否缺乏安全感或信心直接有關。當一個人越是缺乏安全感和信心時，這個人對於喜歡他（她）的人也越能產生愛心，增高喜歡這個人的程度。Walster（1965）所做的一個實驗是這樣子的，受試者（大學女生）被安排在一個房間裏等候有關她們先前參與人格測驗的結果時，一個穿著整齊而長相甚佳的男生趨前與等候消息的女受試者交談，在談話中該男生表示喜歡她，覺得她很有風度，並要求與她約會，就在這個時候，實驗者進入該房間，引導女生到辦公室去聽取人格測驗的結果，在辦公室裏，受試者閱讀一份有關她自己的人格的評鑑報告，有一半的受試者所閱讀到的報告有很好的評論，這種報告是用來提高受試者的自尊心和自信心的；其他另一半的受試者，所閱讀的報告有許多不滿意的評語，這是用來暫時減低受試者的自尊心，增加不安全的感覺。閱讀了報告之後，受試者被要求品評許多不同的人，其中包括有一位老師、一個朋友等等，末了實驗者告訴受試者：既然評量表中還有一個空白的地方，妳就順便評量一下剛剛同妳在一起等候報告的那個男生。如此進行研究所得的結果發現那些得到不好的人格報告的女生比較喜歡那個男生，覺得那個男生較具吸引力。由此來看，我們不但喜歡被他人所喜歡，而且當我們感到不安時，越是感激別人施予我們的愛心，於是對那些愛我們的人，也就覺得他們可愛而愛得更多。

一個人接受別人關心的程度與所具有安全感的高低有關，具有安全感的人比較不隨便接受別人的關切，而缺乏安全感的人，卻有些像挨餓的人，會有「饑不擇食」的行爲反應，任何人的關心都可能加以接受；那些具安全感的人有如飽食者，也就較具選擇性。而且，欠缺安全感的人也很可能會尋找一個比較不吸引人的人爲朋友以期減少被拒絕的機會與難堪。Kiesler 和 Baral (1970) 首先讓男大學生受試者相信自己早些的時候接受智力測驗所得的成績甚爲優秀或是相當差勁，之後，實驗告一段落，實驗者和受試者一同去喝咖啡休息，當他們進入咖啡店之後，實驗者佯裝認識一個獨坐一角的女孩，於是他們就走進去同她坐一桌並介紹受試者與她認識，其實那個女孩是由實驗者所安排的，在一半的實驗中，女孩是很吸引人的，其他一半實驗所安排的女人則是長相不揚者，實驗者就利用大家喝咖啡的這段時間仔細地觀察男女雙方交談的情況，評量受試者對同桌女孩所顯示出的喜愛程度。實驗者所發現的是那些具安全感的人（被告知智力測驗所得成績相當優秀者），對於好看的女孩比較感興趣；而那些缺乏安全感的人（被告知成績欠佳者）則對不好看的女孩表現較爲殷勤。由此看來，一般人往往是先根據自己的自我評量，然後決定個人所要交結的對象，自認個人本身條件優異者，其所選擇的對象似乎也是比較優異的，反之，若自己覺得無什出眾處，那末也就不會要求太高的標準，所謂「癩蛤蟆想吃天鵝肉」的行爲方式並不是一般人所採用的。

雖然一般人都喜歡別人的讚美以及恭維，但這並不一定是全然如此。對於別人眞心的恭維和讚賞，我們會覺得相當受用，但是如果我們知道或懷疑恭維我們的人是別具用心，那末我們的反應會有相當差別的。以「拍馬屁」阿諛等方式來企圖獲得別人的好感，其效用到底如何呢？這可要看恭維者和被恭維者兩個人間的相互關係，如果我們知道別人是有所求而恭維我們，那末喜歡這些人的程度是不會高的，要是恭維我們的人並無所求於我們，那這又當別論。有所企圖的恭維越多，吸引力卻反而會越減少（Dickoff，1961；Lowe 和 Goldstein，1970）。由此看來，若要以恭維別人來爲自己謀利，一個人必須特別小心不要洩露自己行爲的企圖，否則很可能弄巧成拙；而那些眞心有意讚美別人者，（尤其是對自己的上司或有利害相關者）也不得不特別小心，避免「瓜田李下」的嫌疑。

五、相異有時也會吸引人

俗語說：「物以類聚」，個性、意見相同的人互相喜歡的機會比較大，當然這其中也有些例外，上面我們提過：對於那些和我們持不同看法，但卻仍然喜歡我們的人，我們更會喜歡他們。如果兩個人間有相當大的差別存在，這是否就會很自然地減低他們相互喜歡的程度呢？從學者們研究一些訂婚者和結婚的人的人格特質所發現的結果來看，在某些情況下，互有差別，甚或是對立的情況有時也是具有相當吸引力的，這也就是說有些人喜歡選擇與自己個性和需要互爲長短的人做爲終身的伴侶，而不限於以兩者之相互符合一致爲依據。

以結婚的人來說，有些學者發現夫妻兩個人間的需要與個性長短往往存在有一種互補的現象，這也就是說有些內向的人比較找一個外向的人來配合自己，以發生截長補短的調和作用。不過有些其他的學者則發現夫妻兩人的個性與需要一般大多頗爲類似，相同的地方要多於不同者。這種研究結果的差異爲什麼會造成呢？這可能與不同學者所研究的個性有所不同有關，例如一個喜好乾淨整齊的人很難會覺得一個不修邊幅、懶散成性的人具有吸引力，並進而結爲夫妻檔；同樣的道理，一個隨便慣了的人，也不可能會喜歡一個拘謹嚴肅的人。再說，一個外向的人同一個內向的人在一起也可能會覺得格格不入，相互間的吸引力不可能會很高。不過，在某些個性方面，互補的做法和選擇也可能會是比較合適的，例如一個依賴性很強的人，需要一個能够用來做爲依靠的獨立自主的人；那些喜歡支使別人者，找個柔順的對象對他來說會是比較具吸引力的。

婚姻的關係是一種長期性的人際關係，而且家庭的建立，婚姻的結成，很受一些社會因素的影響，特別的社會往往有其特定的規範來界定夫妻兩人所應扮演的「角色常模」，例如，在許多社會裏，丈夫一般要比妻子來得具權威性和支使性，又如我們傳統中所謂的「男主外，女主內」的成規，在在影響夫妻兩人間關係的建立與維持。基于這種認識，我們不難看出如果夫妻倆在需求上的互補情形與社會規範所期待者相類似時， 這種婚姻關係會比較和諧快樂。 不過， 有一點我們需要指出的是：夫妻兩人在個性上可能有互補的現象存在，這種個性上的差別並不一定就表示夫妻倆個人對某些問題的看法也存在著相當大的差別，其實許多喜歡支配人的丈夫和很多柔順的太太，他們對於夫妻倆在婚姻上所當扮演的角色，往往是持一致的看法或有相當默契的。

六、人際吸引的得失論

從上面所討論的研究結果來看，我們不難發現那些喜歡我們的人往往可以增加我們喜歡他（她）們的程度和機會。而且一般人也都知道，對於那些講我們好話的人，我們也會比較喜歡他們，除非這些人存心討好我們，阿諛我們。除此之外，我們還發現好話講得越多，我們喜歡的程度也隨著越有增加；當然對那些講我們壞話的人，我們大都不會喜歡他（她）們，而且壞話講得越多，不喜歡的程度也越高。這種直覺式的看法是否完全正確呢？有些社會心理學家認爲這是頗值商榷的，他們認爲這是一個不正確的觀察與結論（ Aronson 等，1965； Gerard 等，1962； Mettee 等，1973； Aronson等，1974； Clore等，1975）。

這許多學者發現一成不變地講好話並沒有像先講壞話，然後再慢慢地改變爲講好話的情形來得吸引人，來得討人歡心，這也就是說對於那些原先批評我們不好的人，如果這個人逐漸地改變他對我們的批評，說起我們的好話來，我們對這樣的人的喜歡程度會比我們喜歡那些一向和一直都說我們好話的人來得高些，這種「先貶後捧」的吸引效用乃是社會心理學家們所謂的「得失論」。

根據「得失論」者的說法，批評之逐漸好轉可增加批評者的吸引力，獲得被批評者的歡心，但是，反過來說，要是有個人一開始時讚美我們，但是慢慢地開始批評我們的不是，我們喜歡他的程度會是很低，我們對這種人往往要比對那些一開始時就批評我們不是的人更沒有好感。根據研究結果，我們可以看出當我們有所「得」時，或是有所「失」時，喜歡他人的程度往往會受到較大的影響。不過，「得失論」之是否得當，有兩項條件我們需要加以考慮，首先，得失的批評應該是談論到同樣的人格特質或事物，明白地顯示出批評者在基本態度上有了改變

(Mettee 等，1973)；其次，態度上的改變必須是逐漸的而不是突然的，突然的改變往往會引起對方的疑心和困擾，這種感受並不會有助於吸引力的增加 (Mettee等，1974)。

七、愛情

男女間的愛情並不只是一般友誼的加深與增強而已，愛情是相當複雜的一種人際關係，因此其測量與研究也要比較困難 (Rubin, 1973)。雖然愛情自古已為一般人所追求所羨慕，但是以嚴肅的科學化方法加以研討，乃是社會心理學界最近幾年來的事，這兒我們來看看到底學者們的努力有些什麼發現。

學者們研究愛情必先加以「正名」。何謂「愛情」呢？愛情與一般友情有所不同，這是大家所同意的，但其程度上的差別可並不容易加以界定，根據 Rubin (1970; 1973) 的說法，愛情包括有三樣特別的性質：黏附 (attachment)，關注 (caring)，和親密 (intimacy)。所謂黏附指的是當一個人感到孤單時，第一個想要找的人就是與自己有愛情關係的人，關注愛人與親密無所不談的特色我想大家都有相當的認識。

愛情的種類有許多，Hatfield和Walster (1978) 把它分為男女愛情 (romantic love) 與親情 (companionate love) 兩種。男女愛情是一種雙方全神貫注，十分情緒化，十分強烈的一種人際關係，當事者雙方朝思暮想，極力追求對方的愛與關注，柔情蜜語，相互體貼而又有性感的成份在內，這是一種苦樂兼具、悲喜交集以及疼嫉共存的激動狀態。這種愛情如是出於單方面的，那末痴愛的一方雖遭受到痛苦煎熬也在所不惜，不與作罷之圖。這種現象與增強原則似乎並不相吻合，不過，Kenrick 和Cialdini (1977) 認為這倒不一定是如此，因為痴愛之徒在看到自己所深愛的人與他人交往時會醋意高昇，但是一旦愛人重回自己懷抱，則又歡天喜地，妬嫉之情全消，這種作用與一般的增強作用其實並無兩樣。如火如荼的男女愛情之延伸就是所謂的較為篤定的親情，這是一種持久性而非激動性的親密感情，而不只限於男女私情。

大部份的社會心理學者同意那些構成人際間相互吸引的條件也是建立親密的愛情所必須（Altman，1974；Levinger，1980）。其他的學者又認為愛情的發展經過幾個程序才達到親密的地步。根據 Backman 等人（1981；Secord 和 Backman，1974）的說法，愛情進展的第一個步驟乃是勘察探索的階段，當事人就建立關係的代價與報酬之可能性做一研究探討；然後進入第二階段，這是互相交涉兩者應有關係的階段，不過這種交涉並不像正式的交涉過程，當事人只是就如何維持兩者間的相互關係而獲得最大的報酬（雙方能共享者）的方式進行交涉；第三個階段是互相委任、介入的階段，兩者相互依賴的程度增加而且相互關係也有增進；最後，兩者相互期望，互相承認親密關係的存在，而且這種關係也為其他人所認可，這是 Backman所稱的正式化階段（institutionalization）。

學者們對於愛情進展的過程雖有不同的說法，但在基本上大家似乎是同意在此一過程中當事人兩者在行為上的改變（Berscheid，1983），Burgess 和 Huston（1979）所歸納的變化包括：

1.兩者交往較趨頻繁，交往時間增長而見面的場合也有增加。

2.當兩人分離時，都想能夠再接近，一旦再接近就會感到快活。

3.「推心置腹」，互相分享祕密隱私，並保持親密的接觸。

4.較能分享對方的喜怒哀樂，並較常讚美和批評對方。

5.建立兩者特有的通訊系統並善加利用。

6.對於雙方的社會實質觀念有進一步的認識與了解。

7.開始融會雙方的目標與行爲並建立穩定的交互作用行爲方式。

8.增加雙方關係的投資，增加對方在自己生活中的重要性。

9.越加感到對方的目標和興趣在兩者間關係上佔十分重要之地位。

10.增加雙方喜愛，信任以及憐慕的程度。

11.認爲兩者的關係無法被取代，至少也是很特出的。

12.當事人兩者與他人間的關係越形顯示爲兩者一體而非單獨行動。

親密愛情的進展又與個人宣洩私人資料（Self-disclosure）（自我表白）以及聽取對方的同樣訴說有密切關係（Archer，1980）。有關個人的資料，有些是比較膚淺平凡的，這些包括個人的興趣、嗜好等，但是像情結、愛情、家庭狀況以及有關性方面的則是相當隱私的資料，這許多隱私性資料的宣洩傾訴於對方對於兩者愛情的進展會有些什麼樣的影響乃是學者們研究興趣所在。這方面研究所得的結果大致指出：一般人通常對那些向我們傾訴私人隱私資料者較具好感，也比較喜歡他（她）（Runge和Archer，1979；Jones和Archer，1976；Berg和Archer，1978）；Davis 和 Perkowitz（1979）還發現我們對於那些同我們傾訴一些私人資料的人，要是他（她）所談的東西也是我們有意向自己的情侶做伸訴者，我們對他（她）喜愛的程度也比較高。

自我表白的時機很是重要，對於那些過份急於告訴我們私人隱密的人，我們大都不會具有太大好感，一般人大都比較喜歡那些一開始採含蓄的方式而慢慢地透露個人隱私的人（Jones 和Gordon，1972；Jones和Archer，1976），這可能是因爲我們覺得那些人信任我們，也尊敬我們所使然。不過，一般人當對方在交談中趁早把個人過去所爲之一些不太光彩的事說清楚時，卻往往比較會對他（她）產生好感而被吸引（Archer 和 Barleson，1980）。在日常生活中，友誼的加深往往也顯示出自我表白內容之漸趨於個人的隱私（Rubin 和 Schlenker，1978；

Won-Doornik，1979）；而 Levinger和Senn（1967）也發現夫妻間感情之滿意與否直接與兩者之是否坦白向對方表明自己的感受有關，坦誠相待者往往感情較佳。

Hill等人（1975）所做為期兩年，以大學生一百對情侶為研究對象的調查，發現這些感情破裂的情侶其愛情之沒有繼續進展以達到結婚的階段，受到幾項因素的影響。他們發現這些人相互間的愛情往往沒有那些有情人成眷屬者來得平衡，這也就是說當事人雙方對兩者間愛情的投入頗有程度上的差別；而且這些情感破裂者當初在參與研究計劃時的雙方感情也比較沒有那末深入；除此之外，研究者還發現雙方情感的破裂很少是雙方都同意如此下場，情侶關係的終止中斷往往是由一方所嗾使造成的，而兩者對於此種下場的感受又頗有不同，主動要求中斷雙方感情者越是感到快活，另一方所受的創痛也越深，挫折越重。

根據 Levinger（1976）的看法，雙方愛情之是否繼續進展受到三項主要因素的影響。第一，當事者雙方對所建立之愛情本身之滿意程度，這主要是評鑑維持此一關係之代價與報酬兩者間是否值得，是否划算，個人心理上的投資是否是值得。這種評鑑並不只代表個人投入之多寡的問題，而且也牽涉到對方是否也有相對程度的投入與關注（Walster等，1978）以及考慮到雙方所將獲得的共同後果（Kelley 和 Thibaut，1978）。第二個因素牽涉到其他可能的愛情關係，良好的感情可能被較佳的愛情所取代而破壞，而不太令人滿意的愛情也可能因為目前沒有其他較好的感情而被繼續維持。最後，中斷愛情之障碍也與之有關，這許多障碍包括實質法定的以及社會性的，離婚之容易與否依法律規定而有不同，而社會其他人士的耻笑以及責斥等行為反應也是相當的障碍，當這些障碍減少時，或其對當事者所能造成的壓力減輕時，中斷已存在的愛情比較容易；而且這可能也會發生連帶的作用（Berscheid

和Campbell，1981)，因爲這一來，其他可能建立感情的機會也會隨之增加，而加速動搖已存在的雙方關係，導致感情中斷或破裂個案數的增加以及進度的加快。

八、友誼的維持與增進

從「得失論」的觀點來加以引伸，我們會發現要好的朋友由於少有機會製造給「對方」得益的情況，但是卻很容易製造「損失」的情況，一個人造成「傷害」友人的機會很多。而且，從另一個角度來看，我們所期望於好友或親人者往往是他們的愛護與支持和讚賞，雖然友人已經愛護我們，支持讚賞我們，但這對我們來說並不是一種「有所得」的情況，反之，得罪朋友，使他感到有所「失」的機會卻很多，不過我們可以稍加安慰的是，好友關係的建立並不像實驗室裏很短時間的接觸，而是經過長期的交往和瞭解，好友相互間的認識層次是經得起考驗的，而且社會規範的教導與約束，對好友間的某些行爲方式（如友直、友諒等）已做有相當的界定，而不至於引起類似純粹建立在功利主義的人際關係的問題。何況一般朋友間爲了繼續維持相互間的友誼，對於那些來自朋友的善意批評，往往不至於立刻產生反感，相反地，一般人大多待之以友好的政策，樂意加以接受，並力求改善，以期博取朋友的歡心，也唯有這樣，我們才能講求朋友間以誠相待，互相規過勸善。如果好朋友間只爲了求得表面上的友善而壓抑不滿於內心，一旦忍無可忍，感情開始破裂，往往會落到不可收拾的地步。

長期良好友誼的維持很難根據公式化的方式來進行，以操縱的手腕企求友誼的增進，其所可能發生的效果是很值得懷疑的。不過，在建立友誼的初階，在雙方缺乏認識或是認識不深的情況下，爲了要製造個人的良好印象以期友誼能夠建立，本章中我們所討論的一些原則以及實驗結果是可以加以採用的，但是一旦友誼建立，其成長與成熟則有賴當事者雙方赤誠相待，儘量溝通雙方的感受，互相體諒關注，古訓中「友直、友諒」的道理還是很高明可取的。

談到這兒，有些人可能會想到近年來婚姻破裂的案件層出不窮，而且顯然有繼續增加的趨勢，良好婚姻關係的建立，到底受到那些重要因素的影響呢？Blood (1967) 曾就此一問題做較長時期的觀察與研究，他特別研究比較那些由戀愛成婚者與由家庭所安排的婚姻兩者間的不同。Blood 的研究是以日本人爲其研究對象的，研究方法主要是以會談的方式進行，詢問當事人有關感情和性生活方面的看法與感受。根據這種方法所獲得的資料顯示在婚姻初期時，丈夫向妻子示愛（以口頭或其他方式行之）的次數，兩種不同的婚姻（戀愛成婚和家庭安排成婚）間並沒有差別（剛結婚的前兩年），被安排成婚的一樣地愛他的妻子；但是在第二年到第四年間，兩組的愛的表示都有顯著的降低，這尤其是以家庭安排成婚的更是如此；到了婚後第九年，兩組間的差別已不復存在，而丈夫對妻子示愛的行爲卻只有剛結婚時的三分之一而已。這種表示愛情行爲的驟降同時還顯示於其他的行爲——性生活方面，自我表白上以及對婚姻的全盤滿意上，這顯示很多長期的婚姻往往暗藏著雙方許多的不快和愛情的萎縮。

Blood (1967) 與那些婚姻圓滿的人會談的結果，發現成功的婚姻與下列諸因素有關：(1)溝通　能够充份地表達心意，溝通雙方感情的夫妻較會感到婚姻生活的滿意，而那些在相互溝通上有短缺的夫婦往往會發生困難（Gottman, 1979)。(2)分工合作　能够以對等（equitable）的方式來分工合作的夫婦，其婚姻較能持久。有些學者(Hatfield 等，1979；Wish 等，1976）又指出，夫婦倆應體認到雙方所投入於婚姻關係者與其所獲得的回報是對等的，並且雙方應各盡其責以維持良好的關係（Kelley，1979)。Berscheid 等（1973）發現夫婦雙方要是覺得婚姻關係有欠公平允當時，發生不忠於婚姻的情事比較多。另外一項研究（Cherlin，1979）發現當妻子的收入越多時，她要求離婚的機會也越大。⑶平分做決定的權力　夫婦雙方能够共同來決定有關重要事項的婚姻大多是比較圓滿快樂的婚姻，任何一方擁有過多的權力往往會導致雙方關係的惡化（Stewart和Rubin，1976)。權力慾強的男人要比權力慾低的男人較易遭到婚姻上的困難，其離婚的比例也偏高。Hill 等(1976）還發現有許多感情破裂的情事是因爲厭倦，追求獨立，興趣不同以及性需求方面的衝突所引起。而夫婦雙方能够相互信賴也是很重要的（Leik和 Leik，1977)。由此我們不難看出影響婚姻成功與否的因素很多，而且限於社會常模與價值觀念的改變與不同，維持良好婚姻關係的要件也將隨之有所不同。女權的擴張，傳統社會結構的轉變以及女性就業比例的大幅增加在在對傳統的婚姻與家庭關係發生重大的衝擊。

第八章　大　綱

第八章　助人行爲

所謂助人行爲乃是對他人有所助益的行爲，但是這種行爲對行爲者本身並沒有明顯的好處，而且行爲者也不期望任何報酬，要是有的話，也只是求得心安理得，感到助人的快樂而已。心理學家研究助人行爲包括多種不同的行爲方式，最普遍的一種乃是一般人對陌生人遭到困難而需要他人幫助時的行爲反應方式；另外一種行爲包括犯罪行爲的阻止和取締，這種行爲一方面有助於犯罪行爲的受害者，另一方面則使得犯罪者不能得逞而蒙受損失；第三種有關的行爲則是個人節制自己，講究操守而不犯規的行爲反應。這許多不同的行爲方式，西方學者通常以 altruism 和 prosocial behavior 稱之。

一、在場者的介入

學者們研究助人行爲，有許多是偏重於社會環境條件對於助人行爲發生的影響，這也就是說在何種情況下，助人行爲較易發生，在何種情況下，在場者會「袖手旁觀」，不願介入。見死不救的場面雖然有些令人不敢相信，但是有許多緊要關頭，當受難者急迫需要他人協助時，在場的人士卻未能採取行動，伸出援手。爲什麼有人會不願幫助急待支援的人呢？這是本節中我們所要討論的一個主題。

當別人急需幫助時，在場者之是否介入，伸出援手，似乎與在場者人數的多寡有著密切的關係，當在場的人數增多時，任何人伸出援手的可能性也隨之遞減（Darley 和 Latane', 1968）。學者們爲了驗證此一說法，曾做過下列的實驗。受試者首先獲知他們將參與有關來自遠方的大學生所遭遇的問題的討論，參加討論者只能用對話器進行討論，交換意見。實驗情境包括有三種：受試者單獨與另外一個人進行討論；受試者與另外兩個人討論；和受試者與另外五個人討論。其實，除了受試者本人外，其他的受試者並不存在，實驗者是以早先錄音下來的談話來代替。受試者對此當然不瞭解內幕。當「討論」進行一會兒後，突然間受試者可以聽到有人好像因癲癇發作而抽搐倒地的聲音。由於實驗情境的不同安排，受試者認爲自己是唯一的在場者，或是另有他人也同時在場。在場者人數的多少是否會影響到受試者的助人行爲呢？

實驗結果顯示受試者的助人行爲深受在場者人數多少的影響，在場者人數越多，受試者助人的可能性越少。而且，受試者在這種多人同時在場的情況下，要是伸出援手，通常都需較長的時間來採取行動。在只有一個人在場時，受試者在一分鐘內會採取行動，但是當受試者認爲有另外五個人在場時，受試者等過三分鐘才會採取行動。由此項實驗結果來看，別人的同時在場對於其中某一個人的助人行動有一種抑制的作用，這種所謂的「在場者效應」(bystander effect)，爲何會發生呢？

參與上項實驗的受試者在實驗後接受訪問中指出，他們的行爲並不一定是受到有其他的人同時在場的影響，不過他們對於實驗中的突發事件感到困擾而不知所措，他們並不是對於受難者毫不關心或不願伸出援手，只是當時個人所處環境現場，讓他們有所顧慮而躊躇不前。

在有多人同時在場的情況下，伸出援手幫助陌生人的行動應該由誰首先發起，一般的在場者常因此感到困擾，因爲一旦採取行動，就得爲該行動負責，當有許多人同時在場時，「責任分散」(diffusion of responsibility) 的現象隨之產生，到底該由什麼人來採取行動，一般人並沒有把握，因此也就採取觀望的態度，不願立刻介入。再從另一個角度來看，緊急事件的介入，往往需要採取非常的行動，此一行動是否適當常爲行動者所顧慮。如果只有自己在場，因行動欠當而受到嘲笑的機會並不存在，但是要是有他人在場，因行動欠當而鬧笑話的尷尬，卻是不能不多加考慮，這也就難怪在這種場合下，一般人裹足不前，遲遲沒能伸手助人。

責任分散的問題在個人自己本身處於緊急狀況而有可能受到傷害時並不存在，因爲一般人都會儘量設法避免受到傷害，對於同時在場的其他人之如何行動，照理不應該會產生某種牽制作用才是，但是，根據實驗室研究的結果，除非可能受害者本人對於所處情況有充份的認識與瞭解，爲了避免因行動不當而受窘，在場者效應仍會產生。當個人所處環境情況不明時，一般實驗室裏的受試者，大都寧願受害而不願受窘。現在讓我們來簡要地介紹一下有關的實驗。

志願參與實驗的男性大學生，被安排在一個房間裏等候接受有關其大學生活的會談，在這個時候，這些受試者每人需要填寫一份調查表，而當他們正忙著填寫該調查表時，濃煙開始從房間裏冷熱氣出口冒出，在這種緊急情況下，受試者是否不加理睬，繼續填表？或是會停下來向有關方面報告？受試者有時單獨在場，有時與其他另外兩個受試者同時在場，有時則與其他兩個人（早與實驗者串通）在一起填表，串通者在濃煙冒出後，仍繼續填表而不採取其他行動。實驗結果發現當受試者一人單獨在房間裏填表時，在濃煙開始冒出的頭三分鐘內，超過半數的人會報告緊急事件的發生：但當有三個人同時在場時，不到百分之十五的受試者會在事件剛開始的三分鐘內提出報告。在事件發生後六分鐘內，百分之七十五左右的單一受試者會報告事件的發生，但在有三人同時在場的情況下，不到百分之四十的受試者報告事件的發生。在有串通者在場而他們又不採任何行動時，只有百分之十的受試者報告事件的發生，其他百分之九十的受試者或開窗戶，或揉眼睛，或咳嗽，但並沒有採取報告的行動（Latane' 和 Darley，1968）。

在場者效應之發生與同時在場者之爲陌生人或是認識的朋友有關，如果同時在場的是早已認識的朋友，一般人採取行動的機會較大，因爲朋友間可以交換意見，研判所面臨的情況，而後採取緊急措施；而陌生人卻大都保持沉默，懷疑別人將做如何想法而久久不能決定如何對付所面臨的緊急狀況。在場者中如有公認的領袖人物存在，而該人物又能起而領導，在場的其他人也大都會羣起呼應。在沒有公認的領袖在場時，若其中的任何一個在場者能很快決定採取行動。其他的在場者也大都會隨之跟進的。

同時有許多人在場時，由於個人變成只是羣眾中的一份子，其個人的識別性隨之降低（deindividuation），這種匿名的感覺對於緊急情況下的助人行爲也會產生抑制的作用。在公眾場合裏，許多人對於突發的緊急事件，往往「視若無睹」，不會很快伸出援手，這與個人識別性的降低有關。除了這些因素外，在場者對於所遭遇緊急情況的解釋以及個人當時所處環境現場之熟悉與否，也可以影響到助人行動的發生。在一般情況下，在場者之未採取助人行動，往往是因爲他不認爲別人需要幫忙，這也就是說他對緊急狀況的解釋有所差異，並不一定是因爲他不願意伸手助人。如果很明顯地有人受傷待救，或者有人喊救命求援，在場的人，不管人數多少，大都會立刻伸出援手，但是在情況欠明，不知到底是否眞正有人需要幫助的情況下，在場者往往採取觀望的行爲方式。

當我們處於一個不太熟悉的環境裏，我們往往會有一種不知所措的感覺，這種心理狀態對於助人行爲會產生干擾的作用。社會心理學家比較紐約市某一地下火車站和飛機場裏的助人行爲（Latane' 和 Darley，1970），結果發現在不同的場合裏，助人行爲的發生又有很大的不同。在地下火車站，僞裝跌倒受傷的人，得到百分之八十三的陌生人的協助；而在飛機場裏，卻只有百分之四十一的陌生人伸出援手。這種差別為何發生呢？ 學者們認為對於一般人來說， 進出地下火車站較為常事，因此對於地下火車站的環境比較熟悉，但是對許多人而言，進出機場，比較稀罕，而且機場比起地下火車站又是廣大許多，這又增加熟悉上的困難。

二、受助者的感受與反應

一般人大都會認為得到別人幫助的人，一定都會感激他人的協助，甚或感恩圖報，這種看法，在基本上是正確的，不過，在我們的現實生活中，並不是所有的助人行為都會受到被助者的歡迎與感激，而這種現象在國與國間的援助上也產生許多磨擦與衝突，許多被援助的小國家或開發中的地區，對於來自富有國家的援助，往往抱持一種懷疑不安的心理，甚或一種敵對厭惡的態度，伊朗扣留美國人質的事件，就是一個很明顯的例子。由此看來， 我們很難認定助人的行為一定會得到感激（Fisher 等，1980)。從被協助的人的立場而言，接受別人的幫助並不是一件稱心如意的事，俗語云：「施者比受者有福」，這其中是頗有一番道理在的。有些人甚至認為行善者並不是眞正為幫助他人而行善，其目的乃在獲得個人實質上或心理上的滿足。接受協助的人可能面臨數種因受助而引起的許多問題，現在我們概略地分析一下。

甲、以協助來操縱

所謂「行善」，應該是純為助人而助人的行為，不幸的是，有許多助人的行為其背後是有某些條件存在的，這也就是說施惠者以協助他人來操縱控制他人。許多受到美國援助的國家對於美國並不存好感，這些國家的有識之士，往往認為美國之所以願意提供援助，乃是基於美國本身的利益，接受美國援助需要贊同美國的政策，附和美國的做法，甚或進行美國化，而對於受助者人民民生困苦的解決鮮有幫助。受助者對於這種有附帶條件的協助很可能不願接受，就是接受了這種協助，也不會爲此而感激，或感恩圖報（Gergen 和 Gergen，1972；Greenberg，1980）。

乙、受施與受辱

伸手求助的行爲，對一般人來說是相當不體面的，因爲向別人求助，其所代表的乃是自身缺少照顧個人的能力，同時也承認別人是比自己高明了些。由此看來，受施者往往有一種自卑感的存在，這尤其是在主動向他人求助的情況下更是如此。對於別人主動的幫助，其所顯示的也是一種個人缺乏自助能力的認定（Brickman 等，1979)。基於這種認識，受助者可能自尊心受損，主動來自他人的協助很可能引起強烈的厭惡和反感（Nadler等，1979)。

許多需要幫助的人，爲了自尊往往不願主動要求政府或其他慈善機構的救濟（Broll等，1974)，爲了避免被認爲無能爲力或不長進，許多人寧願受苦挨餓，也不願接受別人的幫助（Depaulo 和 Fisher，1980），至於「嗟來食」之類的救濟，那就更不必談了。爲了救人濟世，行善者主動地伸出援手，似乎較能爲受助者所接受，而受助者對於那些沒有給行善者增加太多麻煩或是破費太多的協助，也較願意接受；受助者的困境若是因天災人禍等環境因素所造成，而不是因爲個人差勁或不上進所引起，在這種情況下，他也比較願意接受別人的幫忙；要是受助者的身份能被保密，他也會較樂意接受救濟（Nadler 和 Porat，1978；Worchel 和 Andreoli，1974)。

丙、受助與負債

這兒所謂的「負債」，乃是負了人情的債，也就是接受他人協助而感恩圖報的壓力（Greenberg，1980)。這種壓力的存在，往往對於人際間（助人者與受助者間）的關係產生一種不利的影響，而益顯出「禮尙往來」的重要性。社會心理學家們（Gergen 等，1975）曾對日本，瑞典和美國的大學男生做過實驗，在實驗中，受試者參與一種賭注的遊戲，如果賭注成功，他們可以贏得一筆錢，但是由於實驗者的操縱，受試者每賭皆輸，直到所剩的本錢只够做最後的一次賭注，在這個時候，每個參與此一遊戲的受試者得到另一參與者（早與實驗者串通）的救濟，獲得一些錢來繼續賭注的遊戲，有些受試者在得到援濟時，同時接到一張小紙條，告知他們不必還錢，在這種情況下，受助者無法回報恩惠；另一組受試者則被告知在遊戲結束時，需要把週轉的錢償還原主，這組受試者可以有機會來回報所得的恩惠。受試者在實驗完成後，以匿名的方式，評定施惠者的吸引力。

評定結果顯示，受助者比較喜歡要求還錢的施惠者，這尤其是以日本大學生的反應最爲明顯。一般人對於無法回報的恩惠，往往感到不安而不願意接受，對於堅持不要任何回報的施惠者，一般受到協助的人並不會對他產生較好的印象，反之，甚或因此產生不喜歡的感受，這種不喜歡的反應尤其是當施惠者與受施者有許多相類似的地方時爲然（Clark 等，1974）。由此看來禮尙往來的道理是有其高明處的，單方的贈予，而又堅持不給對方回贈的機會，或是對方無法採取回贈的行動，在這些情況下，友誼的存在可能會受到不利的影響與打擊。

丁、援助與結盟

國際間外援的接受乃是一個很敏感的問題，民主國家不願接受共產國家的援助，而共產國家也不願接受民主國家的協助，外援雖然很有需要，但是只有來自友好國家的援助才會受到歡迎與感激。根據一項調查研究的結果（Gergen and Gergen，1974），受助者對於施惠者的態度和其接受援助的反應頗有關連，一般伊朗人認爲美國的援助乃是在達成支使的目的，因此大都反對美援；土耳其人則認爲老美好大喜功，又愛炫耀自己，對於美援則認爲與一般人民生活水準的提高並無助益；巴西人則認爲美國佬家庭觀念還蠻深，因此對於美援也較具好感。由此看來，一個不受歡迎的國家，若欲以外援來改善與他國的關係，雖然這種舉動是一片好意而又沒有任何陰謀存在，其結果往往是吃力不討好的。

這許多不良的反應在外交政策的釐定與執行上可能引起許多的問題與困難。Nadler 等（1974）曾做過一種模擬的實驗，這些研究者把受試者安排爲一個發生內亂的國家裏的決策人物，這些決策人物所遭遇的一個問題是他們所領導的人民遭受到一種傳染病的侵擊，而有嚴重的死亡威脅，有些決策人獲悉有一盟國擁有治療此一疾病的藥方，而且也願意提供必要的協助，其他的受試者則被告知有一敵對國家也願意提供協助，消除疾病。之後，這兩組不同的受試者分別來評鑑有意協助的國家，結果發現來自盟國的協助被認爲是較具價值而且也較能得到他們的感激，這些人對於盟國更具好感，更加喜歡，但是敵對的國家並不因有意提供協助而獲得感激或改變不良的印象。

綜上所述，我們不難看出積極正直的社會行動並不一定會帶來良好的後果。聰明的施者應該儘量避免使受助者感到該等助人行爲是另有用意，或爲自己本身的目的而採行，而且助人的行爲更要避免使受到幫助的人感到自尊心受到損害或是圖報無門，就許多人而言，接受他人的恩惠乃是一種人情的債負，在沒能還債之前，往往是有一種心理上的壓力存在的。助人者所採行的助人方式與誠懇與否在接受者的感受上佔有很重要的作用，古時有不吃「嗟來食」的故事，現代的研究也同樣發現輕視或不尊重受助者的行爲並不會被受助者感激，非萬不得已，許多人在這種情況下往往寧可繼續吃苦受難，也不願意有損個人尊嚴來接納施捨。

三、心情與助人

愉快的心情往往會增加一個人協助陌生人的可能性，許多助人的行爲是在助人者心情愉快的狀態下發生。在實驗室裏，心理學家們研究心情與助人行動兩者間的關係時，大都首先安排一個會影響心情好壞的情境，受試者在經歷此一情境後，其助人行爲的發生與否，則爲比較研究的根據。此等實驗結果發現，不管成人或是小孩，當他們有了成功的經驗而心情愉快時，他們慷慨捐獻的行爲遠勝於失敗者的此一行爲（Isen，1970；Isen等，1973)。

捐款助人的行動如此，其他直接幫助他人的情形又是如何呢？研究工作人員曾在舊金山和費城的購物中心的公用電話中放置十分錢於電話機的退幣槽裏，以使下一個使用該電話的人獲個「意外之財」而高興一番，當這些人用完電話離開電話亭之際，僞裝的女研究助理員故意把卷宗裏的文件散落在剛用完電話者必經的走道上，以便觀察這些撿到十分錢的人是否比較願意幫忙撿起那許多文件。結果發現沒有撿到錢的人，只有百分之五左右的人幫忙撿起掉在走道上的文件，而那些撿到十分錢的，超過百分之八十都會停下來幫忙撿文件(Isen and Levin,1972)。這些心理學家後來又做了一個類似的實驗，除了在電話機裏放置十分錢外，又故意在電話機旁留置一封要寄出的信件（有些貼上郵票，有些未貼郵票），結果發現檢到銅版的人，有百分之八十以上幫忙把「被忘了帶走的信」投進郵筒寄出，而那些沒有撿到錢的，卻只有百分之五左右幫忙寄信（ Levin 和 Isen，1975)。天氣好壞可以影響到一個人情緒的好壞，如果說情緒好壞與助人行爲有關，那末天氣的好壞可以間接地影響到助人的行爲，心理學家確曾發現助人行爲在天氣良好的時候較容易發生，甚至，餐館裏的侍者，在天氣良好時所收到的小費也要比當天氣陰雨時爲多（Cunningham，1979）。

愉快的心情有助於助人行爲的發生；心情不好時，一個人的助人行爲是否就會因此而受到不良的影響呢？這卻又不盡然，因爲不同的研究結果指出，心情欠佳可能減少一個人的助人行爲，也可能促進一個人的助人行爲，而不好的心情有時又不會對助人行爲產生任何作用。這許多不同的影響直接與心情欠佳者注意力集中的焦點有關，如果該一個人專注於自己的問題與困擾，其助人行爲將受到不良影響(減少其可能性)，但是要是心情欠佳者關心別人，不好的心情可能使一個人更容易體會同情別人的困難，而促使其助人行爲的發生（Thompson，Cowan，和Rosenhan，1980）。而且，助人可以使人感到快樂，心情欠佳者爲了消除不愉快感受，也許也會樂於助人。

四、罪惡感與同情心

在我們的社會裏，幫助那些由於我們的過失而受害者乃是一種行爲的常模，但是，過失傷人所產生的罪惡感是否也會增高一個人幫助別人（非直接受害者）的意願和行爲呢？幫助直接受害者的行爲可以說是一種「立功抵罪」的補償性行爲，這種行爲的目的乃在重新建立自己是「好人」的印象與信念。這種補償性的行爲對象似乎也會擴張到非直接受害者；而且當一個人看到別人受害時，雖然傷害並不是因自己本人所引起，此一旁觀者的助人行爲也較容易發生（Rawling，1970）。其他的實驗結果指出，當一個人看到別人受害，而引起傷害者未伸出援手來協助受害者，在這種情況下，這個旁觀者更會採取助人的行動（Konecni，1972），由此看來，打抱不平的心理似乎要比罪惡感更易引發助人的行爲。看到別人受害，因而產生同情心，進而採取助人行動的說法，是有其依據的。

一般人在做了虧心事之後大都會比較樂於助人，此種行爲方式可能是一方面爲了減少個人內在的罪惡感，而另一方面則企圖經此而重建一個良好的印象（Darlington 等，1966; Konecni，1972; Regan，1971）。Regan 等（1972）曾做過下面的實驗來證實上面的解說，這些研究者安排一個串通者在購物中心要求女性購物者幫他照相，當照相機有毛病而不能用時，串通者或責怪幫忙照相的人把相機給弄壞或是告訴她們相機本來就不够靈光，常常出毛病的。過了一會兒之後，另一串通者提著一個購物袋，而佯裝糖菓從袋中掉了出來，這一情況是在串通者跟前所發生，這些女士們的反應如何呢？那些被責怪弄壞相機者有百分之五十五的人走過來提醒串通者東西掉了出來，但是那些沒有被責怪的人，則只有百分之十五這樣子做；根據這項研究，被責怪的人之所以會顯示較多的助人行爲，很可能是由內心之感到疚憾而起。其他的研究則安排給那些感到罪惡的人有個坦承的機會，一般人在坦白認罪之後，其助人之行爲往往也隨之減少（Carlsmith等，1968），這也可證明惡罪感的存在會促使一個人顯示助人的行爲。Carlsmith和Gross（1968）還發現當別人知道我們行爲欠當時，我們的助人行爲也較易發生，因爲一般人都很關心自己在別人心目中的印象。

五、為什麼助人？

社會上許多自私自利的行爲往往令我們嘆息感慨，但是犧牲自己，幫助別人的事蹟又時有所聞，爲什麼助人的行爲會發生呢？這也是社會心理學家們所關心的一個問題。心理學家研究助人行爲乃是新近的事，有關的研究雖然不在少數，但是解釋這種行爲的理論卻相當有限，底下我們所要討論的，乃是幾個比較普通的說法。

甲、社會常模的影響

根據倫理道德規範，助人乃是一種行爲常模，這也就是說幫助遭受傷害和苦難的人，乃是一種「天經地義」，廣爲社會所接受的行爲範式，而這種行爲範式的存在，有助於社會生活的進展。在這種情況下，社會鼓勵其組成份子從事助人的活動，而對於違反助人常模的個人，則施以懲罰和抵制。根據這種說法，助人旣是一種社會常模，一般人對於「見死不救」等一類的自私自利行爲自會感到不可想像；但是爲什麼我們對於許多助人行爲又視如「鳳毛麟角」，刻意加以表揚呢？有些學者認爲助人的行爲規範只是一種理想的常模，這也就是說社會期待其組成份子從事助人的活動，這尤其是在個人能力許可之下更是如此，但是期待並不等於是一種規定，必須遵行，因此要是有人犧牲自己去救人，助人，這顯然超乎一般人所期望者，因此我們也就特別珍視推崇。

乙、社會生物學的說法（Sociobiology）

近年來，有些學者認爲助人的行爲其所反應的可能是與人類進化生存有密切關係的一種特質，（Campbell，1975；Wilson，1978，Barash，1977）。這也就是說助人乃是一種天生的本質，與生物遺傳有關。社會生物學家的這種看法引起許多人士的注意與辯論。社會生物學者認爲犧牲自我的行爲有助於種族的延續，他們的這種結論主要是根據觀察其他動物的行爲而來，有許多動物（如鳥類等），當發現敵人侵進時，都會發出警告的信號，使其他動物獲訊逃難，而免被殺害，但是其本身卻因告警的行爲而增加自己暴露受害的可能性，這種助人的行爲，對於整個種族的延續佔有很大的重要性。

在這種情況下，助人者因採取助人行爲而遭到滅亡的機會很大，而不願助人者卻反可苟且逃生，如果助人是一種天生與遺傳有關的本質，助人的本質應該會隨著世代的延續而逐漸減低消失，反之，不願助人的本質卻可加強延續。社會生物學者對此一問題的解釋是，遺傳的選擇並不是以個人爲基礎，而是以親族爲主（kinship selection），因爲助人者所幫助的主要是有姻緣關係的親人，因此與助人有關的遺傳基因可藉此遺傳下去（Wilson, 1978）。有些學者則認爲互相協助的行爲方式（reciprocal altruism）乃是獲得遺傳的本質（Trivers, 1971, 1974），因爲協助他人者，日後往往也會得到別人的幫助，互相協助的結果，種族因而獲得延綿下去。

丙、人溺己溺的感受

看到別人受苦受難乃是一種不愉快的感受，爲了消除這種不愉快的感受，於是助人的行爲因而產生，根據這種說法，助人者乃是爲了自己本身的利益而採取助人的行動（Piliavin 等，1975）。助人者所採取的行動乃是最有效簡便的行動，這種行動往往是以最小的投資力求最大的利潤。助人者爲達到助人的目的，往往需要付出相當的代價，生命上的危險，時間的損失，介入不愉快的情境以及因行動欠當而遭受奚落反感等；但是助人的行爲也會爲助人者帶來許多好處，如社會的讚許，快樂的感受以及自信與自尊的提高等。該助人時而未採取助人的行動，也會爲個人帶來許多困擾，例如感到內疚慚愧，或是遭到他人的恥笑非議。非緊急情況下的助人行爲，往往是助人者在多方考慮得失利害之後才發生的。

其他的學者則認爲助人的行爲乃是一種人溺己溺的行爲，當我們看到別人受害受苦時，我們往往會「將心比心」，設身處地爲他人著想，而伸出援手後，使別人脫離災害痛苦，別人因此而感到慰藉，同時助人者也會因別人快活而感到欣慰（Krebs, 1975）。根據這種看法，受害者與助人者兩者間相類似的地方越多，助人者的感受也越深切，其助人行爲也就越容易發生。當然，有許多人幫助別人，並不希冀對自己會產生什麼好處，而是純粹站在同情別人的立場來行動，爲減輕別人的痛苦

不幸而伸出援手（Batson等，1978），

丁、公平的原則

有些學者認爲我們之所以幫助別人乃是在力求維持人際間相處的公平原則（Walster 等，1978）。我們協助他人，別人才會幫助我們，助人的行爲乃是一種社會交易的行爲。「多積陰德，感恩圖報」的想法與做法乃是此一說法的最佳注腳。

個別間相信公平原則的程度頗有差別，而這種差別對於助人行爲會產生影響。研究者（Miller，1977）首先把受試者分爲深信公平原則者和不太相信公平原則者兩組，然後比較這兩組不同的受試者在各種不同情況下的助人行爲。研究者所安排的情況包括受害者個案之獨特或只是許多類似個案中的一種以及受害時間的長短（只在過節期間或是長年累月）。研究者認爲深信公平原則的人雖然願意幫助受害者以重建社會的公平，但卻不願採取「無濟於事」的行動，除非他們確能因伸出援手而維持社會的公平，他們的助人行爲不易發生，根據這種假設，如果受害者是一個獨特的個案，深信公平原則的人將會伸手援助，否則，要是受害者只是很多類似個案中的一個，深信公平原則的人會認爲幫助這個人乃是「無濟於事」，不能重建社會的公平，於是反而不願提供援助。同樣的道理，短期的受害將較易獲得協助，而長年累月的情形，則不會引起太多的幫忙。實驗結果證明上述假設是正確的，不太相信公平原則的人對受害者個案之獨特與否以及受害時間之長短並沒有提供不同的幫助。

戊、社會交易理論

根據社會交易理論的觀點來看，人與人間的交互作用有一種所謂「社會經濟」（social economics）爲其指導原則，我們不只在物質，金錢上有所交易，而且我們也交換愛情，資訊，服務以及地位等等社會性的東西（Foa 和 Foa，1975）。在這種交易中，一般人所採的乃是一種

「極大極小」的策略（minimax strategy），這也就是說以極小的代價來獲取極大的報酬。社會交易論者並不認爲我們隨時都在斤斤計較，不過他們卻認爲一般人在代價與酬勞間所做的考慮往往可以用來預測一個人的行爲。基于這種論點，助人的行爲也有可能是爲了獲得獎勵而發。

獎勵善行的動機因素可分內在的與外在的兩大類。例如當生意人捐款給慈善機構來做公共關係活動，以便造成一般人對該公司的良好印象，或是一個人爲了獲得別人的感激或友誼而主動幫別人整院子時，這一類的獎勵是外在的。從這個觀點來看，施與的目的在於獲得一些外來的好處，那末討好我們所喜歡的人，還有那些我們冀求得到其讚許的人也就不足爲奇了（Krebs，1970；Unger，1979）。一般人在看到別人受苦受難時大都會有同情的心，而且親身看到別人受到折磨往往會使人感到焦慮不安，助人渡過難關，消除別人的痛苦，而可以幫助自己免除焦慮與感到罪過，求得自己心安，這是一種內在的獎勵（Piliavin 等；1973；Indeed 等，1975），所謂「助人爲快樂之本」，爲了使自己感到快樂於是樂善好施。

社會交易論者的解釋不免使人感到勢利噁心而有損高尚的善士淑女，但是持這種看法的學者認爲助人助已的行爲方式總要比那些自私自利的行爲方式更爲可取。這些學者們並不是否認高尚的助人行爲的存在，而只是偏重於利害關係的分析；其實爲善不欲人知的事屢有所聞，光是能夠使別人減少痛苦免除折磨的行爲本身也就很夠令人感到心滿意足的了（Hoffman，1981）。當然這種理論也有其困難處，動機的問題並不能從直接觀察中加以確認，動機往往須經由外顯行爲的引伸而得知，既然是一種引伸推論，誤解的機會很大，同樣的一項行爲可能由許多不同的動機來引起，因此動機——行爲兩者間的正確關係之認定很是不容易。不過社會交易論者認為一般人的許多助人行為並不完全只是為助人而助人的，而且在某些場合裏，有些人「見死不救」，未伸出援手，這並不意味著這些人是冷漠不熱心，這些人之所以沒有採取助人的行動很可能是害怕自己的介入會為個人帶來太多的麻煩，甚或受到傷害而使然。在「自身難保」的情況下，要一個人顯示助人的善行未免有些苛求。

第九章 大綱

第九章　侵害行為

以暴力侵害他人的案件時有所聞，這在一般社會中並不是什麼值得大驚小怪的現象，不過暴力的橫行，嚴重侵害的發生，對於整個社會的安全構成很大的威脅，加上近年來此等案件發生的次數似乎是有增無減，到底是那些因素造成這種令人失望的現象呢？學者們對於侵害行為早就進行研究，他們在這方面的研究可以說是相當切合實際的，因此其所顯示的乃是偏重侵害行為導因方面的研究，這種研究包括有關個人內在因素以及外在環境等因素在侵害行為上所可能發生的許多影響，由於問題本身相當複雜，研究的工作不易進行，尤其是實驗性的研究往往限於倫理上、道德上的考慮，很難做適當的安排來進行嚴密的科學分析，因此目前我們所擁有的乃是許多不同的理論，這許多理論的證實和統整仍有待更深入的研究。

侵害行為本身並不難加以認定，問題乃是在導因上的探討。為什麼有人會提一桶硫酸跑進國小二年級生的教室，向那些無辜的兒童進行侵害的活動呢？這許多小孩與他素昧平生，無怨無仇，到底是那些因素導致此一不幸事件的發生呢？從報導中我們似乎可以看出這個人的行動本來就不正常，由於長期自覺不得志，或可能對整個社會抱持一種反感與怨恨，傷害小學生也許是對整個社會的一種報復行動，由於肇事者在現場自殺身死，這個謎的解答更加困難。不過，有一點也許我們可以多加努力的，那就是如何有效地對侵害行為做防範與控制，至少減低其發生的頻率與傷害的程度，這在本章中我們將有所討論。

一、侵害行為

所謂侵害行爲乃是有意侵犯或傷害他人的行爲。侵害他人的方式很多，我們可以用謾罵、諷刺等來侮辱他人，我們也可以用打擊、暴力來傷害他人的肉體身軀。不過，不管是肉體的，或是精神、心理的傷害，侵害行爲者之是否蓄意造成傷害，乃是一個很重要的決定因素。在法律上有故意殺人或過失殺人之分，就殺人致死行爲本身而言，其所造成的傷害並無不同，但在執法量刑上，兩者卻是大有差異，這主要是後者非蓄意行兇所致。反過來說，如果一個人蓄意行兇，開槍殺人，但因某種因素而未能達成殺人致死的原始目的，雖該行爲本身並未造成傷害，但此一行爲仍是一種侵害行爲。由此可見，蓄意與否，在侵害行爲的認定上有其特殊的意義。當然，蓄意與否的認定，往往是一種間接的推理過程，而此一過程之複雜與缺乏絕對的準確性，難免對上述定義構成瑕疵，這是不可否認的。

侵害行爲可依行爲者的用意與企圖區分爲工具性的侵害行爲與惱怒性的侵害行爲。工具性的侵害行爲是爲達成某一目的的一種手段，謀財害命的行爲，戰場上射殺敵人的行爲，甚或同事間明爭暗鬥，邀功取寵的行徑，其目的並不止於傷害他人，而是爲達到某一目的而傷害他人。惱怒性的侵害行爲，傷害他人本身即是行爲的目的，這種行爲往往在個人盛怒之下發生，行爲者爲了洩恨或消怒而傷害他人，除了恨怒之外，痛苦與其他不愉快的感受，也會導致此等侵害行爲的發生。侵害行爲又可根據該等行爲之是否爲社會常模所接受而分爲反社會的侵害行爲和親社會的侵害行爲。警察爲鎭暴而開槍傷人乃是一種親社會的侵害行爲，因爲這種行爲一般爲社會所接受，又如自衞傷人或殺人的行爲，在適度範圍內也是爲社會所容許的。其他如不良青少年的滋事、動武行兇，以及地痞流氓的強暴、殺人等，皆爲社會常模所不齒，其所從事的乃是反社會的侵害行爲。

二、尋根探源論侵害

人類自相殘殺，打架爭吵的事實，有目皆睹，此等施之暴力的侵害行爲，其根源何在？對於此一問題，學者們有許多不同的解答，不過，在基本上，我們可把這許多有關侵害根源的解說歸納爲下列三大類：⑴天生的衝動與傾向；⑵外導的驅力和⑶現存的社會環境以及過去的社會學習經驗。

甲、天生的衝動與傾向

根據本能學派的說法，人類之所以使用暴力侵害他人，主要是天生的衝動和本能所引起。精神派心理學家弗洛依德認爲侵害行爲乃是由強有力的死亡本能（death instinct）所引起，所謂死亡本能乃是一種破壞性的本能，由這種本能所引起的敵對衝動與日俱增，除非在某些時期內獲得發洩，否則當這種衝動繼續增加到某一程度時，暴力的行爲自會出現。

諾貝爾獎得主，有名的生態學家羅倫士（Lorenz, 1966, 1974）在這方面所持的看法，與弗洛依德的說法頗多相類似。羅倫士認爲人類同許多動物一樣，天生有著攻擊的本能。這種本能的存在，與動物的進化與生存頗多相關，例如，同類或異類相互爭鬥的後果，乃是人口的擴散，如此一來，對於生存空間資源的利用可以獲得較爲有效的安排。而且，同類爭鬥往往與兩性交配有關，由於勝者得逞，只有最強而有力者才能達到繁衍後代的機會，而保證該一種族的優越性。

近年來社會生物學者的觀點逐漸受到重視，社會生物學者認爲許多社會行爲與進化遺傳有關（Wilson, 1975)。根據社會生物學者的說法，有利於某一種族生存繁衍的社會行爲因歷代演進而逐漸普遍化，而那些有碍於種族生存繁衍的社會行爲逐漸退化消逝。侵害行爲之普遍存在，其所顯示的，乃是此一行爲在人類種族生存繁衍的過程中，有其存在的必要。

本能派諸學者的看法，其本身有許多不同的地方，不過，他們大都認爲侵害行爲既是一種本能，其預防與控制似乎是少有可能，至於絕對的消除那就更不用說了，這種「宿命論」的看法，並不爲一般社會心理學家所廣爲接受的。

乙、外導驅力說

一般社會心理學家大多認爲人類的侵害行爲主要是由外在的因素所導致。外導驅力說又因不同的學者而有差異，例如威斯康欣大學的波克威次教授（Berkowitz，Cochran，和 Embree，1980）認爲不愉快的事件可以導致使用暴力侵害他人的行爲，老羞成怒，遷怒他人的做法，即是一例。挫折——侵害的假說也是外導驅力說的一種，根據這種相當有名的假說，當一個人遭到挫折時（向目標進行的行爲受到阻撓），其內心將因此而產生一種傷害他人的驅力，而這種驅力的存在往往導致侵害行爲的發生。由此看來，外在的環境因素如挫折、痛苦等的發生與存在，將導致攻擊動機的產生，而攻擊動機的存在，將引起侵害的行爲方式。既然侵害行爲是由外在環境所導致，侵害行爲的控制與預防，可從此等因素的消除來下手，而此等因素的完全消除自可達成消除侵害行爲的最終目的。話雖如此說，問題的解決並沒有那末簡單，因爲在我們日常生活中處處存在著不如意的事件，挫折與痛苦的完全消除，其實並沒有那末容易達到的。

丙、近墨者黑的說法

根據社會學習理論學家的說法，侵害行爲既是一種社會行爲，此一行爲的習得與保持並無異於其他的社會行爲。他們認爲本能與挫折並不是導致侵害行爲的主要因素，人類之所以使用攻擊與暴力，主要是因爲他們從過去經驗中學到了此一行爲方式，而此一行爲方式的發生又往往爲該行爲者帶來某種方式的獎勵與支持。地痞流氓靠滋事打鬥過日子，而無所事事、遊手好閑，但卻被尊稱爲老大、地頭蛇，白吃白喝，逍遙過日。大欺小、弱肉強食的許多現象又何嘗不是明顯的寫照。當然，使用暴力侵害他人爲法所不容，法律的制裁在所難免，但是逍遙法外又是屢見不鮮，這對某些人而言，乃是一種無形的鼓勵。社會學習理論學者認爲暴力與侵害行爲既是學習而來，我們可以利用行爲修改的方法來加以控制破除，而且情境因素的淨化，也將有助於侵害行爲的防止，此一學派在這方面的看法是相當樂觀的。

三、引發侵害行為的外在因素

侵害行爲的發生往往由外在某些因素所引起，而很少是無中生有。引發侵害行爲的外在因素很多，這兒我們將討論其中的數種。

甲、挫折

前面我們已經提過，當一個人遭到挫折時，往往會因此而使用暴力，侵害他人。但是，是否每個人遭到挫折時都會顯示侵害行爲呢？或者一個人每次遭到挫折時，都會產生侵害行爲？我們的答案是否定的。因爲一般人對挫折的反應有著相當程度的個別差異，有些人因挫折而萎縮放棄，有些人則愈挫愈猛，有些人則追根究底，謀求挫折的根本解決。當然，挫折也不是引起侵害行爲的唯一因素，其他許多因素也都會引發侵害行爲。

挫折之是否引發侵害行爲似乎與一個人遭受挫折的強弱程度有關，輕微或中等程度的挫折往往不會增加受挫者的侵害傾向。而且，挫折之所以增加受挫者的侵害傾向又與造成挫折的原因有關，如果引起挫折的事件或原因是合理的，侵害行爲的發生，往往相當有限；反之，如果引起挫折的事件或原因是沒有道理，或是相當勉強，那末受挫者往往會因此而增高其侵害傾向。在實驗室裏，心理學家曾做過下面的實驗來證明上述的說法。受試者透過電話向某些人（與實驗者串通）募捐款項做慈善活動，被募捐者因早受實驗者安排，他們一律拒絕捐獻，但是有些人說是因爲最近被辭去工作，沒有錢捐；另一些人則認爲捐款的活動根本沒有需要，而從事捐款活動的人主要是在騙錢；第三批人則認爲募捐的人要是有較好的理由，他們也許會多少捐一些。在這三種情況中，受試者對於提供第二種理由的人最感恨怒，而其侵害行爲也較之在其他兩種情況下者來得強烈（Kulik and Brown，1979）。

引起挫折者的性別和威力也與受挫者之侵害傾向有關。力氣弱小的人，對於強壯的惡霸往往是敢怒不敢言，出手反抗那更是少有可能。至於性別方面，引起挫折的女性似乎較易被容忍，在投機插隊的情況下，不守規矩的女性通常較少引起惡語相向。而且，那些被插隊的人，則以越靠近目標（售票窗口，戲院進口等）者，越顯示高度的侵害傾向（Harris，1974），因爲越靠近目標時，對於阻撓其達到目標的外力，產生較強烈的挫折感，而強烈的挫折感往往會導致侵害行爲的發生。

乙、暴力與惡語

口頭的攻擊（謾罵、諷刺、譏笑等）往往導致雙方爭吵的場面，而直接的人體攻擊（動手打人等）也大多引發以牙還牙、以眼還眼的反應。由此可見，來自他人的直接挑戰（不管是口頭的或是實際行動）乃是引起侵害行爲的一個重要因素，而且此一因素似乎要比挫折來得明顯突出。

報復性的侵害行爲深受他人侵害行爲之爲何發生的動機判斷之影

響。此一動機判斷，主要是在分析他人侵害行爲之發生是蓄意的或是意外的。如果他人的侵害行爲是故意的，那末我們往往會採取報復性的侵害行爲。但是，一般人對於因意外而引起的傷害，很少會以暴力來報復。

丙、社會模樣與侵害行爲

俗云:「近朱者赤，近墨者黑」，周遭人物（尤其是具重要性的人物）對於某一個人的思想、態度以及行爲表現會產生有力的影響。觀察別人的行動反應往往會改變我們自己的行爲反應，雖然別人並不一定有意要左右我們。在我們日常生活中，模倣的效應既然如此普遍強大，侵害行爲的發生是否也會因模倣他人而來？根據學者們的研究，我們的答案是肯定的。

有關這方面的研究大多偏重於探討大眾傳播（電影、電視）節目中的侵害行爲鏡頭對於觀眾侵害行爲或其傾向所可能造成的影響。早期的研究（Bandura，1965；Bandura，Ross，和 Ross，1963），主要是以托兒所裏的小孩爲研究對象，首先讓他們觀看特製的電視節目，在節目中顯示成人用玩具毆打一個大的塑膠人型，以及其他侵害該一人型的動作；控制組的受試者則沒有觀看此種節目。看完電視後，這些小孩則在房間裏自由活動玩要約二十分鐘，在這段時間內，小孩的行爲動作，則被詳細觀察記載，以便研究他們是否模倣電視中的成人角色。此等研究結果顯示，觀看該一電視節目的小孩要比其他未觀看的小孩顯示較多的侵害行爲與傾向，由此看來，小孩是會模倣電視中的侵害性行爲而顯示侵害性的行爲與傾向。不過，有些學者卻認爲這種結論似乎有些勉強，因爲該一電視節目中受侵害者並不是眞正的人，而只是一個塑膠做的人型，而且該等節目也缺乏一般電影或電視節目之具有主題和因果相關性。

爲了克服上述的批評與困難，後來的研究則以眞實的電影或電視節目來進行，有些受試者觀看含有暴力鏡頭的節目，其他的則觀看不含暴力鏡頭的節目，在看過此等節目後，他們被安置在一個可以顯示侵害行爲的情境，以便觀察不同節目所可能產生的影響。通常研究者所發現的是：觀看暴力鏡頭者，其侵害行爲和傾向要比其他受試者來得強烈。最近的研究方式則以長期性的現場研究爲主，例如在比利時某一私立學校所做的一項研究（Leyens等，1975），有些學生在五天中每天觀看一個顯示暴力的電影，其他的學生則在同樣的情況下觀看五個不含暴力的電影，在此一期間中，這些學生的日常生活乃是觀察研究的主要對象，結果發現觀看暴力電影的那些學生，其顯示於日常生活中的侵害行爲有顯著增加，但是觀看不含暴力鏡頭電影的學生，則沒有這種現象。其他類似的研究也得到同樣的結果（Parke 等，1977）。由此看來，電視和電影中的暴力鏡頭對於觀眾侵害行爲的發生是有不良的影響的。但是這種影響並不是絕對的，這也就是說，一般人在看過暴力電視或電影後，並不一定就會使用暴力，侵害他人。侵害行爲之是否發生，其他有關因素之存在與否，關係相當重大。

除了上述諸因素外，學者們還研究藥物（包括酒精、大麻煙等）、高溫、擁擠、噪音、臭味以及凶器之是否在場等因素對於侵害行爲發生的影響。綜觀諸如此類的各項研究，我們不難發現影響侵害行爲的因素很多，而且此等因素之交互作用也是左右侵害行爲的一個要項。

四、決定侵害行為的個人因素

從我們日常生活經驗中我們得知有些人具有較高的侵害傾向，容易與他人發生衝突，吵架爭鬥頗爲平常；但是另一些人則柔順平和，少具侵害性，這種個別差異的存在，久爲學者們所注意研究。這兒我們將就人格特質、性別以及遺傳等三方面進行討論。

有許多心理學家認爲「侵害傾向」乃是一種人格特質，個人侵害傾向之高低，可用量表來加以測定，侵害傾向高的人，其侵害行爲發生的可能性也較高，反之，侵害傾向低的人，其侵害行爲發生的可能性也較少。不過，有一種人平常很少動聲色或發作傷害他人，但是這種人一旦發作起來，其侵害他人的程度卻往往出人意外，相當殘忍。根據學者的研究（Megargee，1966，1971），這種人平常因爲自我控制和容忍的工夫要比一般常人強，因此對於別人加諸於他的侵害行爲往往逆來順受，少有反應，而別人又常因少有反抗而變本加厲，日子一久，不但侵害行爲有增無已，而且其傷害的程度也隨之加強，最後到忍無可忍的情況下，一發不可收拾，於是產生了十分殘忍的報復行爲。

在性別方面，一般人都認爲男人要比女人較具侵害性，粗魯凶暴所形容的往往是男人。這種看法是否有事實的根據呢？系統化的研究結果指出這種觀點並不是絕對正確的。女人之比男人柔順平和，只在其扮演女性角色的情況下普遍存在，要是沒有這種限制，男、女兩性所顯示的侵害性並沒有很大的差異（Frodi等，1977，Richard等，1979）。動手打人，惡語相向的行爲方式，一般不爲社會所容許，這尤其是以女性爲然，這種社會制約所顯示的，乃是一般女性除非遭到相當程度的騷擾與侵害，她們所表現的侵害行爲並沒有如男人那樣來得普遍厲害。不過，在沒有他人觀看或監視的情況下，實驗室裏的女性受試者往往顯示較多的侵害行爲，以較強烈的電擊來對付別人的侵害，而且在場第三者的鼓勵也會增加女性受試者的侵害行爲。由此看來，女人在日常生活中之所以沒有像男人那樣來得具侵害性，可能是與擔心其侵害行爲的顯示與一般社會人士對女性行爲方式的期望有欠合適有關，如果缺乏這種顧慮，男女兩性在侵害行爲上的差別可能很少，甚或根本不存在。

與性別有關的一對染色體，在一般男性中，其結構爲 XY 型，但是，有很少數的男性（每千人中只有一個）卻擁有 XYY 的型態，這個多餘的Y染色體一度被有些科學家認爲是直接與高度的侵害性有關，因爲有些研究發現坐監的重犯中，擁有 XYY 型染色體的人數比例高達千分之十五（Jacobs 等，1965；Jarvik 等，1973）。不過，這種說法並沒有得到日後研究結果的有力支持（Bandura，1973；Witkin 等，1976）。Witkin 等的研究對象是將近五千個丹麥男人，這其中他們發現有十二個人，其染色體爲 XYY 型，根據有關這許多受試者的身高、智力以及過去犯罪記錄等資料，加以詳細分析的結果，發現畸型的染色體並不一定導致較高的犯罪記錄；不過，這些研究者卻發現具 XYY 型的人，其智力一般較常人爲低，由於他們智力不高，因此其被捕受罰的情形要比常人多出許多，這也就是爲什麼這種人在犯人中所佔的比例較高的原因。由此看來，XYY 型的人比較具暴力侵害性的說法似乎是不正確的。

五、侵害行為的預防與控制

甲、出氣發洩（catharsis）

以出氣發洩的方式來減少侵害行爲或侵害傾向的道理相當簡單，拍桌子、踢小狗的動作乃是在發洩積壓於內心的一肚子氣，這種行爲本身其實也是一種侵害行爲，只是因爲侵害對象的不同，其後果也就較易被接受，心理分析學派創始人弗洛依德認爲侵害傾向乃是天生的，而這種傾向若得不到適當的發洩，將導致適應上的困難，侵害傾向的發洩將可減少此一傾向的壓力，進而減少侵害行爲發生的可能性。最近有些學者懷疑這種說法的準確性，因爲有些研究結果發現，如果讓沒有生氣的人使用暴力，顯示侵害行爲，其日後的侵害傾向似乎有增無減（Doble 和

Wood，1972；Konecni，1975)。

挫折——侵害假說（frustration-aggression hypothesis）的興起，使得許多人認爲侵害傾向並不是一種天生的本能，而是由個人所處環境中的某些因素所引起，這許多環境因素包括挫折、侵擾以及暴力等。對於遭受挫折、侵擾或爲外來暴力所迫害者，出氣發洩的方式可減少受害者採取進一步侵害行爲的可能性。忿怒乃是引起侵害傾向和行爲的一個很重要的因素，出氣發洩的方式往往可以減低忿怒的程度（Hokanson 和 Burgess，1962；Feshback，1955），而爾後的侵害性也隨之減低。

出氣發洩之是否有效，有賴於某些因素的存在。如果受害者能够直接施予侵害者肉體上的攻擊，出氣發洩的作用最爲明顯。綜觀上述，出氣發洩作用之產生不但是要在受害者生氣忿怒的狀況下進行，而且用以出氣發洩的方式需要是直接的，出氣發洩的對象也需要是引起挫折或侵擾的侵害者。

出氣發洩爲什麼可以減低侵害性呢？有一種說法是出氣發洩使得忿怒的情緒消失，而爾後的侵害性也就隨之減少。另一種說法是出氣發洩的行爲導致個人的罪惡感和焦慮，而使得行爲者不敢或不願意繼續侵害性的行爲。由於忿怒的消失和焦慮、罪惡感之確切認定十分困難，因此上述兩種解釋之孰是孰非也很難下定論。

替代性的侵害（displaced aggression）和取代性的侵害（vicarious aggression）之是否能够產生出氣發洩作用，也是學者們爭論的一個問題。所謂替代性的侵害乃是侵害第三者，而不是導致挫折或忿怒的原侵害者。至以取代性的侵害，遭受挫折和侵擾者只是觀看或感受其侵害者受到第三者的侵害，而沒有直接從事侵害的活動。有關這方面的研究結果，正反資料都有（Konecni 和 Doob，1972；Geen 和

Quanty，1977)，因此有待進一步研究來驗證。

乙、懲罰

對一般人來說，懲罰也許是防止侵害行爲和傾向的一種有效方法，因爲懲罰可以使侵害者獲得教訓而學乖，在他再度使用暴力，侵害他人之前，會再思或三思而後行，而且懲罰越重，效果越佳。懲罰是否能產生如此預期的效果，問題並沒有那麼簡單。重懲雖然可以產生短暫的效果，但是如果使用欠當，卻往往會產生長遠性的不良後果。有許多深具侵害性的小孩，大都出自父母親管教很緊，採用嚴厲懲罰的家庭（Sears等，1957；Baumrind，1966；Becker，1964)。這種小孩的侵害行爲往往發生在離家較遠的場合。當然，這種現象的存在，並不一定證明懲罰本身一定會導致侵害行爲的發生，因爲喜歡使用重懲的父母，也許本身就是較具侵害性，其子女因爲模倣他們，所以也就變成較具侵害性。

嚴厲的懲罰往往引起強烈的挫折感。上面我們已提過，受挫折者往往會顯示侵害性的行爲，因此若要以懲罰來防止侵害行爲和傾向，似乎是不智的。而且，懲罰本身可被視爲是一種侵害行爲，受害者往往存在著一種報復的心理，引起侵害行爲的發生。再從社會學習理論的觀點來看，懲罰者往往爲被懲罰者提供一種侵害者的模型，侵害行爲的模倣很可能因此發生，由此可見，懲罰的使用是需要相當謹愼的。

擔心被懲罰或受到報復的人，往往會顯示「反侵害」(counteraggression）的行爲，這種反侵害的行爲又往往更具侵害性，更失去理智。一般人的報復心理似乎相當強烈，這往往導致相互侵害行爲的更趨嚴重，甚或不計任何代價，硬要拚命到底。在實驗室裏，研究者曾安排受試者在受到第一次攻擊後，若不還手報復，將可避免繼續被攻擊，但是一般受試者卻繼續以「反侵害」的行爲方式來應付，對於可能再加諸於他們的侵害行爲並不多加顧慮（Deverink等，1978）。在這種相互報復，越演越烈的情況下，唯一可以防止侵害行爲繼續發生的方法，乃是由當初使用暴力者減低其侵害性，如此一來，受害者才會「投桃報李」，相對地減低其報復行爲（Epstein 等，1967；Kimble等，1977）。國際間戰爭的往往擴大，越陷越深，報復心理的作祟乃是一個很重要的因素。

實際的懲罰既然有許多困難，警告的效用又是如何呢？根據一些有關的研究結果（Baron，1973；Rogers，1980），警告在防止侵害行爲的發生，有許多客觀的因素須要加以考慮。警告之所以有效，下列條件的存在頗爲重要：⑴欲使用暴力者並不是十分忿怒；⑵欲使用暴力者如眞使用暴力，並不能得到多少好處；⑶因使用暴力而將得到的懲罰十分嚴重和⑷因使用暴力而將被懲罰的可能性很高。除非上述條件存在，否則以警告的方式來防止暴力的發生並不是很有效的。

看到別人因使用暴力或顯示侵害行爲而受懲是否可以減低該觀察者的侵害傾向，防止其侵害行爲的發生呢？換句話說，「殺鷄儆猴」的做法是否可以防止侵害行爲的發生？從刑法和犯罪記錄來看，這種做法似乎不能達到預期的效果，因爲死刑的存在，並沒有減低殺人事件的發生率。再從實驗室裏以小孩爲受試者的研究結果來看，觀看侵害者被懲罰的影片的小孩是要比那些觀看侵害者得到奬勵的影片的小孩少顯示侵害行爲。有關這方面的實驗，其安排大多先讓小孩子們觀看不同的影片，之後再觀察這些小孩的行爲是否具侵害性以做爲比較。看到影片中的侵害者受懲罰的受試者，其侵害行爲與傾向並沒有顯著的降低，因爲與沒有觀看任何侵害者影片的控制組的受試者相比較，實驗組的受試者的侵害行爲與傾向並沒有什麼不同。由此看來，避免小孩子觀看任何含有暴力鏡頭的電視或電影也許是一個控制侵害行爲的較直接而有效的方法。

六、電視與侵害行為

看電視是一種娛樂活動，為什麼我們在這兒會把電視和侵害行為連在一起討論呢？ 這主要是因為有許多電視節目含有高度的殘暴性。根據美國學者的分析（Gerbner 等，1980），在1979年大約有百分之七十的美國電視節目都含有暴力鏡頭，平均每一個小時的節目，大概有五、六個鏡頭是含有暴力行為的，而周末白天的兒童節目，暴力鏡頭每個小時高達十七次之多， 因為一般小孩每天觀看電視的時間有三、 四個小時，他們從電視中所看到的殘暴行為也就相當驚人，根據一項統計推測（Waters and Malamud，1975），一般美國小孩到了十六歲的年紀，差不多看過一萬三千次的謀殺案件（由觀看含高度殘暴性節目而來）。一般人花在看電視的時間那末多，而電視節目又具高度殘暴性，這對於一般人的侵害行為會有什麼樣的影響呢？根據目前所有的研究資料，這種電視節目有增加侵害行為的可能（Huesmann，1982），不過這其中仍有許多爭辯的地方。

從有關人類侵害行為的基本理論來看，殘暴性電視節目所可能產生的影響由於所根據基本理論的不同而有全然不同的說法。主張侵害行為乃是導因於挫折者，認為電視上的暴力鏡頭可以給觀看者提供一個間接出氣洩恨（catharsis）的機會，如此一來，實際的侵害行為也就沒有那麼迫切需要，而其發生的可能性也就隨之減少。但是，若從學習論的觀點來看，或是從暗示倣效的觀點來看，觀看殘暴性的電視節目會導致較多的侵害行為，因為電視上的動作行為容易被觀看者所模倣，而電視節目中的暗示也可能引發一個人的侵害性而顯示侵害行為。

學者們為了解決上述的爭論，主要是採用相關與實驗兩種研究法來進行研究。採用相關的方法，首先測定侵害行為以及觀看殘暴性電視節目的次數與時數（在自然情境中進行測量），然後再用統計方法分析這兩項變項間的關係。根據此一方法所獲得的結果一般都發現一個人的侵害行爲與觀看殘暴性電視節目的多寡有正的相關，雖然這種相關的程度並不是很高。這也就是說那些喜歡看殘暴性電視節目的人也是比較具侵害性。這種發現不但是在美國如此，其他地方包括有芬蘭、波蘭以及奥大利亞等所做的研究，也有同樣的發現。這樣的研究結果當然不利於「間接出氣發洩」的說法，但是相關法的使用並不能確定因果的存在。爲了確定因果的關係，學者們採用實驗法來進行研究，早期的實驗主要是由社會學習理論家們所進行（Bandura 等，1961，1963），這些實驗所使用的電視節目並不是日常生活中所觀看者，而是特別攝製的簡短電視片，由於刺激物的特殊以及實驗情境上安排的差異，早期實驗所得結果雖然符合社會學習理論的推測，但卻有許多人懷疑其推論的正確可靠性。

日後的其他研究結果顯得相當紛歧，有些發現觀看暴力鏡頭可以減低個人的侵害行爲（Feshbach 和 Singer，1971），有些則發現看殘暴性的電視節目會增加侵害行爲（Friedrich 和 Stein，1973；Donnerstein 等，1976；Parke 等，1977）。不過這許多研究結果，由於所採用受試者（如Parke等用少年犯）背景的不同，其推廣性因而受限，加以使用的影片也與日常生活中所看到的電視片頗有不同，其可靠性也被打折扣。截至目前爲止，綜觀各方面所做的許多研究與評論，美國心理健康研究所（National Institute of Mental Health）承認殘暴性電視節目與侵害行爲間的關連尙無法確定（Pearl and Bouthilet，1982）。不過，此項報告又指出：觀看殘暴性電視節目可以增加侵害行爲的可能性比較大。

另外一項與觀看殘暴性電視節目有關的重要問題是對日常生活中眞

正侵害行爲的反應問題。這個問題所探討的是當一般人看多了電視上的殘暴行爲後，是否會因此而對日常生活中所實際發生的殘暴行爲變成較易加以接受而少感到震驚？俗語說：「少見多怪」，但是一旦見多了，會不會因此而習以爲常呢？根據一些實驗結果（Thomas 等，1977），習以爲常的可能性相當大，他們發現早先看過殘暴性電視節目的受試者，對於隨後發生的侵害行爲較少發生強烈的生理反應，由此類推，看多了殘暴性的電視節目也許會減低一般人對於日常生活中實際發生的侵害行爲的敏感性，而減少對侵害行爲的關心。

電視節目對於年紀大小不同的小孩是否會產生不同的影響呢？Collins（1982）的報告指出：較小的兒童對於節目中演員的動機與企圖少有能力做適當的判斷與考慮，他們分辨幻想與實際的能力也較差，而且他們的記憶力也沒有大一點的小孩來得高明。年紀大一點的小孩，他們的認知能力也比較強，他們領悟的能力較高，因此對於節目中不甚明顯的啓示往往較能體會悟解，這些啓示可能包括好的與壞的都在一起，加上大一點的小孩，一般對於行爲常模逐漸加以重視，電視節目中某些行爲方式很可能被認爲是一種常模而加以倣效，從這個觀點來看，電視節目內容對於年紀大一點的小孩也許會發生較大的影響力。

Cooper 和Axson（1981）曾就年齡與性別兩項變因在電視與暴力行爲相關中所扮演的角色進行過研究。這些研究者觀察就讀幼稚園、國小二年級和五年級的學生在校園操場中所顯示的行爲方式，首先他們觀察一個禮拜以建立這些受試者的行爲方式之分類，然後再以隨機取樣的方式把這些受試者分派到不同的組別觀看含暴力和未含暴力的電視商業廣告，觀看的時間是兩個禮拜，而在這兩個禮拜中，他們在學校裏遊玩的行爲方式也繼續被觀察和記錄，這項研究結果顯示，就男孩子而言，特別是那些年紀小些的男孩子，暴力的鏡頭似乎可以減少侵害性的行爲，至於那些原來就比較具侵害性的女孩子，非暴力的節目似乎比較能够減少她們的侵害性。再以年紀的大小而言，幼稚園的兒童所受到的影響較大，而五年級的小孩卻很少受到這些電視節目的影響。

綜觀有關電視節目與暴力侵犯行爲的多項研究結果，我們大致可以看出：觀看暴力性的節目可以增加觀看者的侵害傾向和行爲。而觀看者的年齡與性別乃是決定電視節目與侵害行爲兩者關係的重要變項；其他的研究結果又指出：觀看許多含暴力性的鏡頭的節目，很可能會減低該一個人（觀看者）對於侵害性行爲的敏感性，而對於被侵害的人也會減少同情心。雖然也有其他的研究結果與上述不盡相同，這許多紛歧的統整與消除，有待研究者做更多的努力，不過，基於侵害行爲的嚴重不良影響，危害社會及當事人等，在沒有較明確的結論之先，我們似乎不能掉以輕心，無視於電視中暴力性節目和動作所可能引起的不良後果。

第十章　大　綱

第十章　團體的影響

很簡單地說，所謂團體乃是兩個人或兩個以上的人在相當一段時間內交互作用、影響的一個組織。所有的團體所共同具有的一個特色就是團體內的成員互相影響，彼此發生作用（Shaw，1981）。團體的構成各有其不同的原因，有些是爲了滿足個人歸屬、交際的意願而成，有些是用來提供服務或資訊，有些是爲了達成某一特定目標而形成。團體與集體有所不同，集體是許多人聚集在某一場合而互不相干，彼此不相互交際、作用（interact）；不過，這種區別也不盡切當，因爲這些集體中的個人雖不一定會相互作用，但卻會相互發生影響，這種團體的影響包括有社會促進（social facilitation）、社會逍遙（social loafing）以及個人意識消滅（deindividuation）等現象。而直接相互作用所發生的團體的影響則包括有團體的兩極化（group polarization），團體思考（團體決策）以及少數影響多數等現象。這些乃是本章所要討論的主要問題。

一、團體對個人工作成績（performance）的影響

處於團體中的個人，其工作成績是否會受到團體的影響呢？根據研究結果來看，我們對於這個問題的解答並非絕對的，正反的效果需要同時考慮到其他因素的存在。

甲、社會促進

早在1898年法國學者Triplett就發現單車賽的選手在與其他選手面對面地競賽時，其成績要比個人單獨與「計時錶競賽」時的成績優秀。

Triplett爲了證實團體的存在對個人行爲表現的影響，他設計了第一個有關的社會心理學的實驗，他以小孩子爲受試者，以捲鈎魚線爲操作的差事， 有一半的受試者是單獨操作， 另外一半則兩個小孩子在一起操作，結果發現兩人在一起比賽時的成績較佳。以後其他學者所做的有關研究證實別人的在場是可以促進個人的操作，締造較佳的成績（Travis 1925；Chen，1937）。

不過，其他的學者也在差不多同樣時候發現別人的在場會產生社會抑制（social inhibition）的效用（Husband，1931；Pessin 和 Husband，1933），這種相互矛盾的研究結果曾困擾過許多心理學家，一直到1965 Zajonc 提出了他的社會促進學說，這個難題才獲得解答。而其他學者也相繼提出不同的解說。

Zajonc（1965，1972）把行爲學習與行爲表現的兩個階段清楚劃分，但認爲別人的在場會引起行爲者的激動與緊張以及內在驅力（drive）。而內在驅力的增加可以促進主要行爲（dominant behavior）的出現，根據如此推論，別人的在場可以促進主要行爲的表現；不過在學習階段中，主要行爲並不是正確的行爲，要到學習完成之後，其行爲方式才是正確的，因此在學習進行中別人的在場對於新的行爲方式或是複雜的行爲方式會發生抑制的作用，而對個人的操作表現產生不良的影響（Hunt 和 Hillery，1973）。其他學者（Berger 等，1981，1982）雖同意社會抑制的發生與學習有關，但卻不認爲這是因內在驅力的昇高所引起，而是因爲在學習進行中練習（practice）乃是一個很重要的因素，而別人的在場會對練習產生不良的影響，減低學習的效果。

Cottrell（1968）認爲別人在場之所以發生影響乃是一般人對別人的評頭論足多存戒心（evaluation apprehension），別人的在場往往會對自己的行爲做某種程度的評鑑，評鑑結果之好壞令人關心。學者們

(Cotrell等，1968；Paulus 和Murdock，1971）發現當旁觀者（在場的人）雙眼被矇住而無法觀看行爲者的操作時，社會促進或抑制的現象並沒有發生。

別人的在場往往會使行爲者分心也可能與社會促進的現象有關（Sanders，1978；1981)。Sanders認爲有別人在場時，行爲者需要就操作行爲和觀眾兩者間做一選擇以集中注意力，但是這種要求卻會引起內在驅力的昇高，而促進簡單熟練行爲的進行，只要外來的干擾沒有引起太大的分心，別人的在場對簡單的行爲可以發生促進的作用。Baron等（1978）也持類似的看法，但是其他學者也有認爲這種解釋不够準確（Geen，1981；Markus，1981）。其他有些學者（Seta，1982）則認爲與別人一起做同樣的操作時，雖然不一定具有競賽的氣氛，但是行爲者本身往往會有與他一較長短的心理反應，或是關心自己之行爲與別人行爲兩者間的相互比較，這種關心社會比較（social comparison）的反應，將會促進個人的操作表現。因爲社會比較的對象之是否適當得稱，直接影響到比較結果之意義，因此在兩者勢均力敵的情況下，社會促進的作用也比較容易發生。

上面所討論的現象主要是牽涉到個人的操作行爲以及個人目標的評量上的問題，在這種情況下，單獨的個人從事某一行爲以期達到個人的某一目的，在這種情況下，個人的成績和表現很容易加以評定。但是在我們日常生活中有許多所謂加添式的差事（additive tasks），許多個人共同從事某一操作以期共同目的的達成，拔河比賽，工作小組等等都是屬於這一類，團體的成就需要依賴其組成分子的通力合作，在這種情況下個人的「生產力」會比個人單獨從事操作時爲多或少呢？

乙、社會逍遙（social loafing）

所謂社會逍遙其實就是一般人所謂的混水摸魚，投機取巧的一種行爲方式。社會心理學家們發現所謂「人多好做事」的說法並不是很正確的，團體中的個人在從事加添式的差事時，其賣力的程度往往沒有想像中的高，比起他單獨一個人從事時的成就顯得要低許多。也許有些讀者會認爲這種情事的發生，可能是大家沒有協調好，這對於類似拔河一類的差事很容易發生不良的影響（Steiner, 1972）如果大家用力的方向或時機不一致，那末只會白費力氣而已。Ingham 等（1974）所做的實驗卻證明這種解釋不甚可靠，這些實驗者設計一個可以安置六個人的「拔河機器」，每個人的位置加以明顯地劃分，受試者雙眼被矇住，而被安置於最前頭的位置，並且研究者叫他儘最大的能力去拉繩子，結果發現當受試者知道只有自己一個人在拉時，他用力的程度要比當他認爲後面還有幾個人一起在拉時的用力程度高出百分之十八。

其他研究者（Latane' 等，1979；1980）以大聲喊叫爲差事，要受試者儘最大的力氣來喊叫，結果發現六個人一起叫喊所造成的聲量還不到一個人單獨叫喊時的聲量的三倍。Sweeney （1973） 以爲踩踏健身用的單車打氣爲差事，受試者在知道自己個人的操作單獨被評量時，其成績要比他們認爲自己的成績將與其他人的成績一起計算時來得優秀。由此看來，在團體一起行動時，有許多人往往會「混水摸魚」，趁機佔他人的便宜。當個人的表現不怕被單獨評量時，評鑑戒心（evaluation apprehension） 不復存在或隨之減少，因此團體行動中的個人的責任感也隨之降低（Kerr 和Bruun，1981）。其他研究指出：當一個人的「生產量」（output）可以被單獨地鑑定時，不管是個人單獨行動或在團體中行動，其成績都比較好（Williams等，1981）。

實驗室研究所得的資料是如此，但在日常生活中是否也存在著相同的現象呢？根據一項有關蘇俄農夫生產量的報告（Smith, 1976）來看，這種現象似乎也在日常生活中存在，因爲爲數只佔百分之一的耕地，透過私人的耕作，其生產量卻佔全國農產量的百分之二十七；而在匈牙利，私耕地佔百分之十三，但其農產品的產量卻佔全國總產量的三分之一（Spivak, 1979)。不過，團體中的個人行爲並不一定都是「混水摸魚」，有時因爲共同目標的達成端賴所有成員的全力支持，大家都盡全力而爲的現象並不是不存在。例如運動會上的接力賽或是籃球隊的五個隊員之賣力程度，因團體的存在而減低個人的努力似乎是不可想像的。以色列的集團農場的生產量高於非集團農場（Leon, 1969)；而且團體中的成員要是爲好朋友，他們投機取巧的情況也比較少（Williams, 1981）。比較重視團體的文化背景是否會有所不同呢？Latane'等人研究東方民族（日本、泰國和臺灣）所得的結果並沒有發現有所不同，混水摸魚的作風在強調大我的東方世界裏依樣存在（見 Myers, 1983, p.306)。

丙、個人意識的消滅（Deindividuation）

早在1903年，法國的社會學家 Le Bon 就發覺到一般人在羣眾中常常會失去個人意識而採取一些非他個人獨處時所會有的行動， Le Bon 認爲羣眾擁有一種集體性的思想， 而這種思想是非理性的， 羣體的智力水準往往沒有獨處的個人來得高，而其情緒也是屬於幼稚不成熟的一類。根據 Le Bon 的說法，羣眾之所以像妖怪， 與三項因素有關：首先，羣體中的個人因爲不易被識別，因此也就失去了個人的責任感而從事一些他通常不會去做的事；第二，由於相互感染的關係，羣體中的個人常常盲目地跟隨別人從事一些他通常不會去做的事；第三，羣體中的個人變成比較易於接受別人的建議而盲目地跟著領導人物行動。

Festinger 等（1952）認爲這種現象的發生導因於羣眾中個人意識的消滅（ deindividuation ）和失去個人的識別性。如此一來， 個人對自己行爲的責任感也隨之消失，由於無所顧忌，也就膽大妄爲一番。

Zimbardo（1970）對個人意識消滅的歷程有較詳細的分析，他認爲除了匿名（不易被識別），個人責任的放棄以及羣眾分散責任之外，羣眾的大小、個人生理上的激動與淸醒、情境的奇特和缺乏結構，以及藥物、酒精等所引起意識形態的改變等等因素都會影響到個人自我意識的消滅。這許多因素會減低個人自我的觀察與評鑑，而且也會減少個人對於外來社會性的評鑑的敏感性和關心，這種改變使那些因罪惡感、害怕、羞恥以及自我委任等所構成的自我控制工夫變弱，如此一來，表現原先被抑制的行爲的界閾也隨之降低。

其他有些學者（Diener等，1980；Rogers 等，1981）則認爲個人意識的消滅現象與個人注意力的轉變有關，由於羣眾中的個人把注意力從自我行爲的標準上轉移到羣眾上，自己個人的行爲也就由個人所處情境中許多暫時性的暗示所操縱。個人自我意識的消滅使一個人對於自己在別人心目中的印象之爲何的關心程度減低（Lindskold 和 Propst, 1981），其所造成的後果乃是個人在採取行爲方式時也就很少會擔心社會適切性的高低問題。

綜合上面多項研究結果，我們不難看出當羣眾激動的程度增高而個人自我的責任感消滅時，一般人很容易因此而拋棄過去對自我行爲的約束，從事個人獨處時所不會去做的事，喪失個人的自我意識，而顯示個人意識消滅的行爲方式。羣眾本身可以爲其組成份子提供掩護，使個人「消失」於羣眾中而不易被識別，加上羣眾的喊叫與哄亂，一般人的自我意識也隨之降低，但對於外在環境的感應性卻反有增加，於是其行爲反應也就很容易受到外界因素的操縱左右。

二、團體的兩極化（Group polarization）

團體的行爲與影響是好是壞，是富建設性，或是富破壞性的問題也就是這兒我們所要討論的團體兩極化的問題。根據上一節中的討論，也許有些人會認爲團體的影響是具破壞性的，羣衆的行爲往往缺乏理智，盲目激進又少能控制，但是從另一個角度來看，日常生活中有許多事情的處理與決定，往往是採多人協議的方法，借重團體的組織與力量來推進，這種似乎是自相矛盾的現象，我們該如何加以解說呢？社會心理學家們經過多年研究此一問題所獲得的一個通論是：團體討論往往會增進其成員原先的意見與看法。如果大部分人原先的看法是偏於甲，那末討論之後，偏於甲的程度會增多，要是原先的一般見解是乙不合適，那末經過討論之後，認爲乙不合適的看法會更強烈，這也就是爲什麼我們稱之爲「兩極化」的道理。

Stoner (1961) 曾以下列的問題以及其他類似的難題來比較個人所做決定與團體討論後所得決定的差別。「一個患有嚴重心臟病的人除非動手術來治療，他必須大幅度減少日常活動，改變生活方式；不過這種手術可能把病完全治癒， 也可能失敗而致命」， 對於這種重要性的問題，你會如何給那個病人提供忠告與建議呢？在何種可能性下你會建議病人做手術治療呢？成功率在一半一半時？三對七時？或者八對二時？受試者首先對這類問題選用一個或然率，例如是失敗率在三對七以下時應該接受手術治療等，然後五、六個受試者聚在一起再就同樣的難題共同決定一個可以接受的或然率，結果發現由團體共同決定的往往比個人單獨決定的來得具冒險性，這也就是說當一個人單獨做決定時，失敗率可能要在三對七以下時（十次中有三次失敗）才可以進行手術，而由團體決議的或然率可能變爲十次中四次失敗以下時就可以建議以該項手術來治療。這種團體決定要比個人決定來得具冒險性的現象乃是所謂的冒險轉移（risky shift）的現象。

Stoner 的這個發現引起很多學者的關注， 到底這種冒險轉移的現象的普遍性如何，是否在日常生活中許多團體性的決定都有這種特色呢？以後的許多有關研究發現這種現象是相當普遍，不同國家、不同年齡以及不同職業背景的受試者的反應，大都具有這種特性，於是下一個問題是：到底那些因素引起這種「冒險轉移」的現象呢？這些因素包括有下列數項：

1.文化價值可能對具冒險性的決定有所偏好，因此一般人共同決議時受到這種社會常模的影響（Brown，1965；Wallach and Wing，1968)；而且一般人對於採取較具冒險性決定的人也較具好感（Jellison and Riskind，1970），這可能對一般人採取較具冒險性的決定具有鼓勵、促進的作用。

2.個人責任的分散也可能使團體中的個人做較具冒險性的決定。在上一節中我們討論過當一個人處於團體中而行事時，往往因有團體的掩護而感到對自己的行動不必負太多的責任，而盲目地做一些平常獨處時不會去做的事。這種個人責任的分散或消滅，可能使一個人做較具冒險性的決定（Wallach等，1964)。

3.在團體進行討論時，其成員可能發現其他人的主張比較富冒險性，而覺得自己過分小心保守，於是調整個人原先的看法，改採較冒險的決定（Higbee，1971；Pruitt，1970)。

不過，後來有關的其他研究結果卻指出團體的決定並不一定要比個人的決定來得具冒險性。在有些情況下，團體所做決定可能要比個人單獨所決定的來得小心、保守，這可能與實驗時所用的難題有關（Fraser等，1971；Lambert，1978）。有些學者又發現在賽馬下賭注的情事上，團體的決定也要比個人所做決定保守些（Knox等，1976)。雖然團體的決定與個人單獨所做決定會有出入，但其差異的方向並不一定是偏於較具冒險性，其實透過團體討論之後所獲得之決定具有「兩極化」的

特性 (Polarization)，趨向於極端，但並不一定比較具冒險性 (Myers 和 Lamm，1976)。

團體的決定趨向於極端，到底是極大或是極小呢？有許多學者認爲這要看團體中多數人在未加入團體以前所持的意見爲何而決定 (Doise，1969；Zaleska，1978)，這也就是說如果多數人原先就偏於冒險性，那末團體的決定將更具冒險性，要是多數人原先的意見是比較保守的，那末團體的決定將更趨於保守。團體決議爲什麼會趨於極端呢？有些學者們的解釋偏重於互相討論所可能發生的影響，其他的人則認爲在團體中，相互比較的結果使一個人對自己原先所持的看法加以修訂，進而影響到團體的最後決定。

第一種解釋偏重於知識性的影響，透過互相辯論，團體中的成員可以獲得自己原先沒有或是沒有想到的意見與說詞，這些新的資料具有說服的力量，可以使一個人改變原先的決定 (Burnstein 和 Vinokur，1977)。這些學者早先的研究，發現極端化的方向可以根據辯論種類的不同數目來加以預測，要是支持保守性的決定的說法比較多，該一團體所做的決定將較趨於保守化，反之要是支持冒險性決定的論調比較多，那末團體的決定也將較具冒險性 (Burnstein 等，1973)。社會比較的解釋強調一般人都具有評鑑自己的天性，而個人自我評鑑又往往以相類似的其他人的行爲爲比較的標準。團體決議的過程爲個人提供一個相互比較的機會，加上一般人對於與自己看法相類似而又較爲極端的大都有傾慕的反應 (Eisenger 和 Mills，1968)，決定之趨於極端化多少與此有關。

三、小組思考 (groupthink)

耶魯大學的社會心理學家 Janis (1971；1972；1974；1982) 仔細

分析美國政府重要政策的決議過程，尤其是導致珍珠港事件，猪玀灣事件，以及越戰等一類造成不幸後果的決策，發現凝聚力（ cohesion ）很強的決策小組會發生一種他稱之爲「小組思考」（ groupthink ）的現象，這種現象之所以發生是因爲小組裏的個人爲了保持小組的團結一致，異議與評論常常受到抑制；加上這種高階層決策小組本來就很少受到外界反對意見的直接影響，如果小組本身的人也不強調批評，檢討不同的意見，而一味附會小組領導人的私見，那末小組的思考功能將逐漸硬化而缺乏創意。「小組思考」的徵象包括有下列數項：

1.過分自信立於不敗之地的錯覺往往使小組的人忽視外來的警告，不信小組的決策會帶來失敗的後果，這種不敗的錯覺（ illusion of invulnerability ）很容易因過去的成功而增強。

2.多爲集體辯解，而少檢討其得失以便重新擬定對策，一旦小組有了決議之後，其成員往往花費許多時間和精力來爲已定之政策做辯護，而少深入檢討外界的批評，變通思考的方法。

3.深信小組的道德規範，自認小組具有崇高的道德觀念，對於外界所提出有關道德問題的挑戰往往置之不理。

4.對反對意見加以刻板化，智囊團裏的人，對於反對他們的人不是把他們（反對者）看成是惡徒，就是把他們認爲是無知、軟弱而不願多加理會。而對所面臨的敵人也往往視之爲不堪一擊，低估了敵方的力量而自食惡果。

5.附和的壓力使小組內持反對意見或不同看法的人不受欣賞與重視，對於那些常持不同看法的人，小組的人常以揶揄、嘲笑來對付他，而使其難堪。

6.自我禁制不同意的說法，爲了避免上述的難堪與困擾，爲了顯示小組的團結一致，甚或爲了避免被排擠，小組的人儘量避免提出不同的看法。

7.團結一致的錯覺，附和的壓力以及自我禁制的結果乃是團結一致的錯覺之造成，而此一現象的存在又被用來支持既定的決策。

8.排除異己，「閉關自守」的頑固作風，小組中的一些人會扣留那些不利於小組決議的消息與資料，甚或使用壓力，排除組內的異己，以便保護小組的士氣，防止他人對小組已定決策的效能之挑戰與爭論。這種情形尤其是當小組的領導人物擁有決定性的指揮能力，而其個人的主張又顯著地偏於某一方向時更爲普遍。

這許多小組思考的特徵所可能造成小組決議上的缺陷包括有下列數項：未能全面地探討許多可行的對策；對於行動的目標也缺乏深入的檢討；對於所做決策可能引發的危險沒有仔細考慮；決策所須的資料沒有深入徹底地加以收集利用；而對手頭上擁有的現成資料又往往產生某種偏好而沒有全盤加以檢討；缺乏應變的措施和沒有擬定其他備用的方案。

俗云：「三個臭皮匠，勝過諸葛亮」，集思廣益，小組的決策並不一定都是有缺陷有問題的，其他有許多研究指出小組的決定在很多場合要勝過個人單獨所做的決定（Hill, 1982; Laughlin等, 1980; Sanders, 1980）。不過如何避免小組思考現象的發生仍有其重要性，因爲智囊團的決策，其影響往往深遠廣大，偶而發生的錯誤往往會造成巨大的損害。Janis（1982）所提的對策包括有：

1.告訴小組的成員有關小組思考現象，其導因以及影響和後果等。

2.小組的領導人物應該保持中立，不應該站在任何一方發言，或有支持某一特別建議的表示。

3.領導者應指示所有的組員儘量就有關建議做建設性的批評，應該鼓勵反對的意見以及對所提建議的置疑。

4.應該指定一、兩位組員專門提出異議，以反對者的立場來批評小組的決議。

5.把小組再細分成數組，並叫他們單獨聚會擬議，然後再全體聚會提供各分組的不同意見。

6.如果小組所做的決議是針對某一反對者（或集團），應充分地分析有關的警告信號，並鑑定對方所可能採取的不同行動。

7.在初步達成協議後，應再召開另一會議，讓每一組員表示個人對於小組已做決定的疑問以及覺得有欠允當之處。

8.小組以外的專家應在猶疑不決的基礎上參與小組的會議，並被要求向小組的看法挑戰批評。

9.小組的每一成員應就小組的決定向可信賴的有關人士交換意見，並向小組報告這些外來的反應。

10.召集幾個不同的小組，同時就有關問題單獨進行決議，以擴大集思廣益的好處而避免小組思考的毛病。

四、少數人的影響

雖然多數人對於少數人的行為常常會發生許多強有力的影響，少數人也可以有效地左右多數人的行動而達到少數人所追求的目的。這在歷史上有許多實例可爲明證，政治革命的發生以及政權體制的轉變，往往是先由少數人所發動，而逐漸造成時勢，終於達到改革的目的。少數的個人如何影響多數的團體呢？本節中我們所要探討的。

學者們研究此一問題發現有幾個因素在少數人影響多數人上佔有很重要的地位:

1.堅持一致　少數人要堅持自己的立場，不能因挫折而改變初衷。所謂「鍥而不捨，金石可鏤」的道理頗能應用於少數人的影響上。實驗室的研究發現只有在堅持一致的情況下，少數人才會對多數人發生作用，要是少數人自己的反應前後不一致，那末多數人的反應很難會受到少數人行爲的影響（Moscovici 等，1969）。堅決反對多數人的主張並不是一件容易的事，因爲多數人往往會因此而不喜歡少數人，甚或加以打擊破壞。不過少數人的堅持也會引起多數人重新考慮自己的立場而發生影響。少數人所堅持的立場雖然不一定會爲多數人所接受，但卻會變成大家辯論的重點（Schachter，1951）。如此一來少數人會有更多的機會推廣自己的意見與看法，有機會多發表言論乃是影響大多數人的一個有效方法（Stein和Heller，1979）。堅持一致除了可以增加多數人對少數人立場的正確性之肯定程度外，也可以因立場不同而引發爭論，進而製造自己較多的發言機會。

2.要有自信　少數人表現自信的行爲常常迫使多數人重新考慮其原有立場，而且也考慮到其他的變通辦法，少數人的自信堅持乃是引起多數人懷疑本身立場的一個有效方法（Nemeth 等，1974）。而且，學者們也發現高度的自信乃是成功的領袖所具有的一個特質，這種人對於自己的立場以及所從事的活動具有高度的自信心，而且又深信必能達到目的（Fiedler，1981；House，1977）。這種強烈的自信心一方面可以使少數人在面對挫折時不氣餒退縮；而在另一方面增強對多數人的說服力，動搖他們（多數人）原先所持的立場（Sptzer等，1978）。

3.變節者的影響　當少數人很有自信而又堅持一致地推動自己的立場時，多數人中原來對自己本身立場信心不够或早生疑心者將因此而感到較易表達內心的懷疑，甚或進而脫離多數人而投入少數人的陣營，雖然多數人對變節者不存好感，但卻會因此而增加自己的懷疑心理（Kiesler 等，1975；Levine 等，1980）。這些學者還發現變節者的實際行動（加入陣營）要比其贊成少數人的言論更具影響力。而且一旦有人採取行動，其他的人往往會一起跟進，而造成一種滾雪球的作用。

4.全力以赴，奉獻犧牲 Moscovici (1976) 指出少數人需要做強大的投入，集中力量，全力以赴，不達目的不罷休；而且勇於奉獻犧牲的行爲方式往往會使多數人注目信服，進而考慮與少數人妥協。少數人追求目的理想的狂熱與信心乃是一股不可忽視的力量，這對於多數人往往可以發生許多作用與影響。

五、團體的工作效率

早期有關團體工作效率的研究，發現團體在解決問題以及完成任務上一般要比個人來得有效率，不過團體所花費的時間也比較多 (Shaw, 1932; 1981)。Shaw的此一結論卻也有許多例外，到底在何種情況下團體的效率會較佳的問題迄無定論。根據 Steiner (1972; 1976) 的看法，團體效率的高低直接與他所謂的「過程損失」(process loss) 有關，過程損失乃是團體潛力與實際效益兩者間的差別。一般團體可能遭受到兩種不同的過程損失：協調上的損失 (coordinated loss) 和動機上的損失 (motivation loss)。協調上的損失要看團體如何能夠有效地充分利用團體中各成員的才幹來決定；動機上的損失是因爲成員們沒有盡全力來完成團體的工作而引起。團體工作所可能發生的過程上的損失之多少受到多項因素的影響，這包括工作的性質以及團體中成員的特色等重要因素。

甲、工作種類

工作種類的不同代表不同的要求，由於工作條件的差別，團體的效率直接受到影響。Steiner 把工作的種類分爲四大類：

1.非相連的工作 (disjunctive tasks) 團體共同解決一個問題，而此類問題只有一正確答案，團體中的成員之一必須能夠提出該一正確答案，不過有時團體並不一定會同意那是一個正確的答案。但是如果團體中有一個人能力強，能够提供正確的解決方式，團體的效率會比較高。在這種情況下，能力較差的成員可能會認爲個人的努力無濟於事，而產生動機上的損失現象。

2.相連的工作（conjunctive tasks）　這種工作全體的每一成員都從事某一類似的分工，而這許多分工的總合代表團體的效率，這是一種需要充分分工合作的差事。例如登山的事，小組裏能力最低的人可能最具影響力，因爲除非那個人也登上高峯，該一小組並沒有完成差事。團體從事相連性工作的效率將沒有個人單獨從事該項工作的平均值來得高，而團體中能力較強者將不會全力以赴，造成動機上的損失。

3.總和性的工作（additive tasks）　團體的效率乃是每一成員在同一時間內所付出努力的總和，拔河的差事就是屬於這一類。這一類的工作，團體的效率一般要比個人優秀，雖然以個人爲準所獲得的平均值並沒有個人單獨行動時的成績優良，但是力量的總和一定會超過任何一個成員的單獨表現。協調上的損失以及動機上的損失都可能在這一類差事上發生，拔河的協調一致是很重要的，但是團體行動中的個人也可能會有逍遙取巧的行動發生，而減低了全體的總和效率。

4.判斷性的工作（discretionary tasks）　判斷性的工作並沒有一個固定的正確答案，小組經由相互討論可以達到多種不同的解決問題的方法，從事判斷性的工作，團體可以採用多種不同的方式來獲得不同的解決方法，團體所採取用來獲得最後決定的方式佔有很重要的地位，因此協調上的損失是從事判斷性工作時所最會遭遇到的問題。

乙、團體的特性與效率

團體所具有的特性同工作的特質一樣也會影響到團體的工作效率。團體的大小以及士氣和成員間的人際關係等都可能會影響到團體的工作效率。其他如團體的結構，領導人物以及成員的人格特質等也都會產生影響，不過，這兒我們將針對團體的大小以及團體的凝聚力（cohesiveness）來進行討論。

1.團體的大小　在總和性以及非相連性的工作情況裏，人數較多的團體往往具有較高的效率，因爲人多計多，而且人多力也多。不過，團體人數的增多也會帶來一些問題，這尤其是有關協調上的問題最是嚴重。三、五人的小組很容易協調，但是一個由六、七十人所組成的團體就不是那末一回事了，花費在協調這許多人的時間與精力是一項很可觀的投資。而且團體裏的人一多，動機上的問題以及組員們是否都會感到滿意的問題也變得很不容易解決，有許多研究結果指出當團體的人數加多時，其組員的工作動機以及人際間的圓滿關係卻隨之減低。Shaw（1976）發現小團體裏的人比較願意志願參與額外的工作；Wicker 等（1976）則發現大團體的成員對於參與團體行動的感受存在著較多的個別差異，有些人覺得投入很深很多，其他的人則感到並沒有什麼相干，這種覺得無關緊要，不會發生什麼影響的人也沒有太強的意願去多爲團體效力分勞。

大的團體也可能會對其成員發生抑制的作用，一般人都不願在許多人面前獻醜受難堪，因此在大庭廣衆之前，許多人可能不願多發表意見，積極投入。到底多大的團體是最適宜呢？討論小組似乎是以五人左右最爲合適（Hare, 1952; Hackman 等, 1970）。五人小組可以避免正反兩方獲得同樣票數而無法達成決議，而且造成三比二的決議時，正反雙方都不會覺得太過孤立（Hare, 1976）。當然工作性質的不同直接影響到團體人數的多少，有許多差事並不是只要五個人的參與就可以獲得解決的。

2.團體的凝聚力　學者對於這個問題曾做過許多研究，Festinger

對「凝聚力」（cohesiveness）所下的定義是有關團體成員願意留在團體內或脫離團體的所有力量的總合。這種說法，範圍十分廣濶，不過學者們通常是以團體對個人所發生吸引力的大小來衡量一個團體的凝聚力。有時成員對所屬團體的效忠程度以及對於屬爲團體一員的感受之好壞也是衡量凝聚力的一些要項（Zander，1982）。

(a)如何加強團體的凝聚力　影響團體凝聚力的一個重要因素是其組成分子的相似性。年紀、生活背景以及態度上的相類似可以加強一個團體的凝聚力(Terborg 等,1976; Newcomb,1981)。恐懼以及外來的威脅也會加強一個人團體的凝聚力，所謂同舟共濟的道理在此。實驗室裏的研究，也證實當一個人覺得害怕時，往往會增多與他人接觸的行爲，而且對於團體中的其他人也較具好感（Morris 等，1976）。有些學者（Zander，1982）則認爲使團體的組成分子爲團體奉獻犧牲的做法可以加強這些人對團體的向心力以及凝聚力，因爲一般人在這樣子做之後，都會更珍惜該一團體而提高其向心力。其他如一個團體是十分成功時，其組成分子的向心力和凝聚力也比較強（Lott 等，1965）。團體目標的達成往往使每一成員感到滿足與驕傲，而加強其對團體的向心力。要是團體遭到失敗的惡運，而導致失敗的原因可以歸咎於環境的因素時，其凝聚力也可以獲得加強，共患難，同生死的經歷往往會使團體中的個人變成比較團結一致（Worchel 等，1980）。

(b)凝聚力對團體效率的影響　凝聚力的加強有助於團體成員的團結一致，也可以使團體中的個人感到比較滿意已如上述，但是凝聚力的加強對於一個團體的工作效率會有什麼影響呢？在一般情況下，這種現象有助於團體效率的提高（Van Zelt，1952; Myers，1962）。凝聚力高的團體中的個人較能發生影響力，而且也比那些凝聚力不強的團體容易受到外來的影響（Collins等，1969）。

不過凝聚力也有其不良的影響，Blake 等（1979）指出加強的凝聚力也會使團體中的人在採取行動解決團體的問題時變得比較保守，比較不願意採冒險性的步驟，因此減低了富創造性的解決方法的被採行。有些學者甚至指出強大的凝聚力可能會減低團體的工作效率（Marquis 等，1951；Castore 等，1976），因爲在這種團體裏一般人的行動都以團體的常模爲依據，在有些團體裏，所被接受的常模可能是固定的生產數量而不是最高的生產數量（工會的控制或是許多工作人員所共同協定的生產量和速度等），如此一來，工作效率的降低是可以預見的。

凝聚力強的團體所做的決定也可能產生 Janis（1972；1982）所謂的小組思考（groupthink）的不良現象，這在前面第三節中我們已做較詳細的討論。其他學者也有人擔心強大的凝聚力在滿足團體組成分子的人際關係上很有好處，但是其工作效率也可能因此而受到不良的影響（Davis，1969）。不過，從另一個角度來看，要是團體的效率一直欠佳，良好凝聚力的維持不可能很久，因爲團體的一再表現欠佳的工作成果將造成內部的不滿而導致向心力的萎縮（Dion，1979）。

丙、如何增進團體的效率

團體的工作效率有時會有欠佳的情事發生，學者們爲了解決此一問題，曾研究出一些改進團體工作效率的方法，這些方法主要有兩大類：(a)改進團體裏的人際關係以提高士氣，增進效率；和(b)改進團體從事工作的程序和步驟以提高其效率（Hackman 等，1975）。有關這方面的資料很多，人際關係的改進我們在第十三章討論領導的問題時將另有說明，這兒我們只偏重一些用來改進操作程序的方法。

1.領導人物之領導技巧的改進　有些學者（Argyris，1976；Fiedler等，1976）認爲團體工作效率的改進可經由改進領導人物的領導方法來達成，領導方式本身不但直接影響到團體的工作效率，而且也會間接地影響到團體的效率，因爲領導不佳，往往造成士氣低落的問題，而減低了工作的效率。在從事問題的解決時，可能只有少數的成員知道正確的解決方法，但是這少數人的意見並不一定會主動地向團體提出，因爲他們害怕被多數不知道答案的人譏諷恥笑，在這種情況下，領導人物如何來鼓勵少數人多提供意見，使正確的解決方法能够很快地提出並獲得認可乃是十分重要的事（Steiner, 1972)。

2.促進意見的交換　影響團體效率的一個有關因素乃是工作程序上的損失（ process loss ），這在上面已有所討論。促進團體成員踴躍交換意見的做法就是針對這項損失的一種有效方法。促進意見交換的方式有多種，Osborn 在第二次世界大戰時所提供的所謂「激腦法」（brainstorming)，較爲各方所熟悉，Osborn 是一個廣告公司的主管，他爲了要刺激工作人員的多多提供創造性的主意，規定在團體集會中，每一個人都應儘量提供自己的許多不同的想法和看法，不必顧慮到這些想法和看法是否離奇怪誕，以便在完全無所顧忌的氣氛中廣徵各方意見，至於此等意見之可行性及有關效能的問題則留待稍後再做評鑑取捨。這種做法的效用如何呢？小心的驗證發現「激腦法」並沒有想像中的有效（Reitz, 1977; Shaw, 1971 ），尤其在團體集會中，時間的限制可能會直接影響到許多意見的提供。

另一種類似的方法是 Van de Ven 和 Delbecq（1974）所提供的所謂「名義團體」（ nominal group）的改進方法。這種方法的目的也是在儘量使每一成員提供許多意見，而在另一方面又設法避免面對面所可能造成的抑制作用。運用這種方法，參與的人員通常依下列步驟來從事「集思廣益」的活動:

(a)在團體進行討論之前，每一個人先把自己對問題的看法與意見私自寫下來。

(b)每一個人依次向團體提供一個意見，團體裏的人並不就此意見進行討論，如此繼續輪流提供自己所有的意見，並把所有被提出的看法和主張都書列在黑板上。

(c)然後團體進行討論，按件品評。

(d)討論之後，每一個人再私下獨立地將各項意見列等第。

(e)以被大家列爲最優等的意見爲團體的最後決定。

六、暴動團體 (mobs)

當暴動發生時，暴動團體的行爲往往與其組成個人的單獨行爲方式大有不同，許多高度破壞性的行爲往往只在暴動時發生，其理由何在呢？有些人認爲暴動的行爲乃是一種盲從的行爲，如果團體中有人採取某一行動時，其他人多有隨之跟進加以仿傚的行動，Le Bon(1895) 認爲這與疾病的傳染現象（contagion）頗爲類似。根據 Freud（1923）的說法，這種感染現象的產生乃是因爲個人內在化的行爲標準崩潰，在團體中隨眾行動，一般人往往認爲其行爲後果應由團體來負責，個人對自己的行爲不必負任何責任，而且當一個人的良知良能減低，自我控制的工夫變弱時，非理性的態度以及破壞行爲也就隨之獲得機會發洩而造成破壞性的、不道德的行爲之發生。

其他學者則認爲個人自我意識的消失（deindividuation）導致行爲者強烈附會團體的行動和目標。個人自我意識的消失包括個人責任感的喪失以及對團體所採行動的熱衷。在這種情況下，行動的個人往往認爲自己的行動乃是代表團體的行動，或是團體行動的一部分，因此對於行動的後果，他往往覺得不必負個人責任，這是一種知覺和觀念上的改變，而不是個人積壓許多驅力的結果。個人意識消失或減弱的效用，因個人之被辨認程度的減少而有所增加，這也就是說當一個人越不容易被辨認出來時，其盲從地參與團體的破壞行爲的機會也越大（Singer等，1965；Zimbardo，1970）。

Diener（1977）分析有關個人意識消失效用的許多研究，發現個人只參與團體爲其成員並不一定就會增加他的反社會的破壞性行爲；而且團體的行動也不見得就要比個人所採的行動來得較富破壞性；不過，團體中的個人由於識別性的減低，往往要比個人單獨行動時來得具破壞性。這也許是因爲團體中的個人參與團體的行動時其受到單獨懲罰的機會很少，藉著廣大羣眾的掩護，團體中的個人往往不必太擔心會被辨別出來，所以大膽行事的可能性也隨之增加。當然，一個人之所以要加入某一團體爲成員的動機與其在團體行動中的積極表現很有關係，爲了追隨某一領導人或是表示對某些政策的擁護，個人往往因此加入某種團體，一旦團體採取行動時，他也就樂於積極地參與，熱烈響應，以貢獻己力。從這個觀點來分析，暴動團體所不同於一般團體的只是其行動的目的是富破壞性而已。

第十一章　大　綱

第十一章　隨衆附合與順從

羣體中成員的行爲方式往往會因別人的在場而產生所謂「隨衆附合」的現象，這乃是一種「隨波逐流」的行爲方式，基于對團體壓力存在的認識，個人單獨的行爲往往發生顯著的變化。隨衆附合到底是好是壞呢？這個問題我們其實無法爲它提供一個科學的答案，因爲這種行爲方式要看行爲發生的現場才能評定其好壞，在有些場合裏，隨衆附合乃是社會所意欲的，遵守規矩，排除上車，這樣的隨衆附合是維護公共秩序所必須，設想有些人不管交通規則，紅燈也不停車，這將是怎麼樣的一個紛亂世界呢？不過有時「同流合污」，與他人一起爲非作歹，那末這種隨衆附合的行爲方式就會引起不良效果而爲他人所不齒，而在許多其他的場合裏，例如服飾、髮型的同他人一起「流行」一番，卻也無傷大雅，談不上是好是壞。

再就社會意欲性而言，一般人對於「言聽計從」，「隨波逐流」附會他人的做法往往不會給予高的評價，一般人所欣賞的乃是有主見，獨立「超羣」的人；不過，就另一方面來看，我們的社會也是一個講究合作、順從的社會，「羣而不俗」的做法叫人賞識，但是「特立獨行，獨來獨往」的作爲卻往往遭到猜忌，遭到譴責。學者們研究「隨衆附合」（conformity）通常與順從（compliance）分開。順從的行爲一般比較強調內心的不願意，但是在行爲的顯示上仍然是一種附合的行爲；親子間所講求的「孝順」，有很多是一種順從的行爲表現，基于倫理上的考慮與壓力，爲人子女者常常要順從父母，縱然內心充滿了許多委屈與無耐。

在本章中我們所要討論的包括有影響隨眾附合與順從行爲的一些主要變項，我們也要談談到底什麼樣的人比較會顯示順從的行爲，以及如何抵制社會壓力的一些對策。

一、何謂隨衆附合？

隨眾附合可以說是一個人因爲別人在場引起某種壓力或一組人的在場引起實質的或想像的壓力而使得該一個人造成行爲或意見上的改變的一種現象。關於隨眾附合的問題，我們可以從多方面來加以探討：㈠爲什麼一個人會順應團體的壓力？㈡團體壓力的本質爲何？這也就是說團體中的個人如何導致隨眾附合的事實？㈢隨眾附合到底是一種短暫的改變，或是一種長久性的改變？這種改變是實質上的改變或是「口是心非」的因應措施？

對於上面這許多問題我們很難做一肯定的答覆，因爲影響隨眾附合行爲的因素很多，社會心理學家過去研究此一行爲曾做過一系列有關的實驗和研究。現在讓我們敍述其中之一項爲例。設想你志願參加一項有關知覺判斷的實驗爲受試者，在實驗室裏還有另外四個受試者，實驗者首先出示一直線（X）給所有受試者看，同時又出示三條長短不一的直線（A，B，C），你的工作乃是從這三條線中選出最類似X長短的一條線，這是一項相當簡單的工作，你一看就認出B是正確的答案，當輪到你做答時，你一定說是B，不過現在還不是你答做的時候，依次地，第一個做答的人很仔細地做過一番比較後，他說是A，你不解地望望他，而心想怎麼他會說是A呢？再笨的人也會看得出是B，這個人要不是瞎眼就是有點神經。當輪到第二個人做答時，他所選的也是A，這下你更迷糊了，這怎麼可能呢？難道這兩個人都是瞎子或都是有神經病？第三個人做答時也還是A，這下你可有些不相信自己的眼睛了，心想可能是自己有毛病，然後第四人也選的是A，終於輪到你做答了，你說「當然是A，我一開始就知道的」，是不是呢？

也許你已想像到那四個先做答的人乃是爲實驗者所收買串通的，而且早已同意一致以不正確的線條做答。這種知覺判斷本身其實是十分簡單的問題，在不受他人壓力影響，獨自做判斷的情況下，幾乎是沒有人會弄錯的，由於這種判斷如此簡單，當初實驗者的假設是在團體壓力下也不會發生隨衆附合的行爲的，不過實驗結果證明：這種假設是錯誤的。面對著絕大多數的同學一致地以不正確的選擇做答時，大約有四分之三的受試者至少有一次反應是顯示隨衆附合的現象，就整個實驗中的所有判斷而言，有百分之三十五是附合實驗者所收買的助手的不正確反應的，這種反應方式眞是令人費解。

這項實驗所得的結果是相當新奇的，因爲在實驗中受試者並未受到明顯的限制與壓力。在日常生活中有許多場合對於不順應團體的個人行爲往往會有明確的制裁，例如有人不喜歡打領帶，但是有些正式的餐館你若不打領帶是不准入內進食的，在這種情況下你若不隨衆附合，那末只好望美食而興嘆。不過在上述的實驗情況中，個人之是否隨衆附合並沒有明顯的得失後果，既然附合與否並沒有明確的獎懲規定，爲什麼大多數的受試者會有隨衆附合的行爲呢？這至少有兩種可能性：⑴由於絕大多數的人以同樣的答案做答，受試者個人可能因此相信自己原先的答案是有差錯的，於是改變初衷而順應大多數；⑵另一種可能是受試者之順應大多數，旨在換取多數人的接納或是避免因不同意多數而令人討厭遭受排斥，而在其內心中，他是明知大多數人的反應是不正確的。

換句話說，受試者之隨衆附合用意有二：希望自己的答案是正確的以及博取多數人的歡心。在許多情況下，這兩種目的可透過一個簡單的行動來滿足。孝敬父母，用功求學都是正確的行爲而且也都符合他人的期望。不過，在上述實驗中，這兩種目的是相互衝突的，明知B線是正確的選擇，但是如此做答卻有違多數人的期望，如此做法多數人很可能認爲你是奇奇怪怪的；反過來說，以A線做答，雖然符合多數人的期望，但除非你眞的改變初衷，否則選A做答是與企求正確的意願背道而馳的。

個人之行爲是否隨眾附合，我們可以直接的方式詢問受試者，不過這樣做並不一定能得到正確的答案。受試者可能是隨眾附合，但是他並不一定會坦白承認，因爲這直接影響到個人的信用和面子問題。既然如此，那末我們如何能够確定團體的壓力會左右個人的判斷呢？有個方法是以不同的反應方式來讓受試者做答，在這種情況下，那些實驗助手的答案仍以口頭公開的方式提出，但是到了眞正的受試者時，我們讓他以保密的方式來做答，而不必公開表示自己的選擇。如果受試者不管是在公開或是祕密的方式下做答，其所選答案卻沒有差別，顯然的隨眾附合的行爲是出現過的。要是受試者之所以改變主意乃是爲了撫慰、順應大多數，那末在祕密做答的情況下，他是可以不必改變初衷而隨眾附合。許多實驗結果指出，保密的工作越佳，隨眾附合行爲出現的機會越小。由此可見，順應別人判斷的壓力對於受試者隱私的個人判斷是少有影響力的。

二、增減隨衆附合行為的變項

大多數人的意見之是否一致對於隨眾附合行爲發生的可能性具有影響力，在類似前面所描述的實驗中，只要有另外一個人與受試者持相同的看法，受試者的隨眾附合行爲就會有顯著的減少和降低其程度，甚至只要有另一個人表示與大多數人不盡相同的意見時，縱然此一個人的意見並不與受試者的意見一樣，團體的影響力也會大爲減少，雖然與大多數人意見持不同看法者只是極少數，團體的影響力在此情況下，對於個人之隨衆附合行爲卻會有相當的降低，不過，要是大多數團體的意見是完全一致的，那末構成團體份子之多寡並沒有什麼影響，根據實驗結果，三個人的一致意見與十六個人的一致意見在左右個人隨衆附合行爲上的效用是沒有差別的。

一個減少因團體壓力而隨衆附合的方法是導引個人對其一開始時所做的判斷做某種程度的承諾。現在把你自己想成是主要棒球賽中的裁判，在五萬個觀衆之前你判決打擊手跑到第一壘時被刺殺出局，球賽完後，另外三個裁判都向你表示該打擊手是安全到壘的，在這種情況下你改變初衷的機會如何呢？根據類似此一情境的實驗設計所獲得的研究結果，在沒有首先承諾的情況下，有百分之二十四點七的反應附合多數人的錯誤判斷，不過當受試者在沒有聽到其他人的判斷之先就已公開表示自己的意見和看法的情況下，卻只有百分之五點七的新反應是隨衆附合的。如此看來，公開的承諾或是表示意見，頗具影響力。

受試者本人以及組成團體的其他個人的個性特質也是影響隨衆附合行爲的主要變項，缺乏自信和自尊的個人要比那些有自信和自尊心強的人容易受到團體壓力的影響。個人對於某種判斷或作業的過去成功經驗也會影響到其隨衆附合行爲，認爲自己能力有限或沒有成功經驗的受試者，往往很容易爲團體壓力所左右、改變。文化上的差別也有關係，例如挪威人要比法國人容易隨衆附合，而日本學生要比美國學生願意採取少數者的立場和看法；除此之外，性別也有影響，在面對面公開的情況下，女人是要比男人容易隨衆附合的，不過這種情形可能有了改變，因爲早在1960年代所做實驗的結果要比新近的結果有著較多的性別上的差異，近年來女權的伸張，對於女性的自信心和自尊心之提昇，或多少對此發生影響，而減低她們隨衆附合的程度。

導致隨眾附合行爲的團體，其影響力因下列諸因素而有所增加：⑴團體爲專家們所組成；⑵團體中的成員對於行爲的個人很是重要；⑶團體中的成員與行爲者在某些方面有所相類似。從另一個角度來看，行爲者自己認爲個人在團體中所處地位之安全與否又會影響到他的隨眾附合行爲，缺乏安全感的人爲了博取其他人的接受，往往很容易隨眾附合，但是認爲自己所處地位不成問題，又爲大多數成員所容納接受的人，他在團體中表示不同意見的機會比較多。

三、獎懲與資訊的影響

前面說過，一個人之所以隨眾附合有兩種可能，一種可能是別人的不同反應說服他去認爲自己原先的判斷是不對的，另一種可能是行爲者爲了避免來自他人團體的制裁和懲罰（包括恥笑和摒棄），也可能是爲了爭取別人的獎勵（包括愛和接納），這種說法可從行爲者在私密下的反應少有從眾附合的趨向得到支持。

在日常生活中的許多場合，我們之所以從眾附合主要是因爲別人的行爲乃是我們個人適當行爲的唯一指南，根據社會心理學家的解釋，當我們對個人所處的外在實體世界少有把握時，我們借助社會現實來指導個人行爲的機會大增，在這種情況下，個人之所以從眾附合並不是害怕受到外在團體的懲罰，而是因爲外在團體爲我們提供了重要資訊（有關社會所期待之行爲方式。）

舉個例子來說，當你在一棟不熟悉的教室大樓裏急著需要用厠所，而厠所間兩個入口門上「男厠」「女厠」的標牌因故已不翼而飛。由於你對這個大樓不熟，又怕進錯了門而造成唐突難堪的場面，正內急猶豫間，忽見一穿著講究的男士從左邊門出來，你一看鬆了一口氣，因爲你現在大概可以認定左邊的門是男厠的門，而右邊爲女厠。

我們是否從眾附合，與提供資訊的行爲者之身份有關，一般來說行爲者如具有特殊權威身份或是令人感到很是可靠，那末我們跟隨此一行爲的機會較大。例如在一個神祕的國度裏，赴宴的客人在用餐完畢後有打噎來向主人顯示酒食飽滿的習俗，假使你是被邀的客人之一，但並不知有這種習俗的存在，但是同你赴宴者乃是來自自己國家的外交官，要是在用餐之後， 這些外交官們開始打噎， 你隨著打噎的機會是相當大的，因爲這些外交官爲你提供了重要可靠的資訊以爲行爲指南。要是同你在一起用餐的是該一神祕國家的一些角力隊的選手們，而這些大力士們吃過飯後開始打起噎來，我想你會儘量避免打噎的，因爲你心想這些人沒有規矩禮貌；不過，要是這些人因爲你沒打噎而睜著眼盯你，那末你可能會隨著打噎，但是這種行爲並不是因他們所提供的資訊所引起，而是因爲你怕被他們摒拒或譴責而導致。

一個人的從眾附合行爲如果是由別人的行爲所提供的重要資訊所導致，這種從眾附合行爲再度發生的機會很大，但是如果這種從眾附合的行爲是因害怕被拒絕被譴責而引起，那末在個人獨處的情況下，這種從眾附合行爲再現的機會很小。例如你再度被邀赴宴，不過這次你是唯一的客人，餐後你是否會打噎呢？回答這個問題須要看你第一次赴宴打噎是如何引起的，如果是因看到許多外交人員如此做而附合他們，雖然你這次是單獨赴宴，你大概飯後會打噎一番的，要是你上次是同那些角力選手們一起被請客的，這次因只有你一人，你大概是不會打噎的。

四、順從（compliance）

促進順從行爲的方式有多種，增加外來的壓力可以促使一個人去順從他人的意思而行事。另外，獎懲也是促使他人順從的有力工具，順從者得到獎勵，而違反者遭受懲罰。花言巧語，說理以及辯論等方式也可以左右一個人的順從行爲。在一般情況下，順從的行爲隨著獎懲之增多而有所增加。

模倣也可以影響順從的行爲，這尤其是以小孩爲然。看到別人顯示順從的行爲，往往可以使該觀察者的順從行爲有所增加，反之，看到別人的反抗行爲又可增加觀察者的反抗行爲（Grusec，1970）。

直接命令當然也是導致順從行爲的有效方法，在實驗室裏，實驗者對於受試者的直接指示往往可以達到促使受試者順從的目的，這與受試者所處的情境關係相當密切，在命令者具有某種權威時，其命令往往較易被順從，實驗者、醫生或護士的指示，受命者往往不加反抗，Milgram（1963）和 Shanab & Yahya（1977）的實驗爲此提供明確的證據；不過，順從的行爲在行事者個人的行爲責任提昇時，或是順從的行爲導致行事者內心不安（由於親眼看到其行爲對他人所造成的痛苦與傷害）時，順從的行爲就會有顯著的減少。

使用壓力來達到他人順從的目的自有其限度在，太大的壓力不但不能提高順從的程度，有時倒會引起反作用（reactance）；而降低他人的順從程度，甚至背道而馳。根據 Brehm（1966）的解釋，一般人都企求個人行動的自由，而當此一自由受到外來的脅迫時，當事者往往採取任何可行的行動來抵抗。高壓手段的使用，受壓迫者有時懾於淫威，而採取陽奉陰違的方式來應付，有時則採取直接的反抗行爲來抵制。

五、影響順從的其他因素

使用外力來壓迫別人順從或答應某種請求旣然容易引起不良的副作用，甚或減低順從的程度，那末利用其他的方法自有其必要，這兒我們討論一些可行的技巧。

甲、插足入門(foot-in-the-door)

所謂挿足入門的技巧可以說是「得寸進尺」的行爲方式，當我們所要達成的目標或要求相當龐大時，增加他人答應此等要求的一個有效方法是使他人先答應較小的要求，一旦他人答應了小的要求，他答應大的要求的可能性也就較大。在商業廣告和宣傳方面，此一技巧的使用相當普遍。以商業廣告而言，廠商往往使用不同的方法來使消費者與其產品扯上關係，而做爲推銷其產品的橋樑。

「挿足入門」的效用可由下面所描述的實驗來示範。實驗者(Freedman 和 Fraser, 1966)僞稱是安全駕駛促進會的工作人員，挨戶要求主婦們簽名贊助該促進會的運動，簽名册將送到參議員那兒做有關安全駕駛立法的請願，在這種情況下，差不多所有受訪的主婦們都答應簽名。事隔數個星期之後，不同的實驗者重訪這些主婦和上次未訪到的其他人，這次實驗者要求主婦們在她們的前院豎立一個不大雅觀的木牌，牌上寫著「小心駕駛」的口號，此一要求被百分之五十五的先前簽了名的主婦所採納，但是那些以前沒簽名的人，卻只有百分之十七的人答應實驗者的要求，由此可見，先前答應施小惠者，進而答應較多要求的可能性高達其他未施小惠者的三倍多。其他的實驗也獲得類似的效果(Pliner, Heather, Kohl, 和 Saari, 1974)。而且另外的實驗還發現初次的要求越大，再次要求獲得答應的機會也越高。(Seligman, Bush 和 Kirsch, 1975)。

「挿足入門」做法之所以有效，其道理何在呢？有一種解釋是一開始時答應較小的要求的人，會產生一種參與介入的感受，這種參與介入的感受使得這個人對爾後的要求較易接受答應。另外一種解釋則牽涉到個人自我觀念上的改變，在答應較小的要求之後，一個人可能在基本上對自己的爲人處事產生某種程度的改變，過去認爲自己並不參與政治活動者，在參加遊行示威之後，可能認爲自己對政治有興趣，如此一來，再次的要求也就較易被接受。這種基本上的改變與態度的改變頗多類似，學者們發現如果以金錢來換取最初的答應，「捅足入門」的效用則不會發生（Zuckerman, Lazzaro 和 Waldgeir, 1979），因爲金錢的提供使受納者產生「過度理由化」（overjustification）的反應，而妨礙了態度上的根本改變。

反過來說，先要求多，再退而求其次的做法，對於較小要求之被接受答應可以產生有益的影響。學者們曾做過這樣的一個實驗，三組受試者中有一組的人先被要求提供大量的時間來從事慈善的工作，這些人在不接受此一要求後，實驗者再要求他們只提供少量的時間；第二組的受試者則只被要求提供少量的時間，第三組任由選擇其一。結果發現百分之十六、七的第二組受試者和百分之二十五的第三組的受試者答應上述要求，反之高達百分之五十的第一組受試者答應要求（Cialdini 等，1975）。這種情形在我們日常生活中的買賣交易上常被應用。賣方往往先開高價，然後再降價求售，買者在這種情況下往往認爲對方已經妥協而答應買賣。從買者這方來看，好的交易手段，應該是先大殺價一番，然後再稍微提高價錢而使對方感到有所妥協，而易成交。當然當初開價或殺價的數量不可太過離譜，否則對方容易產生「沒有誠意」的感覺，而不願意從事此項交易。

乙、冠以名目（Labeling）

在受試者答應從事某些行動之後，就其行動的內涵，實驗者可以冠以名目，例如在答應樂捐之後，依所捐款項的多寡，可以稱之爲「樂善好施」或是「吝嗇小氣」，這種冠以名目的做法可以影響到這些人以後的樂捐行爲，被稱爲「樂善好施」者，再捐獻時捐的較多，被稱爲「小氣」者則捐的更少（Kraut, 1973）。但是，不妥當的名目卻會引起補償的作用，這尤其是當所得的名目不受歡迎時爲然。參與地方事務的人如果被稱爲不關心地方福利，下次他們被要求參與地方建設或服務時，答應的機會更大更多（ Steele, 1975)。由此看來，冠以名目的做法似乎直接影響到當事人的自我觀念，或爲維持好的自我印象，或爲改變欠佳的個人印象，名目的使用往往可以導致從事者的接受答應（順從）行爲。

丙、制裁與逢迎

許多人之所以會顯示順從的行爲主要是因爲他們害怕不這樣做會受到別人的懲罰或傷害（包括肉體的以及心理的傷害），因爲別人的行爲規範以及標準乃是一般人所奉行的常模，違背常模往往會受到擁護常模者的制裁。制裁的方法除了直接的懲罰外，排拒、孤立以及使人受窘的方式也是常見的。順從的行爲也可以說是一種討好別人的行爲，尤其是當我們所順從的人會給我們帶來好處和利益時更是如此，許多人爲了達到自己的目的，往往會委曲求全，向外來的壓力低頭。Thibaut 等（1956）發現受試者的順從行爲與其所關心重視的事項直接有關，而不一定隨外來壓力的增減而有所增減，如果一個人所關心的是良好的社會關係之建立與維持，那麼外來壓力的增加會導致順從行爲的增加，但是，假如一個人所關心的是明辨是非，追求眞實正確的答案，那麼外來壓力的增加不但不會增加順從的趨向，而且還會產生消減的現象。

良好人際關係的建立乃是許多人所關心的，當我們初次與陌生人見面時，我們大都會有和善、順從他人的表現，甚至想以此來贏得好感，這種行爲在我們知道以後還會有機會與那個人見面時更爲明顯（Lears 等，1972）。冒犯別人的行爲通常是一般人所希望避免的，一旦我們發現自己所持的看法與他人的意見有所不同時（尤其是與大多數人的意見相左時），如果有機會再重述自己的意見時，一般人大都會修訂自己原先所敍述的看法（至少在表面上是如此），以避免遭到別人的取笑或排斥（Darley 等，1974)。

對於那些我們所喜歡的人，我們也比較會順從他們，因爲我們喜歡這些人，我們往往會擔心如果我們違背他們的話，我們會遭到排拒而失去我們所喜歡的人。我們越喜歡的人，如果他（她）的期望是我們所知曉的，我們也越會順從這個人的意願期望來行事(Berkowitz，1954)。當然，我們也不能否認「愛之深，責之切」的道理，忠言雖然逆耳，但是一味姑息縱容往往會害了自己所喜愛的人。不過這種情況是在是非曲直的評定有絕對可靠的標準做取捨時爲然，而在那些不牽涉到是非曲直的個人偏好上，順從我們所喜愛的人是很普遍的一種行爲方式。

丁、社會地位與順從行爲

從另一個角度來看，順從的行爲是受到某些外來權力的操縱與控制。在團體中一個人所處的地位代表他所擁有的權力大小，也代表其他團體組成份子對他所擁有的控制力量。地位低的人爲了保持個人在團體中的旣得權益，或是避免被排棄於團體之外，或是爲了取得更多的權利，往往不敢公開地違背團體的標準與常模。這種表面順從的行爲方式乃是迫於形勢，並不一定表示眞心地服從。一旦個人不在乎或不珍惜某一團體的隸屬身份時，他也就不再會顯示順從團體常模的行爲(Harvey 等，1960)。

高地位者當然佔有很大的優勢，尤其是在他的地位很鞏固時更是如此。由於地位高高在上，他可以表達個人的意見，反對大家的看法，甚或是大家的決議（Feshbach，1967)。爲什麼地位高的人的順從行爲比較少呢？一方面是因爲地位高的人，其權力也比較大，其他人有求於他的可能要比他有求於人的多得多，因此他沒有需要順從別人來討好別人；而另一方面團體的成員由於尊敬地位高者，於是對於他不順從的行爲方式也較能容忍，不加制裁排斥。不過，地位高的人有許多地方也不能隨心所欲，其受到團體壓力的影響可能要比一般人來得大，這尤其是在私生活方面的約束更是如此，許多傳統、成規，一旦地位高的人有所違背時，常常會遭到一般人的嚴重指責（Wahrman, 1970）。地位高的人雖擁有很大的權力，但是其本身的言、行卻也要特別小心，必須遵照傳統的常規、常模來行事，否則往往會被其他人所唾棄。

戊、服從權威

服從上司，遵行指示的行爲方式乃是社會中一般人所奉行的。其實在許多場合裏，我們並不是要被強迫才會服從，因爲強迫的手段根本無法使任何組織或團體維持長久，除非團體中的個人都能服從權威，接受領導，一個團體的穩定性是很可懷疑的（Weber, 1947）。社會學者Nisbet（1970）曾指出：「對大部分的人來說，他們在許多場合與時刻所遵行的權威都被認爲是合法的權威，基于其合法性，服從大都是志願的」。

權威者的合法性是如何形成的呢？在一般社會裏（起碼是民主的社會裏），這種合法性是經由團體成員的共同認可而來（collective approval），經過大家的同意，上司與下屬的關係得以建立（Blau, 1964）。而這種關係的建立很自然地授與上司發號施令的權威，而其他的人也因此而有服從其權威的義務。公職人員的選舉，一旦獲選上擔任某一職務，在法定範圍內，他可以根據職權所在，要求其他人服從遵行，由於公權力的認定，一般人也就遵行不違，服從其權威。

職權的行使並不是一件簡單的事，濫用職權的事也是一件很難加以避免的事，擔任公職而被授權者有時會誤用這種合法性的權威爲自己鑽營利益或是傷害別人。許多不幸的事件（如希特勒的謀殺猶太人；毛澤東的殘害反對者等）常常是在濫用權威或是假權威之名而發生，但是我們卻不能因此而反對權威的存在與需要，社會的秩序須要藉權威（法定的，公認的）來維持（ Nisbet，1970），也須要一般人服從權威的行爲方式才能够建立，否則天下必然大亂，理智合法的權威控制也必爲暴力所取代。建立合理合法的權威，並且有效地在各種權威中（如立法、司法與行政間）求取平衡與制約乃是社會生活所不可或缺。

六、什麼樣的人比較會順從呢？

什麼樣的人比較容易受到社會的影響而較具順從性呢？我們都知道有些人比較隨和，有些人比較具獨立性，這也就是說我們覺得順從與否往往因人而異，不過，到底較隨和、較易順從他人者具有些什麼樣的人格特質呢？心理學家們到目前爲止只發現到個人的特質與其順從行爲兩者間只有很少的相關存在。這兒我們來看看幾個有關的因素。

甲、男女的差別　一般人大都會認爲女人比較隨和也較具順從性，這種看法是否正確呢？根據過去三十年美國學者以美國人爲受試者，而採小組壓力式實驗情境研究所得的結果來看，女人確是要比男人稍具順從性，不過兩性間的差異很小。最近的一項分析（ Eagly 等，1981），研究者所下的結論是：兩性間的此一差異是微乎其微的。那些發現兩性有差別的研究大都是屬於受試者的反應是公開式，爲他人所目睹的方式（如Asch所做的典型研究），而且這些研究大都是由男性學者所做的早期的研究（Eagly 等，1981；Cooper，1979；Sohn，1980）。近年來所做的研究，以及由女性學者所發表的研究報告，較少發現這種差別的存在。

乙、人格特質　上面我們已經提過，學者們發現人格特質與順從行爲少有相關。不過，其他的有關因素，諸如個人的自信心、自尊心等是否可以用來預測一個人的順從行爲呢？根據學者的研究（ Wylie，

1979；Santee，1982），一般人在自尊心量表所獲得分數的高低與這些人在實驗中所獲得的順從分數兩種間只有中度的相關。名學者Milgram（1974）曾下過這樣的評論:「我深信服從與不服從一定有其複雜的人格基礎，不過我也知道目前我們還沒有找到它」。人格量表本身的信度要比其效度高，以人格量表所測得的人格特質在預測一個人的行爲上並沒有很大的幫助（Mischel，1968）。因爲一個人的行爲不但受到其人格特質的影響，而且採取行動時個人所處的情況也有很大的影響，人格與情境兩者的交互作用決定了一個人的行動。有些學者（Epstein，1980）則認爲人格分數與態度分數一樣，雖然在預測一個人的某一特別行爲上少有助益，但是對一個人一般性行爲的預測會有幫助。

個人所處情境之是否富結構性與應用人格特質分數來預測行爲也有關連，在具高度結構性的情境裏，由於情境對行爲者具有明顯特定的要求，分別行爲上的差異不容易出現；不過，在要求不够明顯強烈的情境裏，每個人的不同人格比較會顯示於所採的不同行動（Ickes，1982）。近年來學者們研究人格特質與服從行爲的相關問題時，已逐漸採取類似過去學者們研究個人態度與個人行爲兩者間相關的方法，也許在不久的將來，學者們在這方面也會有較大的收獲。

丙、文化上的差別　來自不同文化背景的人是否也會顯示不同的順從程度呢？學者們所獲得的答案是肯定的。早在1961年，Milgram 比較挪威與法國學生的反應，就發現這種文化差別的存在，Milgram 發現挪威學生比較容易順從。其他的研究又發現黎巴嫩、香港以及巴西的受試者的服從行爲頗多類似，但是羅德西亞的一個土著（Bantu），卻比其他地方高出許多，因爲這個土著以嚴厲的手段來懲罰不服從的人（Whittaker 等，1967）。不過，時過境遷，文化不時地在轉變中，近年來學者研究所得的結果（Perrin等，1980；Larsen，1974），發現目前大學生的順從行爲沒有二十多年前 Asch 首次研究時所發現的高。其他學者（Garbarino等，1976）以十二歲的小孩（不同國家）爲受試者研究他們服從道德規範的程度，結果發現在比較個人主義化的西方社會裏生長的小孩比較會承認不守規矩，頑皮搗蛋；而那些在比較強調團體的國度裏長大的小孩則比較服從成人的指望，也比較不會與同儕結伴違背成人的要求。由此看來，個人生長的文化背景對其服從的行爲方式是會發生相當的影響的。

七、社會壓力的抵制

一般人對於外來的壓力，特別是明顯的直接壓力都會有強烈的反應，因爲這種壓力的存在威脅到一個人所追求的自由感以及自負感（Baer 等，1980）。這種對外來壓力的反應心理學家們稱之爲「反感」（reactance）。反感並不只是心理的感受而已，它乃是一種強烈的動機，而且很容易引起反擊的行動。「你越反對我這樣子做，我偏要做給你看」的反應在我們日常生活中時常會遭遇到，而學者們（Heilman, 1976; Brehm 等，1981）也在實驗中證實此種反應的存在。

如果一個團體裏的人都具有同樣的反感，這種反感很容易引發集體性的反叛行爲（rebellion）（Gamson 等，1982），甚或導致革命性的行動。以高壓的手段企求達到不合理的要求，有時被壓迫者可能限於時勢而沒有立刻的反應，不過在許多情況下，反抗抵制的行動很快就會出現，而且所受的壓力與迫害越深，一旦反抗的行動開始之後，其後果也越不可收拾。當然，反抗的行動需要有人發難帶頭，這尤其是當許多人同時在同一情況下遭到壓力時更是如此。

一個人產生反感並進而採取反抗性行動的可能性受到幾項因素的影響。當一個人的自由所受到的威脅越大時，其反動的傾向也越強（Doob

等，1971）。一個人的反動傾向也因個人對有關事件之是否十分關切而有不同，如果該一事件對個人很具有重要性，引起反動的機會也隨之大增（Brehm 等，1975）。當一個人的自由意識越強，認爲自己應享有充分的自由時，對於此等自由的外來威脅很容易引起強烈的反抗與反感（Wortman 和 Brehm，1975）。

除了因反抗而拒絕順從外，不順從的行爲也可能是導因於個人要「表現特出」（uniqueness）的心理作祟。千篇一律的場面很難會令人有好感，一味地順從的結果很容易是平平凡凡，毫無特殊的地方。學者們發現一般人在覺得自己是特出的，與衆不同時都是比較快活，因此許多人都會追求這種表現自我的行爲方式，減少其隨衆附合的傾向（Snyder 等，1980；Duval，1976）。McGuire 等（1978；1979）在這方面從事研究所得的結論是：我們往往以自己的特出處來顯示自己的存在。這也就是說一般人對自己與衆不同的地方都比較敏感。當我們與其他東方人在一起時，我們不會以東方人來標榜自己，但是當你是團體中的唯一東方人時，這種特出的地方就很能引人注目。一般人雖然不喜歡「與衆大有不同」，但是特出的現象，尤其是傑出的現象往往是很叫人欣賞的；基于此一心理，有時也就不免有「標奇立異」的行爲表現。

八、左右社會壓力的環境因素

社會壓力因環境的不同而有所不同，而一個人對於社會壓力的感受也因環境的改變而發生變化。這兒我們將要討論的是一些可以減少社會壓力的環境因素。

甲、施壓者的個人因素　承受壓力者的反應往往因壓力來源（施壓者）的不同而有所差別。對於某些人的要求我們會盡全力去做到，但是來自其他人的同樣要求，我們可能會置之不理，甚或起而反抗抵制。到底是什麼樣的人的要求我們比較會順便呢？我們是否喜歡要求者（或施壓者）是一個最重要的個人因素。吸引我們，討我們喜歡的人對我們較能發生影響，這不只是成人如此，十一、二歲的小孩也沒有例外（Dion等，1978）。來自朋友，特別是很要好的朋友的要求我們也大都會順從。由此可以看出，來自那些我們所喜愛的人的要求以及壓力，我們都比較願意接受承納，而少有抵制。對於那些具有權威和有知識的人的要求，一般人也比較會接受（McGuire，1968）。這些人因爲比較受人尊敬，雖然在非他專才範圍內的地方，他對別人也會具有較大的影響力（Strodtbeck 等，1957）。

乙、作風與技巧　許多學者認爲一個人的作風和技巧與其個人的其他因素（如上述）在影響別人的順從行爲上具有同樣的重要性。適度的自信是影響別人的一個重要因素（London 等，1971；1973），不過過度的自信卻會引起反效果，不易達到說服他人的目的。另外一項研究（Miller等，1976）發現說話快些可以增加一個人的影響力，但其速度不能快到干擾了正常的理解。引起一個人的罪惡感以及降低一個人的自尊心也可以增加說服者或要求者的影響力，提高一個人答應要求和順從的可能性（Carlsmith 等，1969）。許多人也會表現順從的行爲來避免被認爲是怪異不正常（Kilter 等，1975）；或是以順從的行爲來求得自己的心安理得和與人爲善的感受（Apsler，1975）。

丙、監視的影響　被要求者的行爲是否受到監視直接與社會影響力的高低有關。一般人在被監視的情況下大都會表現順從的行爲，這尤其是當不順從者有被懲罰的危險時更是如此。在無法監視的情況下，一般人表現順從的行爲比較少。許多法律上的規定往往因爲沒有執法者的在場而不發生作用，因爲很多人在沒有有關人士的監視時，往往會覺得沒有順從的必要。不過，以監視的方法來增加順從行爲很可能會產生不良的作用，因爲監視者往往深具疑心，而疑心的加重會引來更多的監視，警察社會之所以爲人所唾棄，與此頗多相關。

第十二章　大　綱

第十二章　社會交易與人際衝突

把一般人的社交活動看成是一種類似商場上的交易活動，這對許多人來說乃是有欠忠厚，不够誠懇的，因爲大部分的人都會認爲人與人的交往，應該是以「信實」爲基礎，以「仁恕」爲依歸，這與一般商場上所講究的逐利與競爭是迥然不同的，明爭暗鬥的商場作風之被應用於人際交往，朋友相處上未免太過現實而難叫人相信。不過，有些學者認爲現實與理想往往是有一段相當距離的，一般人認爲應該的，並不一定就是一般人所遵行恪守的，我們不能不追求理想，但也不能不顧及冷酷的現實，也許當我們對於冷酷的現實有了進一步的瞭解之後，我們可以不落入「俗套」，這或可有助於理想人際關係的實現。在本章中我們首先介紹社會交易理論的基本假設與交易法則，然後進一步討論人際間的衝突，就有關衝突的發生與進展問題進行討論，末了並提供一些解決人際衝突的方法與個人因應之道。

一、社會交易理論

有些心理學家認爲人際間的社會關係在許多方面很類似市場上的交易關係，人際間的來往乃是一種施與受的歷程；而且，一般人在這種社會交易中也都喜歡佔到一些便宜。也許你會認爲這種看法未免太過現實，不够厚道。不過，在你一口否定他們的看法之前，不妨先看看他們所提供的一些理論根據。

甲、基本假設

社會交易理論的基本假設有四：

1.人類的行爲，其主要動機乃是在追求快樂和避免痛苦，這種唯樂主義的說法在心理學上曾被用來解釋許多各種不同的行爲。埋首苦讀雖然不是樂事，但是一旦考試成功，出人頭地，內心的滿足與快樂可想而知。

2.他人的行動乃是快樂與痛苦的來源。外來的贊許關切以及愛情自會帶來個人的快樂，但是個人的許多痛苦也往往是外人所引起，除了有形的攻擊外，被他人孤立也是很令人苦惱的。

3.透過自己的行動，一個人可以從他人那兒獲得快樂，禮尚往來的道理即是如此，社會交易的道理也是基於這個假設，要得到他人的關懷，自己就得要有關懷他人的行動。

4.一般人往往以最小的代價冀求最大的快樂，這乃是社會交易手段中所謂的極小極大策略（Minimax strategy）。其基本精神在於以最小的痛苦來換取最大的好處。這種策略的使用往往會有狡猾造假的情事發生，此一手段一旦被揭穿，反效果是很難避免的。由於一個人的快樂需要依靠別人，因此人際間的交易行爲並不一定是投機取巧，佔他人便宜，而且儘量減少代價的付出，謀求交易雙方的互利互榮。

乙、交易法則

社會交易的法則因文化背景的不同而有異，有些法則是有成文（法律）規定的，有些則是約定成俗，所謂不成文法是也，不管此等法則是屬何種，違反法規者往往受到有形無形的懲罰。交易法則的存在，在我們日常生活中佔有很重要的地位，只有大家遵守此等法則，社會關係才會井然有序。

1.交易資源的運用

根據Foa（1971，1974）的研究，導致他人快樂的各種資源可分爲六大類：愛情（love），服務（services），東西（goods），金錢

(money)，資訊(information)，和地位(status)。告訴他人如何找到新建成的美術館乃是一種資訊的提供，而尊敬別人乃是提高別人的地位。交易資源的使用因施受者之特殊身分(particularism)和資源之具體性(concreteness)而有所不同(Foa and Foa, 1980)。交易雙方身分之相當以及資源具體性之相類似乃是社會交易的基本原則，這與我們通常所說的門當戶對，禮尙往來頗同道理，違反此一道理往往會導致敵對不悅的後果(Davis and Porkowitz, 1979)。試想同寢室的好友幫你收拾內務，而你卻付他五塊錢以爲酬勞，這種交易是不恰當的，你的室友可能誤會你把他當成淸潔工人，而不悅於心。又如你到餐廳用餐，侍者殷勤招待之餘，你卻只摸摸嘴巴，說聲謝謝而不給分文小費，這也是不合乎上述基本交易法則的。

有一項分析八百位男女利用雜誌刊登徵婚對象的廣告之研究(Harrsion 和 Saeed, 1977)，發現男士們通常在廣告中指出他們所尋找的對象是貌美迷人者，而且又指出個人有經濟基礎。而女士們則在廣告中指明自己身裁美好，而想與能提供經濟保障的男士結婚。這許多廣告所提供的交易乃是對稱的、具體的，而且沒有特殊化的身分要求。

2. 資源數量的多寡

人際間交易雖然重視禮尙往來的道理，力求資源種類上的對稱，以愛情換取愛情，以同等具體性的資源來互爲施受。但是，除了合適的種類外，數量上的多寡也是一個很重要的因素，因爲這直接地牽涉到了交易的適當與公平的基本法則(equity rule)。

社會交易上的公平指的是交易雙方認爲各人施受間大致相等而少有差別，如果只有一方受到好處，而另一方付出所有代價，那末這種交易是不公平的，不公平的交易會使當事人感到不滿不悅，而力求公平交易的恢復或建立。

當一個人所收受的有欠公平時，要求酬賞的增加乃是一個很常見的做法，工人因工資過低而可能以罷工的方式來獲得加薪的行動就是一個很好的例子。另外，不公平的受害者有時又會以迫使對方感到不適的方法來討回公平，工人有時以降低生產量或是增多不合格產品的方式來對付資方給付工資的偏低現象。

勞資雙方的關係如此，男、女間的愛情關係又是如何呢？以五百個大學生爲對象的研究（Walster 等，1979），發現男女大學生對於付出比收受要多的男女間交往相當不滿意、不悅心。反之，那些覺得自己付出與收受相當的人，則感到較爲滿意。另一項有關夫妻間關係的研究，發現自己與配偶條件相配稱者，較少會背著自己的配偶去從事與他人通姦的情事（Walster，Toanpman，和 Walster，1979）。

當別人收受的比他所應獲得爲多時，一般人都有一種希望那個人受到懲罰的感受，不勞而獲或是以非法手段（如欺詐等）獲取好處的人往往受到法律的制裁。而制裁懲罰的輕重則以所犯罪過的大小做決定，詐欺越多（獲利越大），其所應得之懲罰也越大。雖是犯了同樣的過錯，但是不同的遭遇又會左右一般人所欲加之的懲罰，例如一個小偷在偷了東西後，在逃逸途中跌斷了腿，較之另一小偷得逞被捕後所受的懲罰要來得輕些（Austin，Walster，和 Utne，1976）。

假如獲利過多者是你自己本人，你是否也會自動放棄一些利益來求得公平呢？有許多研究發現當自己獲利過多時，一般人大都會有心理不安的感受（Schmitt 和 Marwell，1977）。當別人沒有受到同樣的好處時，個人往往會有罪惡的感覺，或是一種負債的感受（Greenberg，1980）。爲了減輕罪惡感或負債的感受，一般人大都以較大的付出來加以補償。實驗者（Adams 和 Jacobson，1964）曾僱用大學生來做校對的工作，有些受試者所得的報酬是30分錢一頁，實驗者又告訴這些受試者他們的報酬偏高，因爲30分一頁是一般合格有經驗的校對所得的報酬。在另一種情況下，受試者則被告知30分一頁是一般學生所獲得的酬勞，這也就是說他們所獲得的是公平的。以這兩組受試者校對所找出的錯誤來衡量，那些感到受報酬偏高者所找出的錯誤較多，由此看來，那些受試者是以較賣力的方式企求公平的維持。

發現自己所收受的報酬偏高是否就會使自己更賣力呢？這卻又不盡然。有許多研究發現過多的報酬並不能換來較多的賣力（Valenzi and Andrews, 1971; Weick, 1966），取而代之的是他們設法改變這種欠公平的看法，認爲自己所貢獻的要比他人多，較高的報酬是受之無愧的。以美國和意大利大學生爲受試者的一項實驗，要求那些受試者辨認被遮蔽的字，在未正式認字之前，受試者先評定此項工作的難度以及公平合理的報酬。三組受試者中，有一組得到自己所認爲合理的報酬，另外一組則獲得比自己認定多出百分之三十的報酬，第三組則獲得高出百分之八十的報酬。當整個工作完成後，所有受試者再度評鑑工作的難度以及報酬之是否合理。實驗結果發現工作難度的評鑑與所獲得報酬的多寡直接有關，所得報酬越高者，認爲工作最難。不過，那些獲得過多報酬的受試者並沒有比他人更賣力，其所辨認的字並不比別人多，由此看來，報酬增高時，一個人對於所謂公平合理的準繩也隨之改變。

3.能者多勞？

根據對等（equity）的原則來處理社會交易雖然有助於公正的推動，不過有些社會評論家卻認爲光以此一原則來處理社會交易可能會傷害到許多社會中的成員。對等原則是依照個人的貢獻和生產量來評定報酬的多寡，貢獻越多者，報酬也越高，這種原則並沒有考慮到個人能力的高低以及個人需求的多寡。而且有些人因爲意外事件、疾病、訓練欠佳或是生活上的各種壓力而未能發揮，這對個人本身而言已是相當不幸，還要遭到較差的待遇，這是不很公平的。就個人的需求而言，個別間也有很大的不同，繼續不斷地獎勵那些已擁有許多的優秀人才而忽略了表現欠佳者生活上的基本需求，這也似乎是不很公平的，何況一個人基本需求的不能滿足往往會對其工作表現產生不好的影響，對等的社會交易原則往往使許多能力欠佳者陷于困境而無法自拔。

基于上面的認識，有些社會學家認爲對等原則只是公平原則的一個方式（Leventhal, 1980），他們認爲以平等（equality）的原則來處理社會交易也許要更適當些（Sampson, 1975）。能者多勞的道理似乎爲大多數人所接受，實驗室所發現的許多有關社會資源的分配方式爲此提供了有力的證據。當受試者分配金錢時，對於那些需要較多者，往往給予較多的分配（Leventhal 和 Weiss, 1969），而且也會考慮到個人的能力，能力不高的人，其平凡的工作表現要比那些高能力者的同樣表現受到較多的讚許與獎勵（Taynor 和 Deaux, 1973）。

二、人際衝突

從社會交易的觀點來看，一般人都希望以最小的代價來換取最高的利益，這種交易方式常因剝削（exploitation）以及好佔他人便宜的惡習而引起人際間的衝突，當然交易法則的矛盾與不够明確也是導致衝突的重要因素，因爲每個人所持的「公平」準則並不是完全相同的。不過，在親密的人際關係中，一般人並不斤斤計較得失（Clark 和Mill, 1979），以避免市儈作風（Pryor 和Graburn, 1980）。雖然如此，日常生活中的人際衝突屢見不鮮，這兒我們將介紹一些有關的研究以及減少衝突的一些要件。

甲、衝突的種類

人際間的衝突主要可分爲兩大類：利害得失對立的衝突（zero-sum conflict）以及非完全對立的利害衝突（non-zero-sum conflict or mixed-motive situation)。所謂利害得失對立的衝突指的是一方所得的利益將是交易對方的損失，勝負的決定就是這樣的一種衝突，雙方勢不兩立。不過，這種衝突的存在有時是導因於知覺上的誤差而不完全是實際上的利害絕對對立。非完全對立的衝突較爲學者們所重視，這種衝突的雙方利害並不是完全對立，這也就是說一方所得的利益並不完全代表對方的損害。這種衝突的特點包括衝突雙方合作或競爭的動機問題，這一類的衝突在我們日常生活中最常見到，例如你看中了一部新車，你與車行的推銷員都有一個共同的目標——完成交易（這是此項交易中雙方合作的一面），不過你與推銷員也同時處於相互競爭的情況，因爲你想以最便宜的價錢買到該部車子，但是推銷員則希望以最高的價錢成交。

學者們研究第二類衝突主要是採用所謂罪犯窘境（prisoner's dilemma）的設計（Luce和Raiffa，1957）。這種設計牽涉到兩個罪犯認罪與否以及刑期的長短問題。因爲檢察官沒有完全的證據來確定兩個罪犯中誰是眞正的殺人犯，於是個別接見嫌疑犯告訴他如果他認罪，而另一罪犯不認罪，他將得到很輕的懲罰（刑期六個月），而不認罪者將得到99年的長期徒刑；如果兩個人都不認罪，那末檢察官將以其他罪刑起訴，刑期各爲四年；要是兩人都認罪，刑期將只是二十年；因爲兩個罪犯被隔離，因此無法互相商量對策，而任何一方的決定直接影響到另一方的利害，當事人之採取合作或競爭的手段同時影響到雙方的共同利害關係，而一般人面對此種衝突情況將採何種對策乃是學者們研究的重點所在。

乙、衝突的進展

Deutsch（1973）把衝突進展的過程稱之爲衝突旋渦（conflict spiral），這個名詞的使用反應了衝突自我擴張的特性，衝突常常一發而不可收拾，因爲當事人雙方在衝突發生後的許多行爲反應與知覺不但不利於衝突的解決，而且還加深了雙方的歧見而擴大了衝突的程度與範圍。當一般人發現雙方有了衝突之後，往往會有 Newcomb (1943) 所謂的自閉的敵對（autistic hostility）的反應，當事者雙方減少甚或取消相互間的溝通，一旦雙方的衝突加深之後，懷疑不信任對方的程度也隨之加深，把對方認爲是「壞人」，而個人對整個事件的知覺也開始產生偏差（Cooper 和Fazio，1979)。而這種知覺上的偏差引起了注意點的偏差，當事者開始對於那些矛盾不清的對方行爲解釋爲對方缺乏誠意，不可信賴。而且，當事者雙方又多喜歡利用威脅要挾的方式來強化自己的立場，而這種威脅又使對方採取威脅爲反應，互相威脅的結果乃是衝突的繼續惡化。「以牙還牙」的反應似乎是一般社會行爲所採之法則（Deutsch，1980)，Deutsch 認爲相互競爭不但會引發威脅、不信任、缺少溝通以及思想僵化的現象，而這許多現象的存在或造成也會加深雙方競爭的程度，換句話說，這許多行爲反應在衝突的情境中乃是互爲因果的。剛開始時只是小小的意見不合，很可能迅速地變成主要的敵對局面。

丙、威脅對衝突的影響

威脅可能是衝突局面中最常見到的一種反應與對策。一般人採用威脅的手段主要是因爲他們認爲威脅對方可以很快地使對方屈服而解決衝突的局面。而且他們認爲由此所得到的解決對自己比較有利（Frost and Wilmot，1978）。不過，從研究所獲得的結果卻與此頗有不同。Jamison和Thomas(1974) 發現老師最常用威脅的手段來控制學生，但是這樣做卻使學生對老師產生不信任的心理。以國際間的衝突來看，許多國際間的戰爭大多導因於武力的競爭以及雙方威脅的昇高（Smith，1980；Wallace，1980)。

在衝突的場合裏採取威脅的手段不但不能解決問題，而且還會加深雙方衝突的程度，既然是如此，爲什麼一般人在面對衝突的情境時大都以威脅的方法冀求問題的解決呢？要面子（face-saving）可能是其中的一個原因。避免尷尬的場合，避免失去面子的情事乃是一般人所十分關切的事。許多人都認爲在衝突的局面上屈服於對方乃是弱者的表現，這不但降低一個人的自尊心，尤其是在公眾之前向對方低頭，更會使自己感到尷尬與恥辱。因此一般人在此情況下也就很不願意顯示自己是一弱者。根據 Brown （1968）的研究，在公眾場合裏被侮辱而感到尷尬的人，往往會採取威脅的手段，甚至因這種手段的使用而造成個人的損失也往往是在所不惜。從另一個角度來看，避免失面子的行爲並不一定要在別人的威脅下才會發生，有時一個人因爲怕採取某一行爲而被認爲是一個失敗者而失去面子，於是忍辱負痛，少有更張，繼續使衝突存在（Bockner等，1981）。

根據實驗的結果來看，我們不難發現採用威脅的手段會擴大衝突的程度，而且衝突的解決在雙方都沒有能力使用威脅的手段時較易達成。不過，要是只有當事者之一方擁有威脅的能力時，衝突的解決要比雙方都擁有威脅的能力時來得容易些。有些學者（Apfelbaum， 1974；1979）對於這種結論採取懷疑不贊同的看法，因爲衝突本身雖可獲得解決，但是原先所已存在的不平等，或是當事人雙方權力上的懸殊，並沒有因衝突的解決而獲得改善，在實驗室裏，權力之擁有者不會遭到對方的挑戰，這種情事在眞實的生活中並不存在。而且實驗室的研究只以雙方獲利之多少來衡量不同對策的效能，對於參與者個人本身之是否覺得滿意快活並未加以考慮，權力較低者雖然可以容忍的態度來應付對方而共同獲得某些利益，但是權利本身的不均等可能使擁有較少權力的一方感到不平等、不合理而無法達到滿足的地步。

當事者之一方採取威脅的手段很有可能增加對方採用同一手段的機會。不過，要是雙方都擁有同等的能力可做爲威脅時，雙方使用威脅的傾向會因此而減少（Cook和Emerson，1978；Molm，1981）。不過，這種情況是在當事者雙方都擁有某些威脅的能力時爲然。原先Deutsch和 Krauss （1960）所做的研究，威脅的能力是一種全有全無的安排，如果擁有此一能力，他可以隨意使用，要是沒有，他完全失去此一能力，而沒有程度上的差別。

丁、知覺的影響

當事人雙方對於衝突事件的看法與想法也是一個很重要的因素。很有趣的是，任何一方都譴責對方是引起衝突的禍首，而自認自己是講求道理，只是爲了保護個人利益才與之對抗而導致衝突，對方往往是被認爲是具侵略性，蠻不講道理。當事人不但持有這一類的看況，而且還列舉許多事項來支持自己的立場，堅持個人自己的想法，一味認爲自己是對的。

衝突事件中的當事人也多會把對方的一言一行認爲是針對自己而發，這種傾向是所謂的「個人化」現象（personalism）（Cooper 和 Fazio，1979）。這種個人化的傾向很容易使對方的一些動機不够明顯的行爲被認爲是不利於己的。如此造成了個人知覺上的許多偏差，而這許多偏差又變成加深衝突的藉口。現在讓我們來看看一項爲證實此一說法的研究（Kelley和Stahelski，1970a；1970b）。

Kelley 等人認爲在基本上我們可以把人分爲兩大類：競爭心強的人和易與他人合作者。這兩種人對於別人的反應持有不同的看法，好競爭的人認爲別人也同樣具有強烈的競爭性，不過容易與別人合作的人則認爲有些人能够合作，有些人喜好競爭。Kelley 等人又認爲一個人同別人打交道的方式多少受到那個人對別人意願的看法之影響，這也就是說一般人常常根據自己所認定的別人之動機來採取不同的行動。根據這些假設，因爲具強烈競爭心的人認爲別人也同樣具強烈的競爭心，因此這種人與別人打交道時將採取競爭的策略；但是那些容易與別人合作者，則視對象之不同而行事，以競爭的方式來同喜好競爭的人打交道，與其他容易合作的人則採合作的策略。

爲了求證上述假設之是否正確， Kelley 等設計了一些類似「罪犯窘境」的實驗情境，然後詢問受試者的因應對策，以決定其爲競爭者或是合作者。然後根據此一分類再將受試者配對進行實驗，有些是競爭者與其他競爭者打交道，有些是兩個合作者打交道，有些則是一方爲競爭者，而對方卻是合作者。除了直接與對方接觸之外，受試者又被詢及他們所感覺到的對方所會採取的行爲方式（競爭或是合作），實驗結果發現合作者所感覺到的對方之行爲方式， 競爭與合作兩樣的比例大略相同， 但是競爭者則認爲絕大多數的對方是採用競爭的方式與自己打交道。

從雙方直接接觸，打交道的行爲反應來分析，競爭者不管是與其他競爭者或是與合作者打交道，其合作行爲的百分比並不因對象的不同而有所差別；但是合作者在面對其他合作者的情況下，顯示較多的合作行爲，而其合作行爲卻因對方之爲競爭者而有相對的減低，由此可見合作者會因對方行爲方式的不同而做相對的適應的說法是得到實驗結果的支持的。

綜合上面的有關資料，我們不難看出衝突的存在往往會導致當事者雙方認爲對方具侵害性與競爭性，而這種看法一旦存在，衝突的程度會隨之昇高。如果當事者雙方有意以合作的方式來解決衝突，一開頭就把這種意願明顯地向對方表示乃是十分重要的，這樣子做可以避免對方的誤解和猜忌，並進而促進雙方以合作的方式來消除衝突的傾向。

戊、信任與不信任

衝突的發展因雙方之互相信任與否而有不同，不過衝突本身也會影響到雙方互相信任的程度。在「罪犯窘境」(prisoner's dilemma) 的實驗設計中，行爲者雙方若能眞誠合作，那末所得後果對兩個人都是比較有利，不過，因爲任何一方的利益可以競爭的行爲方式來提高，許多人都會有背叛對方的企圖，除非一個人可以信任對方將採合作的行動，否則單方面地採取合作的行動方式對自己本身是不會有好處的。

互相信任的關係之建立需要經過多次的嚐試，當事者之一方首先要「解除自己的武裝」，使對方有機可乘，以此一方式來試探對方所採的交易手段。除此之外，對方之行動要在自由選擇的情況下發生，而不是受到環境因素的影響，因爲有時對方限於環境因素的存在（如立即遭到嚴重的打擊）而不能或不願採取剝削或佔便宜的行動方式，這種暫時性的因應措施並不能有助於雙方互信的建立（Pelton，1974; Swinth, 1976)。

互相信任的關係雖然需要經過多次嚐試之後才能慢慢建立，但是這種關係卻可能只因一次的背叛行動就被破壞，或使雙方採取敵對衝突的態度（Worchel，1979)。而且一旦互相不信任，這種關係很難加以改善。Pruitt (1964) 認爲互不信任關係之所以不容易改變是因爲不信任會使雙方覺得對方是對自己的一種威脅，而這種威脅的知覺又會加深相互不信任的程度。背叛對方的行動之所以如此嚴重乃是因爲對方把這種行爲視爲不可信任的實證，而其他動機不够明顯的許多行爲也往往會被認爲是侵害性的行爲，這很容易加深衝突的程度。

己、溝通與合作

當事者雙方之溝通在促進雙方的合作上佔有很重要的地位，雙方溝通的增加往往可以消除或減少相互威脅的不良影響，進而加強雙方的合作。反之，如果雙方不能互相溝通時，剝削對方，佔對方便宜的行爲通常會隨之增加（Voissem and Sistrunk, 1971）。其他有些研究結果指出，在雙方無法直接進行溝通時，雙方所知道對方有關利益和代價的消息越多時，剝削的行爲也越少發生（Felsenthal, 1977; Komorita 和 Kravitz, 1979）。從有關婚姻衝突所做研究的結果來看，雙方爭吵的情事要比雙方不願溝通的情況來得富建設性，直接面對問題而爭論的夫婦常常會在雙方意見上獲得較多的協調，而那些避免爭吵的夫婦，卻往往缺乏對對方意見的認識與瞭解（Knadson 等，1980）。

溝通之所以有利，其主要原因是雙方的互相信任可由相互溝通而建立。而當事者間的互相信任乃是雙方建設性交易所必需（Deutsch, 1973）。雙方越能相互信任，其互相合作的機會和行爲也越大（Kimmel 等，1980），反之，如果不能信任對方，或是不信任對方，那末剝削對方的情事將會有所增加（Rubin and Brown, 1975）。而且，雙方互相信任需要較長的時間來達成，但卻很容易被破壞（Worchel, 1979），繼續的溝通是很重要的。透過雙方的溝通，當事者的意願與困難可以向對方表達，而這種表達在衡量雙方之是否具有誠意上很是重要（Schlenker 等，1973）。而且經由雙方的溝通，許多誤解與疑心也可以因此而獲得澄清，這在增進雙方互相信任上頗有助益（Kelley和Stahelski, 1970）。

要改變對方不信任的態度，背叛的一方需要坦白承認自己的背叛行爲，並且要說服對方自己因採取背叛的行爲而深感罪惡。要是背叛的一方因採取背叛行爲而佔到便宜，他必需設法補償對方的損失。勇於認錯，痛改前非的做法在贏得別人信任上很是重要。

溝通在衝突的解決上佔有很重要的地位，不過當事者雙方是否會利用溝通的機會來加速衝突的解決呢？根據 Deutsch 和 Krauss（1962）

的研究，溝通在雙方達成協議上並沒有產生作用，受試者雖然有機會相互溝通，但是他們卻很少溝通，而且在雙方都具有威脅能力（bilateral-threat）的情況下，溝通的情事最少發生，由這些結果來看，衝突中的雙方雖然可以相互溝通，但這並一定表示他們願意進行溝通。這些研究者還比較三種不同的溝通方式所會產生的效用，這三種方式包括不能溝通，自由溝通（permissive communication）和強迫溝通（compulsory communication）。他們發現這些不同的溝通方式在沒有威脅或是雙方都具威脅能力的情況下並沒產生什麼作用，只有在單方面具威脅能力時（unilateral threat），強迫溝通的方式才會發生良好的效用，減低雙方的損失。

溝通雖能在某些情況下減低雙方的敵對情勢，但提供雙方溝通的機會本身並不見得就會帶來良好的後果，因爲衝突的雙方可能早已存在著互不信任的關係（Holmes和Miller，1976），除非雙方能够互相信任，他們無法很坦誠地就個人的需求與先決條件做充分地交換（Kimmel等，1980）。在不能互相信任的情況下溝通交換意見往往會因猜忌心理的作祟而不能發生良好的作用。

三、解決衝突的方法

衝突的解決可以採取不同的方法，不過有一點我們需要特別指出的是：被當事者任何一方認爲有欠公平的解決方式並不能持久（Deutsch 1980），這種被認爲不公平的解決往往只是新衝突的開端，因此當我們謀求衝突的解決時，要特別留意該一解決方法是否合乎公平的基本原則。

甲、促進雙方的合作

促進雙方合作的一個簡單的方法乃是增加雙方因合作而可能獲得的

利益，並且使剝削佔他人便宜者付出較高的代價。這種方法雖然易於使用，但是一般人大多認爲競爭是可取的現象，所以這種方法的效果並不一定有預期的高。要促進衝突的雙方合作，我們也可以採用下列數種方法。

1.*以合作來贏得他人的合作*　當競爭的一方採取合作的方式而持之有恆時，另一方的做法常常會因此而有所改變，採取相同的合作方式（Rubin和Brown, 1975)，其他的實驗還發現合作的方式在交易進行中的早期出現更具重要性，因爲這樣子做較能發生影響（Pilisuk和Skolnik，1968）。不過，完全採用合作的方式冀求對方合作卻有些危險性，毫無條件地合作到底可能導致對方採用剝削佔便宜的手段（Hammer 和 Yukl, 1977)，要是對方競爭心很強，這尤其要特別小心使用合作的方式。而且當雙方互相信任的關係沒有長期存在的可能性時，一般人也都比較會佔合作者的便宜（Marlowe 等，1966)；合作的方式在雙方能够溝通時的效力最高，因爲透過雙方的溝通，雙方的意願與需求可以明朗化而避免相互猜疑，這樣子對雙方都會有利（Pruitt 和 Lewis, 1975)。

2.*以強硬的手段制服他人*　有些學者認爲向對方讓步往往會增加對方的希求（Siegel 和Fouraker，1960)，這與我們平時所說的「得寸進尺」的情形有些類似。不過，要是採取強硬的手段，不多做讓步，可能會迫使對方屈服而不做較大的要求。這種說法在實驗室所做研究的結果上獲得實證（Druckman 等，1972; Holmes 等，1971; Harnett等，1973）。不過採用這種方式冒相當的危險性，因爲有些研究結果指出，對方「以牙還牙」的可能性很大（Hamner，1974)，除非對方缺乏反擊的能力。硬軟兼施的方式效果如何呢？一開始時先採用強硬的手段，但是後來改變合作的方式，對方對這種策略的反應一般是採取「禮尙往還」的態度，也是先硬後軟，而且後來的合作程度似乎是要高一些

(Deutsch, 1975)。

3.以牙還牙的方式　這種方法在雙方輪流行動的交易情境中較爲有效（Oskamp, 1971）。不過這種方法也有一些危險性。要是一方採取競爭的方式，輪到對方行動時，他也採取同樣的競爭方式，如此輪流下去，很難出現合作的場面，雙方很可能都蒙受損害。國際情勢緊張局面往往是當事者採用此一方法而來。爲了減少這種危險性，Osgood（1962）曾提出一種叫做 GRIT（graduated reciprocation in tension reduction）的方法，這種方法的使用需要當事者的一方首先採取合作的方式或表現合作的姿態，在國際爭執上這並不一定表示消減武器、防衞系統，而是透過文化、教育、藝術或體育活動等來緩和緊張的情勢，對方如果同意這方面的接觸，進一步的合作可以安排進行，如此逐漸地消除緊張的局面，最後可向限武、減少兵力等下工夫。

學者們認爲要使 GRIT的方式產生作用，追求和平的一方需要做下列幾項安排：(a)公開宣佈合作的誠意並邀請對方進行合作；(b)履行所提合作事項並邀請對方驗證；和(c)做適當的退讓來表達合作的誠意（Lindskold, 1979）。而且追求和平的一方需要就上列各事項做執行上的準備，而在對方沒有採取相應措施時也要逐項做到，其最後結果是可以達到的（Pilisuk 和 Skolnick, 1968)。

上述三項方式並不一定都會產生預期的效果，這些方法效果的好壞因人、因時、因地而有所不同（Yukl 等，1976）。而且一旦對方洞悉自己所採的手段時，他常常採用反攻的措施而減低合作的可能性。鑒於這種事實，有些學者（Pruitt 和 Lewis, 1975）建議採用彈性的堅持（flexible rigidity）的交易方式，這也就是說堅持個人目標，但是在手段、方法的運用上採取高度的彈性，以因應人、地、時上的變化。

乙、以常模來減低衝突的程度

當雙方爭執十分熱烈時，公平合理解決的機會往往會因此而減低，當事人雙方的態度可能轉變爲打倒對方而不是合作解決，在這種情況下雙方以和談交涉的方式企求問題的解決，並不是很有效的。爲了要征服對方，威脅、狡計以及施高壓的手段往往出籠被使用，一旦和談淪於這種地步，雙方敵對的態度將持續良久，而且在這種情況下談判所獲得的協議往往被當事人一方甚或雙方都感到不公平，如此的解決將不會具有長久性（Deutsch，1980）。

爲了解決這種困難，雙方有時利用常模（norms）來解決雙方的歧見。這兒我們所謂的「常模」是指一般用來釐定合理交易行爲的合同或規範。這些常模可能是成文的或是不成文的，也可能是正式的或是非正式的，這些常模（正式法定的）可能具有法律上的制裁效力，但許多常模則是一種君子式的協定，違反這種協定者會遭到他人的唾棄，但並不一定會受到法律的制裁。

使用常模通常是在雙方都具有威脅的能力而且都很有可能訴之此一手段時較具效果，在只有一方具有威脅的能力時，此一當事者往往會拒絕常模的使用，當雙方都沒有威脅對方的能力時，雙方敵對的情勢並不高，因此常模被使用的機會也不大（Thibaut 等，1968；1969）。一個常被使用的常模是「禮尚往來」的常模（norm of reciprocity），根據這個常模，如果爭執的一方採用合作的方式，另一方也應該採用合作的解決方式。當然這種常模並不一定被當事人雙方共同遵行，合作的方式有時不但不能換得對方的合作，而且還會使對方覺得有機可乘，剝削一番。

丙、使當事人感到公道的存在

當事人對於爭執之解決是否感到公平滿意不但與他的實際所得利益有關，而且還受到如何獲取利益的方式之影響。一個人對於公道的知覺到底與用來解決衝突的步驟有些什麼關連呢？這是學者們所謂的「步驟上的公道」（procedural justice）的問題。根據 Thibaut等（1975；1978）的研究，當事者越有機會表達自己的意見和需求時，他對於透過這種方式所獲得的解決也感到較具公平合理性。這些學者們是從分析法庭審判的不同方式所造成當事人滿意與否而獲得這個結論。在法庭審判上，有些是由當事人雙方各聘請律師出庭爲自己辯護，而另一種方式是由法官指定一個人收集雙方有關的資料與意見，再把這些所得的資料呈上給法官做最後的判決。採用第一種方式，當事人覺得自己對於證據等資料具有較大的控制力，而且他們比較有機會表達個人的意見和看法，因此透過這種方式所得到的後果（不論是被判刑與否），都比較令他感到滿意公道，這種說法得到許多其他研究結果的支持（Lind等，1980；Kurtz，1978；Lind等，1978）。

不過當事人對於最後解決之感到公道與否與最後解決之是否符合個人當初的期望也有關係，如果最後的結果不符合個人當初的願望，不滿意的程度可能因此而增加，Folger 等（1979）發現當事人對最後結果最感不滿意的是那種不但只是他自己感到偏差不公平，而且他還知道有許多其他的人也感到該決定是偏差不公平的決定。這種知覺上的影響是一個很重要的決定因素。

丁、結盟與分利的問題

衝突的存在有時會促使一些原來不甚相干的個人或小團體團結成一同盟，以期達成某一共同目標，結盟的目的主要是在結合不同個人或團體的力量與資源，因爲這些分散的力量不能單獨達到目標，從這個觀點來看，結盟或團結也是解決衝突的一個方法。不過，結盟本身對於爭執的解決是有益或是有害呢？Van de Vilert（1981）認爲召募其他人（或小團體）來解決衝突很可能加深衝突的程度，這尤其是當召集人迫使原先保持中立者靠攏衝突者之一方而開始與另一方採取對立的態度時更是如此。不過，其他的學者（Levy，1981，Thompson 和 Rapkin，1981）則認爲結盟的行動可以使雙方維持均勢而減少雙方公開爭執的可能性。Levy 認爲國際間民主與共產集團以及所謂第三勢力之存在，減少了發生世界大戰的可能性。由此看來，結盟在衝突解決中所佔的地位目前仍議論紛紛，有待進一步的研究。

結盟的行動本身其實包括兩樣不同的差事：有利地與對方交易談判和如何在獲勝之後分配旣得的利益與權力。有關此一問題的主要理論包括有 Gamson（1961；1964）的最低資源理論（minimun resource theory）和 Komorita等的討價還價式的理論（bargaining theory；Komorita等，1973；Chertkoff 等，1977）。這兒我們再簡單地加以介紹。

Gamson 認爲個人所加入的是那些能够爲自己獲得最大利益的同盟。而且這些人又希望同盟所得利益的分配將採對等的方式（equity norm），這也就是說利益的分配將依照個人貢獻的多少來決定，貢獻多的獲益多，貢獻少的分到的利益也比較少。根據這種推論，最會結盟的乃是那些資源力量有限的人，因爲這種情況對他們最有利。不過，Komorita 和Tumonis（1980）以及 Kravitz（1981）卻認爲這種理論太過簡單化，因爲資源最有限的人認爲他們的貢獻具有相當的重要性，因爲在心理上他們覺得要不是他們的介入，根本不可能獲得勝利，因此其貢獻並不見得比其他人少，光憑資源的多少來分配利益顯然是有欠公允的。

鑒於上面的缺點，Komorita 等於是提出了討價還價式的結盟理論，這個理論比較強調同盟中協商步驟的重要性。根據這個理論，同盟中的個人對於獲勝所得利益具有三種不同的期待：最大利益、最小利益以及最可能得到的利益。同盟中力量大的，其最大的期待利益乃是以對等的方式來分配，而最小的期待利益乃是平等的分配（兩人時各得一半）；同盟中力量較小的，其最大的期待利益是以平等的方式來分配，而最小的期待利益則是根據對等的方式來分配。而最可能的分配方式對雙方（同盟中）而言都是對等與平等兩種分配的平均值。根據這種理論，個人之所以加盟乃是認爲結盟可以帶來最高的利益。基于此論點以及那些被拒絕於同盟之外者常常會以高利來引誘原已加盟者而另起爐灶，這種結盟關係因爲太過重視個人利益往往缺乏穩定性。

除了利益分配的考慮外，結盟的情事也可能因爲要顯示個人最合理的立場而發生，這尤其是當爭執的任何一方所採的立場十分極端時，原來保持中立者可能會因此而投入比較溫和的一派，以避免造成極端派佔了上風的局勢（Van de Vilert, 1981）。個人目標與態度的類似也是決定加盟的一個重要因素，當個人擁有相同的力量與資源時，他們通常喜歡與那些持相同態度者結盟，不過當態度和資源相當者，資源的考慮較受重視，因爲一般人都比較關心最大利益的獲得（Miller, 1981）。

四、團體間的衝突

有些人也許會認爲團體間的衝突也是一種個人間的衝突，因爲團體間的交易往往是由其代表來進行，而不是由整個團體做接觸。不過，有些學者（Brown 和Turner, 1981）認爲代表團體的個人行爲與純粹的個人行爲頗有不同，由於有團體做後盾，代表團體的個人在受到對方攻擊時可能採取較厲害的反擊方式（Konecni, 1979）。因此在本節中我們將特別就團體間衝突的本質及解決方法略做介紹。

團體間衝突之爲何發生最早引起學者的重視，早期的研究多針對競爭會引起敵對的假設之求證。Sherif等（1951；1961）曾利用夏令營的男孩子爲受試者進行這方面的研究。他們的研究設計是先把夏令營的男孩子隨意地分爲兩組，這些新組成的團體經過一個禮拜的接觸後（團體內組員間相互合作，共同起居，一起清理營地以及參與其他活動等），都變成十分團結，而且有自己的領導結構和特殊的團體名稱代號。

其次，實驗者將兩個小組聚集在一起，做團體間的競賽以便贏得獎品，他們比賽足球、拔河以及籃球等，並且比賽起居環境、營區的整潔以及其他活動。這種團體間的比賽越演越烈，而且兩個團體間的磨擦也變得越多，相互謾罵揶揄的情事一再發生，打架的事也不能避免，雙方敵對的程度十分尖銳。這種因強烈競爭所造成雙方的衝突與敵對在其他研究中也有同樣的發現，而且並不只限於未成年的男孩子，勞資雙方的敵對也頗多類似處（Blake 和 Mouton, 1961; 1962; 1979）。

團體間的競爭是否是引起雙方衝突對立的必需條件呢？答案是否定的，因爲學者們發現只要把個人分別編入不同的組別，新形成的團體就很自然地會對自己的團體產生偏好之心，而對其他的團體加以歧視（Tajfel 等, 1970; 1972），這種光因編組（並不一定根據任何重要的因素或特質）而造成的組內偏差（ingroup bias），學者們稱之爲最低團體間情況（minimal intergroup situation）（Tajfel 等, 1979）。這種情事爲什麼會發生呢？學者們認爲這與社會比較的歷程（social comparison process）有關，他們認爲一般人往往以個人所屬的團體來界定自己（認爲自己是怎麼樣的一個人），而且透過與個人所屬團體中的其他個人的比較來發展個人的自尊心（Tajfel 和 Turner 等, 1979; 1981），由於這種動機的存在，他們對自己所屬的團體的地位與價值之提高十分重視，貶低其他團體可以使自己所屬的團體的地位因之而昇高，於是歧視其他團體的情事也就隨之發生。

綜合上面所述，我們可以看出光把個人編組就可以造成團體間相互歧視的現象，這種做法可以為團體間的衝突植下禍根；而且這種歧視與衝突的發生並不一定要雙方有所接觸時才會發生；不過，當團體的編組是根據一些重要的因素而且團體間又有所接觸時，衝突的程度會因之增高，要是雙方的接觸具有競爭性，那末衝突會更厲害。

除了把別人所屬的團體認為不如自己所屬的團體外，一般人對於別人所屬的團體(非自己所屬者)還有兩種特殊的知覺傾向，他們認為別人的團體之所有成員都是一樣的，只要看過其中的一個，別的不會有什麼不同的地方。這種團體知覺上的特色為何造成，有些學者（Jones等，1980；1981）認為這與一個團體中的成員可在許多不同的場合觀察自己團體中其他成員的行為，但並沒有那樣的機會觀察其他團體的人，因此對自己所屬團體中的其他人也就認識較深，對自己團體中成員的個別差異也知之較詳。而且一般人都有強烈的欲望冀求能預測其他團體中成員的行動，把這些人看成是相差無幾的作法可以幫助預測的行為；而且一個人對自己所屬團體中互相認識的人一定比其他團體的人為多，基于這種事實的存在，他們也比較瞭解自己所屬團體中其他人的個別差異。

五、團體間衝突的解決

團體間的衝突基於上述相互間成見的深入以及知覺上的嚴重偏差，欲求和平具建設性的解決並不是很簡單的，不過社會心理學家在這方面所做的研究似乎已為此一難題提供一些可行的解決方法。Sherif等（1961）在夏令營以男孩子所做的實驗，曾利用成人的訓話方法，教導敵對的雙方放棄成見，相互為友，但卻得不到效果。另外這些實驗者還把原先敵對的兩個小組集合在一起來對抗「共同的敵人」——來自其他營地的另一小組，在與這一小組比賽競爭時，原先敵對的兩個小組間的衝突程度有了減少，但是在共同敵人離去之後，雙方又恢復敵對的態度。

Sherif等（1979）認爲這種做法只會改變並擴張團體間的衝突和暴力行爲而已。

這些實驗者發現最有效的一個方法是讓敵對的兩個小組一起來完成雙方共同需要的目標，而這個目標的完成並不是任何一個小組所能單獨完成的。在這種情況下雙方被迫進行合作，而經過幾次合作之後，敵對的程度會有顯著的降低。例如他們故意安排搬運食物的卡車拋錨故障，唯一能够使之再發動的是需要兩組的人都參與推車的工作，因爲只有一個小組的人根本推不動，雙方只好「同心協力」把卡車再度發動。以這種合作的方式來減低團體間的敵對與衝突在其他場合裏也被發現頗有功效，這些包括不同的機構（Blake 和 Mouton，1962；1979），種族間的歧視之解決（Aronson 等，1978；1979），以及大學生（不同學校）間的互相喜好的程度之增加等（Wilder 和 Thompson，1980）。

不過有些學者認爲合作並不一定都會獲得良好的效果（Worchel 等，1978；1980），他們認爲合作只會減低團體間界限的顯著性，其他還有許多會影響到這個界限的顯著性的有關因素，Worchel等（1977）發現如果雙方合作不成或是合作而獲得的結果欠佳的話，這樣子做（促使雙方合作）反而會增加雙方衝突的程度。他們認爲這是因爲合作的失敗會引起雙方互相責怪而重新劃清兩者間的界限。另一項研究（Norvell 等，1981）發現要是雙方在解決問題上的能力大有差別時，合作的方式對於增進雙方喜好上並不會發生什麼效用。不過，假如先消除雙方能力上的差別，然後再進行合作，合作的方式是會有所幫助的。

六、自薦之道

就權力有限的個人而言，與他人交際應對的一個很重要的技巧是如何使自己與對方間的權力均勢達到較大的平衡與對稱。這許多應對的技巧主要是在以最優異有利的方式把自己提供與他人，以便造成某種特定的有利印象，而達到某種後果。因此自我推薦的方法因欲達成之目的以及所欲推薦之對方而有不同。這兒我們簡單地介紹 Jones 和 Pittman (1982) 所討論的五種不同方法。

1.討好他人 這是一個使擁有較大權力的人對你產生好感而喜歡你的一個方法。討好別人可從恭維別人，誇獎他人，同意他人看法意見（所謂的拍馬屁之道）或是效勞他人，給別人好處等等方面下手。越是依賴別人者，討好別人的意願也越強。但是依靠別人的事實往往使討好的方法難以得逞，達到目的。因爲這種依賴性的存在，被討好的人往往會認爲討好者的行爲並不是誠心誠意，而是別有企圖。在這種情況下，討好的人若是不善加處理，很可能造成反效果，不但是蝕把米，而且會減低對方喜好自己的程度。有許多下屬對於上司的才幹人品雖十分欽慕，但卻不敢做公開的表示，這可能與害怕被譏爲「馬屁精」的心理有關。

2.嚇唬他人 這是一個使對方感到危險而產生恐懼的做法。想要用這種方法達到目的，嚇唬他人者必須要顯示有能力而且也願意使對方受到傷害。雖然通常是權力大者比較會嚇唬權力較小的人，但是有時那些沒有權力的人卻可以有效地運用嚇唬的方法來達到某些目的。恐嚇密告就是一個常被使用的方法。許多小孩也常常採用這種方法來對付父母親，例如沒有獲准參加郊遊的小孩，往往以不專心學業、努力用功來做要脅。少數團體以遊行示威，破壞秩序引發暴動爲要脅來迫使權力之擁有者做某些承諾與讓步也是很常見到的。採用這種手段的人，並不是要對方對他產生好感，而是要使對方感到危險而有所改變。

3.自吹自擂 運用這個方法主要是在表揚自己的能力與經驗以使對方覺得自己的才華過人，能幹精明。雖然吹牛的內容有時並不容易加以識別眞僞。不過，在一般情況下，通常喜歡自吹自擂的人往往是對自己能力缺乏信心，沒什把握的。得到最佳演員獎的人不必告訴別人自己的演技多超羣、經驗多豐富；而滿腹經綸的學者也沒有需要自稱專家博士一番。更有意思的是一般人在成功卽將到手時，往往會儘量自己居功，而忽略其他有助於成功的外在其他因素。在謀職期間，一個求職者很可能自我標榜是某有名大學的高材生， 但是一旦工作到手， 他就會自稱是個人能力優越而獲重用，而不再宣稱學校教育的貢獻（ Quattrone 和 Jones，1978)。

4.自我淸高　這是另一種自我標榜的方式，不過其重點在表揚自己是重視原則很有操守的一個人，而不是見利思遷，忍辱求榮之徒。這種人好稱自己德高望重，道德標準淸高超人，也會標榜自己犧牲小我，完成大我的情操。這樣做的人不管是有誠心與否，往往只能在有限的程度內影響別人，而且這種做法的冒險性也很高，因爲一旦這個人被發現有一點小瑕疵時，別人對他的印象會完全改觀，而變爲相當不利。

5.自貶自憐　對於上述幾種方法無能爲力者，自貶自憐不妨是一個可以試試的苦肉計。運用這個方法主要是在挖掘自己的弱點與依賴性，他所運用的方式是根據社會上一般「抑強扶弱， 悲天憫人」的心理反應，而企圖從中得利。所謂「欺負弱者稱不上大丈夫」的想法，往往會使一般人對於自己覺得相當可憐的弱者產生一種憐憫之情而加以抬舉協助。這樣子做最好是能够使對方感到目前所遭到的困苦是一種不幸和意外，否則可能引起被人不齒的行爲而拒絕幫助。當然自我作賤的做法對個人自尊心的損失也不可忽略。

第十三章　大　綱

第十三章　領袖、領導與權力

心理學家們研究有關領袖和領導的問題已有相當一段時間，他們研究的重點主要是在發現那一類的人會變成一個團體的領袖來領導其他的人以及有效的領導行爲方式。優良傑出領袖人物的識別與鑑定不但是在政府、軍隊中關係重大，而且對於民間、工商團體也是一件十分重要的事，學者們針對這個問題曾有過許多不同量表以及識別方法的嚐試，不過截至目前爲止，他們還沒有發現一套絕對可靠有效的方法。

一、領導人物

所謂領導人物指的是什麼樣的人呢？也許有些人認爲那些有權有勢的人就是領導人物，其他的人也許會認爲身居要職的人就是領導人物，不過，這種種看法並不是很正確的，因爲權勢的擁有以及要職的擔當可能是後果而不是導因，有很多人在掌握大權，成爲領袖之前已充分地表現其領導才幹，從很多方面來影響其他的人，這種人之所以能夠挑擔重任，發號施令領袖羣倫很可能是導因於其優越的領導才能。

簡單地說，領導人物可以說是那些能夠對個人所屬團體的其他成員發生積極的影響的人。這兒所謂的「積極的」乃是指其影響力是有益於個人或團體意願和目標的達成而言，換句話說，領導人物運用其本身的能力或是某種社會權力來支使並領導其他的人以期達成某一特定目的。具有領導才能的人，其一言一行往往會對所領導的其他人發生影響，左右其行動和思想共同爲某一目標而努力。

領導者與被領導者兩者間的主從身分並不是一成不變的，由於時機、場合以及任務上的不同，兩者的地位可能相互對調，原先被領導的人搖身一變爲領導者，而本來是領導人物的卻變爲被領導的人，兩者所扮演的角色前後完全相反，例如平時一校之長領導所有教師，但是要是這些人組成一個足球隊，而共推體育老師爲教練，身爲隊員的校長只好聽從體育老師（原爲被領導者）的指揮和調度。由此我們也可以看出，領導者與那些被其所領導的人大都具有許多的類似之處，因爲只有在這種情況下，被領導的人才會樂意接受或公推某人爲該團體的領袖來領導他們。綜合上面所述，我們可以看出領導人物的要件包括有多種，除了個人的人格特質外，其所處的場合、時機，以及所率領的羣眾都會對其所處地位和行爲發生關鍵性的影響（Hollander，1978）。

二、領袖形成的理論

爲什麼有些人會變成一個團體的領袖，而其他的人只有追隨領袖的份呢？成爲領袖的人是否具有一些常人所沒有的特質？是英雄造時勢呢？還是時勢造英雄？或是個人與時勢正好風雲際會，脫穎而出？學者們研究領袖形成的問題，大多從這許多方面來探討（Hollander 等，1971；1975），因此不同的理論也就有其所偏重的地方。

甲、偉人論

偉人論又叫特質論，其基本假設是領導人物有不同於常人處，既是如此，那末此等超人處或特質之認定，乃是研究探討的主題。這種理論乃是「英雄造時勢」的理論，根據這種說法，領導人物不管在任何場合或時局，均將脫穎而出，領導羣眾。而且，領導人物與眾不同，有其獨特超羣處。雖然上述這兩種假設並沒有得到很多的實證，不過心理學家們早期有關領導方面的研究卻是偏重在這方面的，因此也認定了一些有關領導人物的特質。

1.體能特質　一般來說，領導人物要比其他人年紀大些、高些、重些，而且又較健康，但這與團體的任務大有關係，重視體能的任務也許需要具有上述特質的領袖，但是辯論會的領袖並沒有具備上述條件的必要，甚至革命領袖也不見得是體能較他人為強者。

性別與領導似乎有某些程度的相關（Jacobson 和Effertz, 1974; Hollander 和 Yoder, 1980）。在男女都有的團體裏男性往往居領導地位，而且在這種情況下，要是團體的任務沒有達到預期的效果時，男的領導人物往往要比女性領導人物遭受到較嚴厲的批評。在目前一般情況下，不管是男是女，往往沒有特別有意推出女性人物為其團體的領袖，因此一般女性對於擔當領袖職責大都感到某種程度的抗拒與衝突。除此之外，團體成員對於成功的女性領袖又多認為是好運所導致，而對於男領袖的成功卻認為是工作賣力，才能特殊以及孚眾望而來。

2.人格特質　智力與口才是兩個與領導最具關係的特質，就一般而言，領袖的智力要比一般成員為高（Gibb, 1969），不過也有一些研究結果指出這並不然（Loretto 和 Williams, 1974）。口才好，善言論確是公認為很重要的領袖特質（McGrath 和 Julian, 1963），而且發表言論的多寡似乎要比是否言之有物來得更重要（Hastorf 等, 1965; Sorrentino 和 Boutillier, 1975）。不過，要是言論涉及自己團體的聲望，批評團體效率不佳時，團體成員卻會拒絕該發言者的領導地位（Morris 和 Hackman, 1969）。

3.超人的號召力（charisma）也是偉大領袖的人格特質　具有這種特質的人往往可以吸引很多人來參與他所領導的活動，其一言一行往往獲得廣大羣眾的注目與擁護。許多人為了聆聽其演講或一睹其風采，往往可以在風雨中久候長待，這種強烈的號召力與影響力常常使一個人有扭轉乾坤的氣勢，在歷史上扮演很重要的角色。這種近乎神祕的超人特質，社會心理學家們又做何解釋呢？

根據 Baron 和 Byrne (1981) 的看法，具有這種特質的偉大領袖大多又具有下列多項才能，而這些才能在社會歷程的操縱與運用上具有很重要的地位。

(a)超人的社會知覺能力　偉大的領袖對於羣眾的非語言性的溝通信號十分敏感，而且也善於表現和利用此一溝通工具；對於羣眾的正反性反應也十分敏感，而隨時做必要的適應與調整。

(b)超人的說服力　能言善辯，口才十分傑出，是一個很成功的演講者。不只是善于表現個人的意見與主張，而且又充滿自信和熱心，能够抓住聽眾的心理好、惡，而投其所好，因此很得人緣；能爲各種不同的團體所接受，進而得到必要的支持與擁護。

(c)善於利用他人　運用各種不同的方式來影響羣眾，有時採取附合的壓力，有時則油腔滑調，討好聽眾；有時則花言巧語，誘引他人上鈎，而遂其志願，達成目的。

(d)對社會變遷和趨勢具有高度的敏感性　對於羣眾態度上和常模上的改變相當清楚，而又能針對這種改變做必要的鼓吹和號召，運用時勢，順水推舟，使其敵對者喪失廣大羣眾的支持而做無奈的掙扎。這種高度的社會敏感性乃是運用羣眾，獲取支持所不可或缺。

乙、時勢論

所謂「時勢造英雄」的說法就是此一理論的精義所在。持這種看法的人認爲領袖是應運而生，因時代和場合的需要而被擁戴爲團體的領導人物，共同爲團體的目標而奮鬥 (Cooper 和 McGaugh, 1969)。影響領導的環境因素有很多種，而且一些不太爲人所重視的因素卻往往會造成相當的影響。例如團體開會時座位的安排就被發現與領導的作用有所牽連 (Howells 和Becker, 1962)，因爲會議中座位的安排直接和意見的交換與溝通發生密切的關係，一般領袖（會議的主持人）通常都坐在長方桌的一端而不是坐在桌子的兩長邊（Lecuyer，1976），但是在某些場合裏，爲了避免任何一個人或是任何一方被認爲是佔有優勢，圓桌式的會議也會被採用，這種方式避免了主、從的劃分。

團體中領導人物的產生也往往與團體中個人的資歷之深淺直接相關，資歷深的人往往會被推爲領袖（Insko 等，1980），這種現象尤其是在權力較大的團體中更是如此，這種安排對於團體的安定具有主要的影響力，而且在權力的轉讓上，也比較不容易起爭執。

一個團體所面臨的情況也會影響到其領導人物的選擇。有許多研究報告（Klevin，1976；Worchel 等，1977）指出，當一個團體面臨敵人的挑戰和威脅時，他們比較容易接受具權威性的領袖，危機的存在似乎是團結羣眾，擁護其領袖的一個很重要的因素，因此有許多團體的領袖一旦發現自己的領導地位產生動搖而有被他人取代的危險時，往往會設法製造危機，以便支使羣眾應付危機，而同時又可藉此穩定個人的地位，獲得羣眾的再度支持（Rabbie 等，1976）。外來的危機不但會轉移羣眾的注意力，而且也會促進羣眾的團結。

團體在選擇其領導人物時也因該一團體的特殊需求而有所不同。由於一個團體的需求因時因地而易，這種時空上的變遷也往往會改變其領導人物的選擇（Hollander 和 Julian，1970）。這在前面我們討論領導行爲時已稍有介紹，領導者與被領導者兩者間的主從關係並不是一成不變的，由於場合的變遷以及團體任務的改變，原先的領導者可能變成被領導者，而本來被領導的人卻變成是領導別人的領袖。基于這種認識，贊成時勢論的學者認爲偉人論的說法是不正確的，因爲個人的人格特質應該是具長久性的，不應該因情勢及團體的需求之改變而有所改變。

丙、交互作用論

新近的學說（Katz 和 Kahn, 1978; Hollander, 1978）指出一個領袖的出現有賴於個人的人格特質，所處的環境局勢，以及羣眾的擁護。雖然某些人可能具有相當的才幹，但是這種才幹要是無濟於羣眾需求的滿足，那末這些人是很難成為該一團體的領袖的，環境局勢不但會影響到羣眾的需求，而且也會影響到團體有關領袖方面的需求，如此一來，追隨者與領導者相互發生作用，一旦時局有所變遷，追隨者的需求有了改變，那末領導者也往往有所更動，只有具有滿足團體中追隨者意願的才幹之士，才會有機會被公推為領袖來領導大家，除非一個人具有相當的才能，光靠時局的變遷並不一定就能成為領導人物。

三、領袖的認定

誰是團體的領袖呢？最直接簡便的方法就是詢問團體的成員，任何一個為大家所公認的領袖，必能在團體中起帶頭的作用。以這種方法來認定一個團體的領袖雖然是簡單易行，不過這樣做卻不一定有助於領袖特質的認定。因為問題的癥結並不在「誰是領袖」？而是「什麼樣的人（具某些特質）配得上當一個團體的領袖」？

「影響力」是一般居領導地位者所持有的特質。當一個團體的領袖往往使一個人對於團體的活動與信仰具有最深入的影響力，他往往是發號施令，裁奪立斷的人；而團體中的成員，其想法、做法也大都以團體的領袖的意願為主要依歸。由此看來，我們也可以根據一個人在團體中所能產生的「影響力」之大小來認定該一團體的領袖。團體的領袖雖不難加以認定，但是「為什麼某些人變成領袖」的問題卻是相當複雜，俗云：時勢造英雄，英雄造時勢，領袖的出現與產生可從個人內在的因素和外在的環境因素來加以探討。

甲、外在因素

有些人是被任命爲某一團體的領袖的，在這種情況下，奉命爲領袖者往往是由團體以外的人士（上司）所派定，或是根據某些成規所產生，在這種情況下，不管個人資歷的深淺，只要佔據領導地位的人，他很自然地便成爲該一團體的領袖。這種被派定的領袖跟那些以個人本領贏得領導地位者頗有不同。在很多情況下，被指派而來的領袖往往不能獲得團體成員的信服，因此其對團體所能發生的影響力與權力往往沒有被公推爲領袖者來得大（Raven 和 French, 1958）。

除了公推或派定上之不同外，團體成員對其領袖的反應又因其他環境因素而有異。根據 Michener等的研究（Michener 和 Burt, 1975a & b; Michener 和 Lawler, 1975），當團體較爲成功時，領袖也較易爲其他成員所接受；團體成員也比較能接受比他們少獲得利益的領袖；對於非永久性的領袖，團體成員也較具好感。此等發現對於爲人領袖者的作風與作法具有相當的重要性，就以一縣之長而言，如果地方繁榮、經濟富裕，縣長當然是以政績良好而得人心，但是影響縣政者並非縣長一人一任所單獨使然。限於先天與外在的因素，有時一個團體的領袖絕無法爲團體本身的成敗負全部責任，但是團體成員卻是作如是觀的。上述研究的第二點發現，明顯地指出那些借領導地位爲個人名利鑽營者往往不會受到其所領導者的支持，而且對於久居其位的領袖一般成員也都逐漸減低其信服的程度，一般人對於永久性的領袖似乎都持消極不利的態度。

乙、溝通量（amount of communication）

在一般情況下，最活躍的溝通者也往往是該一團體的領袖，因爲在團體中很活躍的人，對於團體的影響也較大，活躍的溝通者意見最多，發言和發問也最多，而發號施令的機會也隨之增加。局外人往往以發言多者爲該團體的領袖，而該團體的成員也贊同此一看法。由此看來，左右溝通乃是左右領導地位的一個重要關鍵。也許有人會懷疑如果發言者言之無物，而只是好發表言論，他被認爲是領袖的可能性是否減少？根據一些實驗結果（Regula 和 Julian, 1973; Sorentino 和 Boutillier, 1975），在這方面，量還是要比質來得重要，或許我們可以說發言量的多少與被認爲是領導人物具有絕對的正相關，只要多發言，至於是否言之有物，關係不多。Stang（1973）的報告指出，好發言者若言之無物，可能會導致他人的厭煩，不過一般人還是把他看成是團體的領袖的。

以上的結論是以短期間的實驗結果爲依據，也許長期仔細觀察團體的活動，我們會發現「言之有物」在領導地位的構成上佔有相當重要的份量，不過目前我們並沒有這方面的實際資料來支持這個看法。Gintner 和 Lindskold（1975）的報告指出，發言量之所以有這樣的影響力，主要是因爲沒有其他的好方法來選擇領袖人物，但當一個人具有專家身分時，其發言之多寡並不影響到他的領導地位。如此看來，只要一個人有爲團體貢獻的能力時，團體的成員仍然會要他當領袖的。

丙、溝通方式

團體成員中相互溝通的方式因團體結構之不同而有所不同，就一般情況而言，團體中能够隨意同其他成員溝通的人，往往是該一團體的領袖。團體中通訊網的控制十分重要，這可由許多政變中，當權者與反對者都企圖控制廣播系統和設備看得出來。此等系統和設備的控制可供其佔有者對廣大羣眾發佈對其有利的消息與言論，而廣大的羣眾也大多以廣播系統的控制者爲當權者。

通訊網一般可分爲圓桌式（circle），Y式，輪軸式（Wheel）和鍊式（Chain）等四種，而這些不同的通訊網與團體的效率和士氣大有相關。當成員較能自由自在地溝通時，他們也都較爲滿足，而那些有較多機會自由溝通者，滿足的程度也較高；反之，那些只能同另一個人溝通者，感到最不滿意。

通訊網的形成與領袖人物的形成也大有關係，通訊網中的中心人物（最能自由地與團體中任何成員交換意見者）往往被認爲是該一團體的領袖，而在圓桌式的溝通網中，領導人物的認定往往相當困難，但是佔有軸心位置的人，卻被一致認爲是團體的領袖。在一般團體中，其領導人物往往是高高在上，與其他成員的溝通往往是經由第三者（祕書、助理等）而來，在這種情況下，祕書或助理常常在無形中取代了領導者的部分權力，因爲他們實際控制了團體的溝通網，團體中的基層人員非透過他們就無法與領導者溝通，而領導者所要接見溝通者又往往是經由祕書或助理的安排。當然要是領導者有意同任何人溝通他是可以這樣做，也有能力這樣做，不過在例行公事執行上一般是少有的。如此一來，幕僚人員權力相當大，是不難想像的。

丁、個人素質

前面我們提過，好發表言論，能言善辯者往往被認爲是團體的領袖，這種情況在小型團體中更是如此。除此之外，其他的個人素質又有那些是與領導能力有關連呢？

1.地位　一個人地位的高低與其發言的多少和其影響力都有密切的關係。地低高者一般也較常發言，而其影響力也較大。根據 Stodtbeck 等（1958）的研究，在陪審團選擇領班時，專業人員被推舉爲領班要比一般工人者的情況高出兩倍，而且地位較高的專業人員的參與討論的程度也要比那些地位較低的勞力工人爲多，個人的社會經濟地位之影響力由此可見一斑。

2.與團體的關係　被選爲領袖者，其身分不能與其他團體的成員相差過多或截然不同，在小型團體中，公推的領袖往往是大家所能認同的，這也就是我們日常生活中所說的「同伙人」。由此推論，領導者若不能和團體中的成員保持一種「伙伴」性的關係，他往往會喪失羣眾基礎，得不到支持。團體中的所有成員對於任何「與眾不同」的成員都採取相當的敵對態度，而團體的領袖對於離異分子也是十分敏感，而常對此種情況採取制裁懲罰的行動，以迫使此等分子就範。

四、領導行為

領導者在團體中到底做些什麼樣的事呢？他對於所領導的團體到底會發生什麼作用，產生何種功能呢？這一類的問題就是這兒我們所要討論的有關領導行爲的問題。

根據 Halpin 和Winer (1952) 所做的研究報告，一個領導者對其所領導的團體最具影響力的兩種特質分別是關注（consideration）和規劃（initiating structure）。所謂關注指的是建立溝通管道，說明所採行動以及促進大家相互信賴等一類的行爲；其他如指揮團隊的行動以及擬定團體的活動計劃等則屬於規劃的一類。Halpin 等又指出兩項次要的特質：講求效率(production emphasis)，強調完成目標的重要性和具社會敏感性（social sensitivity)，有彈性地調整計劃，區分職責；以及對於團隊中人際間良好關係的建立加以重視。

講求工作效率，強調完成任務的重要性與重視人際間的適應與感受兩者間在基本上有時是會發生嚴重衝突的，在這種容易發生矛盾和衝突的情況下，一個領導者應該如何才能得而兼顧，發揮長才呢？Bales 等（1955）認爲這兩種不同的領導功能往往不是單由一個人全盤負責照料，在一般團體裏，通常是有一個人專門從事有關達成任務方面的領導，而有關人際關係良好適應以及團隊士氣的維持則另有他人負責管理。這種說法與我們社會傳統中「嚴父慈母」的安排頗多類似之處。

專門負責達成團隊任務方面的領導人物被稱之爲任務專家（task specialist)，而負責維持良好人際關係的領導者叫做社會——情緒領袖(socioemotional leader)，這種人也被稱爲維護專家(maintenance specialist)。不同的領導人物因其任務之不同，爲達成特定任務而使用的權力基礎也隨之有所差別，負責工作實效的領袖所採用的主要是法定的權力和專家的權威，爲了達成任務，有時不免使用威脅或其他壓力來支使羣眾；而那些重視良好的人際關係以及維持高度士氣的領導人物，則大多採用獎勵、指點以及參考的權力(referent power)，利用一般人見賢思齊的心理以及別人的尊敬和欽慕來影響別人，以期和諧共榮。

五、影響領導效能的因素

甲、民主與權威方式的對比

四十多年前學者們（Lewin, Lippitr, 和 White, 1939）比較研究了四組 10 歲小孩在三種不同領導方式下的反應，這三種方式是民主式、權威式和放任式，民主式的領導人聽由團體來決定政策，對於步驟細節上的問題則提供建議，團體成員的任務及同事伙伴自由選擇，以客觀的方法做爲獎懲的依據，而且也參與團體的行動（不只是發號施令）。權威式的領袖則自己決定團體的政策，直接發號施令安排追隨者的工作，並指示應採的步驟，個人高高在上，不與追隨者共同參與工作。放任的領導方式則完全授與團體成員充分自由，不過不直接參與團體的活動。此項實驗所使用的團體任務乃是製造假面具和其他東西，各組輪流接受三種不同領導方式的成人爲領袖而從事各項任務，每次活動期間爲六個星期。

實驗結果發現在權威性的領導下，這些男孩子們的敵對行爲和侵害性行爲要比在民主式的領導下高出許多，而常有責怪他人的情事發生。

在民主式的領導下，團體的團結性大有增加。當領導者暫時離開時，受到權威性領導的小孩馬上會減少其建設性的活動，但是那些受到民主式領導的人卻沒有這種反應。而且那些受到權威式領導的小孩脾氣暴躁而少能忍受挫折。而領導方式的改變，對於團體成員的行為方式也大有影響，當小孩子們從權威性的領導轉為放任式的領導時，其侵害性行為大有增加，這也許是因為在權威性領導下，團體成員敢怒不敢言，積了一肚子氣，一旦環境變遷，他們也就趁機消消氣，發洩一番。以團體工作效率來看，權威性的效率最高，不過，在自由民主式的領導下，其產品的素質要來得好些，後來的其他實驗（Rosenbaum 和 Rosenbaum, 1971）又指出，在權威性領導下，如果團體所處情境緊張，其效率較高，反之，在沒有什麼壓力的情況下，為民主式領導的羣眾，其效率較佳。

乙、環境因素

環境因素對領導效率的影響又是如何呢？ F. Fiedler（1958，1971）曾對此一問題深加研究。他首先根據個人的人格特質將領導人分為兩大類，他所使用的測驗主要是在測定領導人對團體成員的心理感受，尤其是他對最不喜歡的合夥人的看法，因此這種量表被叫做 LPC 量表（the least preferred co-worker scale）。在這個量表得高分的人，對於所領導的人中最不喜歡的仍報有相當的好感，反過來說，得低分的領導人則對最不喜歡的人抱持非常不滿的態度。以人格特質而言，高 LPC 的人容忍性較高，較被動，較友善，也少抱怨，少發號施令，因此較能減低團體成員的焦慮感。低 LPC 者則較活動，愛控制，人際間關係較不圓滑，又喜發號施令，所以容易引起成員的焦慮感。這兩大類別上的差異與上面討論到的民主式與權威式的領導方法頗多類似處。

以領導效率而言，在一般情況下，低 LPC 的領導人在團體所從事的任務結構分明時，其效率較佳。因爲在這種情況下，分工合作很是重要，但是討論商量等人際間交互作用並不是很重要的，主要是所要從事的任務已有明確的認定，領導人只要根據成員的能力、本領安排工作以期達成任務。在這種情況下的團體成員對於低 LPC 的領導人也較能接受，因爲這種領導人可以增加團體的效率。

當團體的任務不够明確時，何種領導人的效率較佳，比較不容易確定。因爲有些時候低 LPC 的領導人也頗有效率。不過當領導者的地位不够強固時，其效率往往欠佳；這種情事可因採輪流式來推派領導人或是領導人（外派者）本身的地位身分低於其他所要領導的人時而發生。

Fiedler 所列三種構成有利情境的因素爲：⑴ 領導人與團體的關係，⑵團體任務的結構（task structure）和⑶領導人所擁有的權力。爲團體成員所信賴擁護和尊敬的領導人佔有很大的優勢，反之，不爲團體所擁護的領導人，則會有困難。在任務結構方面，結構明確者對領導人有利，但是當結構不淸楚或矛盾時，領導就會產生麻煩。當然擁有較多獎懲權力的領導人在領導團體時較爲方便。由此可見，有利的領導情境是當領導者與其所領導的成員間關係良好，而欲完成的任務明確有條理，而領導者又擁有相當的獎懲權力。根據他在領導效率方面的研究心得，Fiedler 認爲訓練領導人去適應領導情境往往效果不佳，他認爲較有效的方法是幫助領導人認淸或創造有利的領導情境以配合個人的領導型態（Fiedler，1978；Fiedler 等，1976）。

Fiedler 的所謂聯帶領導理論（The contingency theory of leadership）到目前爲止並沒有獲得很多實證的支持（Schneier，1978；Johnson 和 Ryan，1976）。雖然在細節上此一理論的許多假設似乎不够正確，但是，強調領導人特性與其他情境因素與領導效率密切相關的一般性看法是一般學者們所能贊同的。

六、權力（power）

個人所擁有的權力因其在社會，團體中所佔地位的不同而有顯著的不同，這種權力上的不平等在實際上有其存在的必要，因爲這種權力結構容易發揮效力，而有助於社會活動的圓滑運轉。試想要是社會中的每一成員都擁有同樣大小的權力，都參與社會決策的議定，都有相同的力量來管制別人的行動，這種社會在執行其團體任務時將如何進行呢？由於每個人都擁有同樣的權力，每個人都可以向別人發號施令，這種社會存在的可能性是微乎其微的。當然權力的濫用會造成不良的後果，而且剝奪個人所應享有的權力也是不合情理的事，不過不同的個人擁有不同的權力乃是不爭的事實。權力的種類及其運用，以及在何種情況下擁有權力的人會濫用權力的問題，這兒我們將做個簡單的介紹與分析。

甲、權力的種類與應用

簡單地說，權力乃是一個人或團體所擁有可以用來影響別人或其他團體的一種力量，這種力量的存在並不一定表示一個人或團體會使用該種力量，因爲力量的行使通常也必須付出某種代價，如果代價高于所得，那末使用這種力量是不智的，因此有些學者認爲一般人所關心的乃是「可使用的力量」（usable power）（Cartwright 等，1968），這種力量可以帶來較多的報酬，而不必付出太大的代價。

權力的獲得有許多不同的來源與途徑，French等（1959）認爲這主要包括五大類，這些學者以及其他的學者（Aries，1976；Bonoma，1976）指出一般人所擁有的權力往往來自幾個不同的地方，因此在運用權力時，也要考慮到某一場合必須使用某種權力，而且權力的基礎也常常決定權力所能使用的情境。

1. 強迫的力量（coercive power）　這是以威脅和懲罰來迫使別

人改變行動的力量。這種權力的基礎是有使用武器或是其他工具以做爲威脅的後盾的實際力量。使用強迫的方式來叫人就範的做法無法維持長久的相互關係，被強迫的人一旦有機會一定會脫離被控制的情境，暴力政權往往千方百計防止人民出國的做法就是一個實證。而且使用強迫的方法一定要以監視的方法做其後盾才能達到效果，一旦沒人監視，不同的行爲方式很快就會出現，暴力政權往往也是一個警察國家就是這個道理。

嚴密的監視雖不是不可能，但是確是相當困難的，反共義士的一再駕機投誠就是一個很好的例子。而且監視的做法往往導致相互間的互不信任和衝突（Strickland，1968)，強迫權力的使用者認爲既然要時刻不停地監視才能達到目的，那末那些受監視的人一定確是不可信任。而那些被壓迫者本來對暴力統治就不會有好感，加上個人行動被人時刻監視，自然增加反抗怨恨的心理。以監視的方法來改變一個人的行動並不能達到根本的改變，因爲行爲標準的內在化（internalization）不會因此發生，因爲在被監視的情況下改變行爲只是一種因應情勢的臨時性措施，這不能導致基本態度上的改變，監視一旦消失，行爲的維持也就失去了必要的理由。

強迫的方法既然有這末多的壞處，爲什麼還是常被使用呢？一個很重要的原因是這種方法很容易使用，威脅別人並不是很難的事，根本不必費大工夫。使用這種方法的人往往可以因此增高個人的自尊心、權威感（Kipnis，1974）也是一個主要的原因，許多當上司的人要是缺乏自信或是自尊心不高，往往喜歡用強迫的方法使其下屬就範而增加自己的威風，不過強迫的方法只能治標而不能治本，非不得已，應該儘量避免使用才是。

2.獎勵的權力（reward power）　這是以正增強的方式來達到改

變的方法。用來獎勵的可以是物質的（如金錢、獎品等），也可以用口頭的獎勵。用來做獎勵的東西應該是被獎勵的人所珍惜想要的才會發生作用，因此對於不同的個人，此種權力的適用性也隨之而異。獎勵的方法可以使被獎勵者欲求兩者間關係的繼續存在。對一般人（包括小孩子）而言，獎勵的方法要比批評懲罰的方法來得有效（Gumpert, 1977）。多獎勵，少批評的方法乃是一個比較高明的方法。

獎勵的方法對使用者而言，其花費比較大，這尤其是以物質、金錢做爲獎勵時最爲明顯；而且端賴獎勵也不一定可以做根本的改變，因爲被獎勵的人可能自認個人行爲之所以改變純粹是爲了獲得獎勵，一旦獎勵不再出現，行爲可能隨之消失。而且不適當的獎勵可能還會引起反效果，造成一種所謂「過度辯護」（over-justification）的反效果，一個原先以作畫爲樂的小孩，一旦受到來自別人過多的額外獎勵時，作畫的行爲可能變成一種負擔，變成是爲了得獎才作畫。

3.合法的權力（legitimate power） 因個人職權而所擁有的力量乃是一種合法的權力。例如工作單位的主管有權分配支使屬下人員的工作，但是並無權力過問你如何過週末、渡假期。透過社會化的歷程，一般人都認可某些外來的權力之控制，認爲這是天經地義的事（Pruitt, 1976）。孝順父母、服從長官、尊敬長者的行爲典範常模代表著一種合法權力的約束力量，這不一定是代表法律制裁的威脅或權威，但是違反常模的人往往會遭受到社會的制裁懲罰。持有合法權力無需解釋爲什麼別人需要如何行動的道理，擁有這種權力的人有權來影響別人，而且要是這種權力是來自法律的規定，其他的人有聽其支配的義務，違反此一規定，可能受到法律的制裁。許多用暴力奪取權力者，往往運用各種方式來使其權力合法化，以鞏固其控制操縱別人的權力。

4.專家的力量（expert power） 一個是某方面的專家權威人士往

往也因此而擁有某種權力。當醫生的在診病之後如發現病情嚴重時，可以要求病人住院接受治療或是動手術，緊急開刀。這種權力與合法的權力一樣，其適用範圍受到相當限制而不是普遍可用。以專家力量來影響別人不需要依賴監視的方式，而且因爲一般人都信賴專家，因此來自專家的要求也比較容易被接受和順從，經由這種方式所達成的行爲上的改變也較具長久性，內在化的情形在使用這種方法時比較容易發生。

5.參考的權力（referent power）　受我們尊敬和欽慕的人往往比較能够影響我們的行爲，這是因爲這種人擁有所謂「參考的權力」。見賢思齊的心理使得我們模倣那些被我們崇拜賞識的人。參考權力的影響不必依賴監視來達成，而且權力的擁有者以及被影響的人兩者間的距離不但不會疏遠，而且還會更爲接近。這種權力所造成的影響與改變也具長久性和內在化，因爲這些變化是根本的變化而不只是因應局勢的臨時性改變。朋儕的影響也是一種參考權力的影響，互相倣效學習的後果，往往是自成一股不可忽視的力量。

6.知識的權力（information power）　這是由Raven和Kruglanski（1970）所加列的另一權力。這種權力純粹是因擁有某一特定知識或資料而來，法庭上的證人因爲他（她）對所審案件有關的事項擁有特別的知識，因此他（她）可以左右法官或陪審團人員的判斷。所謂「知識即是力量」（knowledge is power）就是這種道理。不過，這種權力的所有者一旦把知識公開之後，其影響力也隨之減低。證人在做過證之後，對於案件的審理也就不再會發生影響力。

乙、權力運用與性別差異

權力的種類與運用有所關連，而權力使用的對象與目標也會直接影響到不同權力的運用。Raven 等（1969）會晤洛杉磯附近的776個夫妻受試者，他們首先例舉不同的行爲方式，然後詢問受試者他們的配偶將運用何種權力來影響這類的行爲，他們發現參考的權力和專家的權力最常被使用，而強迫的權力被使用的機會最少。太太們認爲他們的先生喜歡用專家的權力，而先生們則認爲太太們大多喜歡運用參考的權力；而年青的夫婦較常使用專家的權力，但是參考的權力之運用隨著年紀的增大而有所增加；當然不同的行爲之影響也會左右不同權力的運用。

另一項研究（Falbo 等，1980）則叫受試者以「我如何支使我的密友來做我要他（她）做的事」爲題做書面報告，然後再分析這些報告來看那些權力最常被運用。此項分析所得的結果是男性支使女性大都運用直接和相互作用的策略，採取直接的交涉，討價還價，商討說理，以及堅持己見等方式；而女性大多喜歡採用間接和單方孤立的方法，這包括撤退、傷感情等等方式。研究者還發現運用直接和相互作用的策略往往比較能够得到圓滿的後果。根據研究者的解釋，男性大都期望對方會順從，因此也就可以堅持己見，直接交涉；但是在這種情況中的女性往往自認爲處於劣勢，爲了達成重要目的，只好採取間接、孤立的策略。

丙、權力的濫用

對一般人而言，權力慾的得到滿足似乎是很不可能的事，因爲權力的獲得往往會使一般人進一步追求更多更大的權力，這種得寸進尺的作風十分普遍。而權力的追求又往往造成權力擁有者的腐敗與惡化，這種現象的發生與幾項因素有關，這兒我們略作討論。

擁有權力者往往認爲別人的行動都是因自己權力的影響所造成（Kaplowitz，1978）。他們往往認爲要不是因爲自己的權力影響，別人不會有這種行動出現，基于這種錯覺，擁有權力者往往會小看沒有權力的人，把他們認爲是弱者，得不到幫助或是毫無價值，因此運用更多的權力來作賤他們，於是越加看不起這些人。而擁有權力的人往往變成大家注目的中心，許多訊息也都針對他們而發，又因爲他們擁有權力，許多一般人所不能得到的權利與特權又往往被加諸於他們身上（Watson, 1965），這許多榮耀可以提高權力擁有者的自尊心（Kipnis, 1977）。而這許多效用會增加權力擁有者和那些沒有權力的人兩者間的心理距離，擁有權力的人再也不會有同樣的感受，因此對於別人的需求也就不會有所關心。一旦權力擁有者與別人有所隔離時，他們開始相信自己的行為規範應該與那些沒有權力的人有所不同，於是為了鞏固個人的權力，也就不擇手段地從事許多違反情、法、理的勾當（Tjosvold 等，1978）。

有些研究報告指出，擁有權力的人要是不使用所擁有的權力時，別人往往會趁機佔他的便宜（Michener等，1972）。而且當權力擁有者不能使其影響的目標很快地顯示順從的行為時，別人加諸於他的權力會比較少（Layton等，1980）。這種種壓力使得權力擁有者時時擔心，而且也使他們不惜使用權力，甚或濫用其權力。當然這並不是說所有擁有權力的人都會這樣子做，為什麼有許多擁有很大的權力的人並沒有濫用權力的情事發生，這可能與個人人格和所處情境有關，不過有關這種假設的實證還有待學者們的努力。

由此可見權力的濫用乃是一個很嚴重的問題，這尤其是當擁有權力的人以強暴的方式來施展其權力時更是容易傷害無辜，造成損失。由於權力越大者，其使用權力的機會也越多，擁有強迫性權力（coersive power）的人掌有獎懲的大權，而且也往往喜歡運用這種權力來控制支使別人，相對地，他採用資訊權力（information power）設法說服別人的耐心也隨之減少。社會權力容易被其擁有者濫用，而這種行為又很有可能提高權力者的自尊心而變本加厲，如何設法防止此等情事的發生乃是值得深入研究的。

丁、權力的衝突

由於權力分配不均，個人或團體間為了追求權力而引起衝突乃是一般社會所無法避免的事。除非在高度強權的鎮壓下，沒有衝突和掙扎的社會根本是不會存在的，而強權鎮壓也往往只能維持一段很短的時間，反抗的勢力時刻在等待適當有利的時機發難。其實衝突本身並不完全是壞事，因爲許多改革和進步往往是權力衝突所達成的後果。嚴重的權力衝突爲什麼會發生呢？歷史上許許多多的革命事件乃是一連串的權力衝突事件，而這些衝突之所以會發生是否有某些相同的背景因素存在呢？

一般人大多認爲歷史上革命事件之所以會發生乃是因爲窮困的生活環境所引起，這種看法其實與實際情況並不相吻合，許多革命事件的發生，困苦的生活環境雖然存在，但並不是已長久存在，分析許多有關的個案，我們甚至發現許多革命事件發生前的一段時期，大衆的生活環境曾經歷過相當的繁榮與改善。基于這種事實，有些學者（Davis，1969）認爲實質的生活環境雖然重要，但是環境的惡化（繁榮的衰退或是新的困苦發生時）所引起的大衆之挫折感，尤其是強烈的挫折感可能是引發衝突，導致革命的更重要因素，這是學者們所謂的「相對剝削理論」（theory of relative deprivation），根據這種說法，當大衆生活水準的期望昇高時（往往在享受一段相當時期的良好生活環境之後發生），要是因某些因素而無法達成其願望，或是隨之發生繁榮衰退，困苦再度出現的局面，大衆希望的幻滅往往會引起強烈的挫折感而導致一發不可收拾的衝突事件。

Gurr（1969）所做的其他分析，發現過去在一百十四個不同國家裏所發生的內亂往往可用短期的剝削現象之發生與存在來加以準確地預測。根據這許多不同國家所經歷的背景來看，突發性的饑荒，經濟的萎縮以及人民稅負的增加等等往往是內部發生動亂的前奏。而且，許多國家之所以會有革命的事件發生，往往是導因於民衆期望與實際滿足兩者間無法平衡配合，這也就是爲什麼開發中的國家最容易發生革命事件，而高度開發以及那些極端落後窮困的國家卻少有這種問題的道理（Feieraben 等，1969）。

相對的剝削現象之存在只是權力衝突的導火線（Crosby，1976），其他還有三個重要的相關因素：(a)責怪的對象；(b)資源的控制和(c)缺乏改變的機會。如果一般民眾責怪自己，那末革命事件很少會發生；要是責怪的對象是當權者或是社會團體，那末發生革命的可能性較大。如果民眾擁有改變現況的資源和力量時，革命的可能性會增大，反之要是缺乏這種力量，他們會繼續感到困苦和壓力，但不會馬上採取行動，發生革命。要是民眾有其他改革之途徑和機會，以暴力方式來爭取權力和改善生活環境的情事也較少會發生。

第十四章　大　綱

第十四章　環境與社會行爲

由於生活水準的提高，一般人對於生活環境（空間環境）的素質也逐漸增高其關切的程度，這種發展對心理學本身也產生了相當的衝擊，一批心理學者特別對此有興趣，而從事許多這方面的研究，很自然地就形成了另一個心理學的分支——環境心理學家（environmental psychologist），他們研究的主要目的是在探討人類行爲與其所處物理環境（physical environment）兩者間的關係。這些心理學家採用心理學上的基本概念、原則與方法，來對一般人之如何適應外在環境、外在環境因素如擁擠的生活空間、噪音、空氣汚染以及建築設計等之如何影響到我們的身心等等問題進行深入的研究。不過，研究環境心理學的人並不只限於心理學者，其他如建築師、都市設計人員、工程師、人類學家以及社會學家們也都介入此一重要領域的研究工作。

探討有關環境心理學方面的問題，有幾個基本觀念我們須要有所認識與瞭解。第一、一般人對於某些特殊空間、物理環境的反應往往受到個人對此等環境因素之知覺、解釋與評鑑的影響，個人主觀的感受往往會導致個別反應上的很大差異，同樣的環境，有些人處之甘如飴，但對其他人而言則可能又如牢籠苦海。第二、個人的控制能力與控制感在環境的適應與反應上關係重大。一般人如果覺得具有左右環境因素的能力與可能，那末他們往往可以有效地適應極端不利的環境而不受其傷害，或減少受到傷害的程度。反之，要是一個人覺得無能爲力，甚至微小的不良環境也會造成心理上的嚴重壓力，並進而引發身體上的疾病。第三、有許多學者認爲一個人所能承受的外來刺激有其限度，過分複雜的生活環境往往會造成「認知上的超載」(cognitive overload)，這種超載會對我們形成壓力而減低我們的工作效率，因此一般人爲了達到良好的適應，往往會設法減少外來環境的刺激，而顯示了某些特殊的行爲方式。

一、擁擠(Crowding)

擁擠乃是一種主觀的感受，這與實質的空間密度(spatial density)是有很大的不同。假期間幾千人聚集在火車站等車，這使人頗有擁擠不堪的感覺，這當然與實質的空間密度直接有關，但是空間密度的大小卻不一定會直接影響到一個人的擁擠感受。春節佳期，家人團聚，小小客廳坐滿了人，熱鬧非凡是事實，但並不一定會使參與盛會的個人感到擠，感到透不過氣來，由此可見兩者是有所差別的(Stokols, 1972; 1978)。而且房間本身的設計、窗戶、光線以及空間的高低等等，也往往會影響到寬敞與否的感覺(Sundstrom, 1978)。

擁擠的感受往往是不自在、不舒服的。而且當一個人感到擁擠時，他往往會比較激動煩躁，學者們認爲這與數項因素有關(Evans, 1978)。首先，擁擠的現象牽涉到個人空間(personal space)的被侵犯問題，所謂個人空間指的是一個人所希望與他人間所保持的空間距離，這個空間很像環繞著個人的一個大氣泡，隨身爲個人所携帶，而且具有保護個人的作用；而且這個「氣泡」的大小又因個人所處情境的不同而隨時變化。當我們與陌生人接觸時，通常我們保持四呎左右的空間距離，但是當我們與親友接觸時，這中間的距離隨之縮小，大約在二呎左右。當然不同的個人維持不同大小的個人空間，通常成人要比小孩的個人空間大些，而男人間所維持的個人空間也要比女人間所維持者爲大，來自不同文化背景的個人，其個人空間的大小也頗有差別，一般來說，美國人、英國人以及北歐民族要比阿拉伯人、法國人，以及拉丁美洲的人需要較大的個人空間（Smith, 1981; Sommer, 1969; Stockdale, 1978）。一般人在不擁擠的公共場合大都儘量保護適當的個人空間，而且對於別人的個人空間也都予以適當的尊重，不隨意加以侵犯破壞，這種做法，與行車守則的「保持距離，注意安全」頗有異曲同工之妙處。

當一個人的個人空間受到侵犯時，他往往會有侷促不安的反應，移目他視，甚或退後兩、三步的反應也是很常見到的（Altman 和 Vinsel, 1978）。在十分擁擠的場合裏，一個人少有後退的餘地，雖然有意逃避他人的侵犯，但卻心有餘而力不足，在這種情況下一個人的感受往往與當其行爲受到牽制時頗多類似之處，行動的自由一旦受到限制，一般人大都會有挫折感，而暴燥的行爲反應也較易出現。擠得像沙丁魚的公共汽車乘客一般少有好臉色看，其道理不難想見。

擁擠的場合也會爲處於其中的個人提供過多的外來刺激而引起刺激超載（stimulus overload）的後果，刺激超載會使被刺激者感到受壓力，而引起高度的激動。個人對自己所處場合之是否感到擁擠因人因地因時而有所不同（Altman, 1975）。綜合上面的分析，我們不難發現刺激超載、行爲受限制以及個人空間受到侵犯等都會使當事人感到缺乏對於個人所處環境的控制力，這種缺乏控制力的感受則會提高一個人的激動程度（Schmidt 和 Keating, 1979）。通常在人越多的場合（擁擠的場所），個人對環境的控制力也越小，控制力的減少會使一個人感到不快而容易有脾氣暴躁的行爲反應。相反地，如果我們對於所處的環境能够加以預期，這會增加我們對環境控制的感覺，而減少不快活的情緒（Kline 和 Harris, 1979; Sherrod 和 Cohen, 1979）。

甲、擁擠的影響

擁擠的生活環境對我們到底有些什麼影響呢？對於這個問題，學者們目前有兩種不同的主要看法，有些人認爲擁擠只是強化已經存在的行爲傾向而已，另一些學者則認爲擁擠的影響是不利的，因爲擁擠使人有受壓力的感覺。

根據 Freedman (1975) 的說法，擁擠會強化一個人對於所處情境的反應，要是這個人的原先反應是正面的（好的）反應，擁擠的現象會使之變爲更好，要是原先的反應是負面的(不好的)反應，擁擠的現象會使之更爲惡化，這就是所謂的密集——強化說（density-intensity）。喜歡熱鬧的人，聚集的人越多，越是好玩有趣，害怕人多吵雜的人，人越多，越令他頭疼。當互相喜愛的個人坐得越靠近時，他們感到越快樂，但是交情不好的人，坐得太靠近會感到侷促不安（Storms 和 Thomas，1977）。吃拜拜辦喜事，賀客盈門，賓主盡歡，反之要是冷冷清清卻會令人感到不快。

擁擠爲什麼會產生這種影響呢？Freedman 認爲在擁擠的場合，別人變成較爲顯眼突出，我們對於這些人的反應動作比較能夠看清楚，這可以促進我們模倣他人的行爲反應。不過，從社會促進（social facilitation）的觀點來看，別人的在場，往往會增加我們清醒激動的程度，這種效應對於簡單佔優勢的行爲反應具有增進的功用，在人口密集的場合，一個人的激動程度，往往隨之增高，而這種激動程度的增高並進而影響到優勢行爲反應的強度。

上面我們提過擁擠的現象會使人感到個人空間被侵犯，行動自由被束縛，而且刺激超載也很容易發生，這許多個人的感受都具反面的價值，使一個人感到外來壓力的存在而產生不良的反應（Epstein 等，1981）。這種對個人所處環境感到控制乏力往往會帶來挫折、緊張等不良的情緒反應。這種說法的正確性如何，我們可從幾項研究報告來進行分析。根據以動物（鼠輩）爲受試者所做的實驗，學者們發現讓這些動物在有限的空間裏無限制地繁殖，造成過分擁擠的生活環境是會引起嚴重的壓力（Calhoun, 1962）。這種擁擠的環境使變態的性行爲反應、侵害行爲、以及死亡率激增，Calhoun把這種現象稱之爲「行爲的汚水槽」（behavioral sink）。以鼠輩的行爲反應來類推人類的行爲反應未免有些牽強，不過其他學者又發現擁擠的都市生活環境存在著較高的犯罪率和情緒緊張狀態（Kirmeyer, 1978）。

綜觀許多有關研究，犯罪率與擁擠兩者間的相關係數在0.35左右，這種相關雖不見得高，但卻是顯著的（Freedman等，1973；Pressman和 Carol, 1971）。因爲擁擠的生活環境往往與家庭或個人的收入有關，由此來看，低的收入也許是導致犯罪的一個重要因素。以美國的許多大城市爲例，一旦我們將貧窮的因素加以分開控制後，擁擠與犯罪兩者間的關係就不再存在。例如，以洛杉磯市而論，其人口密度並不是很高（甚或可說是偏低），但是在美國各大都市中，洛杉磯市的居民的犯罪率卻有偏高的現象。在芝加哥（Galle 等，1972）、紐約（Freedman 等，1975）以及火奴魯魯（Schmitt, 1957; 1966）所做的研究，大都發現社會病態（犯罪率，自殺率，精神病犯人數等）與擁擠間的相關，在消除居民收入和其他社會因素的影響之後就很少繼續存在，這其中只有火奴魯魯的情況比較特殊，因爲扣除其他社會因素的影響之後，仍有顯著的部分相關依然存在。

上面所引述的研究主要是利用團體性的資料做分析所得的結果。單獨的個人對於擁擠的生活環境或會有不同的反應，而這種個別上的差異需要採用個別會談的方法來加以探討。有一項以香港居民爲研究對象的報告（Mitchell, 1971），在這方面提供了相當有價值的資料。研究者首先測量每一家庭的生活空間、人口密度以及焦慮、緊張等心理壓力，分析的結果發現人口密度與不良的心理適應並沒有相關。而另一項類似的研究（Booth 等，1974）也有相同的發現。根據這些報告，我們可以看出人口密度本身並不一定會產生不良的影響，其他的有關因素我們需要加以考慮（Verbrugge 和 Taylor，1980）。

以大學新生爲受試者的研究（Baron 等，1976；McNeel，1980；Karlin，1978；1979）發現擁擠的宿舍環境使住宿者感到自己對於寢室裏的活動缺少控制的能力，而且爲了容納要求住校的所有學生，勉強安排三個人住在一間原爲兩個人所設計的寢室裏，又會對學生的學業成績造成不良的影響（Glassman，1978）。以男、女學生做比較，女生對於這種安排感到擁擠的程度並沒有男生所感到者來得高（Walden 等，1981；Nicosia等，1979）。不過，有些學者則認爲這種不利的影響可能是導因於三個人間的人際關係往往比較不穩定，三個人之間的兩個人可能交情較佳較深，而造成第三者感到孤立而少有介入的機會（Aiello等，1981）。另一項研究報告特別指出：並不是所有住在寢室裏的三個人都感到壓力加重，而是那些被孤立的第三者所受的不良影響最爲顯著（Baum等，1979）。

乙、短期擁擠的影響

當一個人短期地處於擁擠的情況下，這會對他的行爲產生什麼樣的影響呢？這個問題學者們曾從幾個方面來加以探討，綜觀各方面所提的報告，我們可以得到一些結論。以工作效率而論，短期的擁擠情境似乎並沒有什麼顯著的影響。以生理上的反應而論，正如我們上面所說，當一個人處於擁擠的情況下，其清醒激動的程度也隨之增高（Hiello 等，1975；Evans，1979）。在社會效應方面，學者們的發現並不一致（Freedman，1975；Nogam，1976），不過，空間的縮小往往與設備的齊全與否直接有關，有時因爲場地小，設備無法建立，這種關係的存在可能會對處於這種情況的個人產生不良的作用。

以男女兩性的反應來看，在擁擠的情況下，一般男人往往變成較具競爭性，而且男受試者在模擬判刑的實驗中所做的刑罰決定也比較重，這種現象就女人而言卻剛好相反，因爲一般女人在人多的場合通常量刑較輕。以人際關係而論，在擁擠的情況下，男人相互喜歡的程度比較低，而女人相互喜歡的程度卻較高。不過當男女混合在一起時，擁擠的情況並不會影響兩個人間相互喜歡的程度。在一般情況下，男人對擁擠的反應往往較爲敏感，較爲強烈，而且也較爲不利。男孩子對於擁擠場合的反應又與一般男人不同，一般男孩子在擁擠的情況下較少具侵害性。

二、空氣汚染與行為

呼吸汚染的空氣對一個人的行爲會有什麼樣的影響呢？Blot等（1977）所發表的報告指出，居住在煉油廠附近的居民，感染肺癌、鼻癌、皮膚癌等的比例偏高，空氣汚染對個人身體會有不良的影響是一般人所公認的，但是汚染的空氣對於一個人的心理和行爲的影響又是如何呢？

汚染空氣對於行爲的影響要比對生理上的影響來得迅速，一項在英國所做的研究發現汚染不潔的空氣（這些空氣是在倫敦交通頻繁的街道於離路面上十五吋左右高度所收集而來）會對一個人的操作表現產生不良的影響（Lewis 等，1970）。Rofton等（1978）則比較受試者在一般房間裏與在充滿化學怪味房間裏的行爲反應，在怪味道房間裏的學生對於自己、周圍環境以及其他學生都有欠佳的感受，而且他們也都匆匆忙忙地趕快把實驗中的差事弄完，似乎是在逃避怪味道以便早些呼吸新鮮的空氣。不過，學者們卻發現過分乾淨的空氣也會有不良的影響，在佛洛里達州首府用來保存史蹟文件的建築物，爲了避免歷史文物受到空氣的腐蝕，因此安裝有淨濾空氣的特別設備，但是在這個建築物裏上班的人卻因此而產生頭痛、眼請不適，反胃以及疲倦等癥狀，有關當局只好設法增加空氣中負値微粒（negative ions），減低空氣淨化的程度來克服工作人員生理上的不良適應（New York Times, 1978）。

由吸煙所造成的空氣汚染對於人體的不良影響也逐漸受到各方面的重視，許多公共場所都有禁止吸煙的規定，這種做法主要是在保持空氣的新鮮，保護大家的健康，這尤其是以不吸煙的人更爲重要，因爲有些報告指出呼吸別人吸煙所汚染的空氣，對於不吸煙者可以造成生理上和心理上的雙重損失（Bleda 和 Sandman, 1977)。在心理上，不吸煙的人會感到憂鬱、心神不寧以及煩躁等不良反應。由這許多研究所獲得的結果，我們不難看出空氣汚染對於我們的心理感受，外顯行爲以及身體健康都會產生許多不良的後果。

許多自己不吸煙的人因爲覺得吸煙者汚染空氣而對這些吸煙者在心理上產生厭惡的反應，而這種心理反應與吸煙者之是否小心有禮（不直接面對他人「吞雲吐霧」）或是無視於他人的反感，魯莽不關心的作爲，兩者間似乎沒有什麼不同的地方，吞雲吐霧的吸煙行爲（在他人面前行之）往往會使在場的不吸煙者感到頭痛、焦慮和氣憤，因此恪遵規定，在特定的地方吸煙在和諧人際關係的維持上是十分重要的。

三、噪音

那些聲音是屬於噪音的一類，這隨人而定，因爲噪音是一種主觀的感受，年青人所欣賞的搖滾樂對某些人來說可能就是一種令人感到頭痛的噪音，廟會賽神的熱鬧場合對於那些善男信女而言自是一大樂事，但是敲鑼打鼓的節目對於住在廟堂旁邊的人而言，也很可能是一種很難忍受的噪音。由於每個人主觀上的感受大有不同，一個概括性的定義往往被使用，根據這種觀點，任何可以使某一個人感到厭煩不快的聲音對於該一個人而言都可以算是噪音。當然，法律上所謂的「噪音污染」有著較具體的標準，這往往是根據聲音的大小以及其持續的長短來加以認定的。

噪音對於一個人的身心到底會產生什麼樣的影響呢？我們都知道，一般人對於噪音的存在大都會感到不快與厭煩，這尤其是那些不可預測和個人無法加以有效控制的噪音最是如此。有一點可以稍微令我們感到安慰的是：一般人對於噪音的適應能力都很強，而且也都能在很短期間內獲得良好的適應，因此短暫的噪音侵襲，其所能造成的不良影響似乎不如想像中的嚴重。不過，那些長期性而又無法加以控制的噪音卻會造成個人身心上的嚴重傷害，有許多實地研究的結果指出：那些居住在繁忙大機場旁的居民，其進入精神醫院接受治療的比例偏高（Meecham和Smith，1977）；而這些居民所生的小孩也有較多的身體缺陷（Timnick，1978）。更令人擔憂的是，噪音的長期存在，還可能增加死亡率，那些居住在機場旁邊的人，因中風致死的比例要比其他地方的居民因此致死的比例高達百分之十五（Dellinger，1979）。

甲、短期的適應

強度在九十百分貝爾（decibel）以下的持續性聲音一般大都不會產生不良的影響，而且除了極端複雜的差事外，一般人的操作能力也不會受到不良的影響（Kryter，1970）。不過，那些時發時停，很難加以預測的噪音，一般人都需要較長的時間來加以適應，因此在這種情況下，其所從事工作上的誤差也會因此而加多，而且這許多不良的影響，在產生干擾的噪音消失之後，並不會也隨即跟著消逝（Frankenhaeuser和Lundberg，1977）。根據其他學者的研究（Sherrod等，1977），一個人的工作效率又與個人的控制能力直接有關，個人對於噪音的控制力越大，工作效率所受到的不良影響也越小。而且，實質的控制力並不是十分重要，在受試者只要感覺到有能力加以控制時，噪音對他們的工作效率上所引起的許多不良影響就會減少很多。

一般人對於噪音的適應很快，當然，大的聲音使人厭煩，也使一個人的工作效率減低。不過，這許多不良的影響常常在很短期間內消失。大約在十分鐘內，正常的心理狀況和工作效率可得恢復；只要噪音沒有達到傷害肉體的程度，短期間得到良好適應並不是很困難的（Glass & Singer，1972；Broadbent，1971）。可是，當一個人需要同時從事兩種不同的工作時，例如一方面複誦多位數字，一方面操作方向盤來追蹤某一移動的直線時，噪音的存在會產生對複誦數字的不良影響（Finkelman 和 Glass，1970），這也許是因為噪音破壞我們的注意力而造成。

乙、控制的重要性

噪音承受者是否具有控制噪音的能力對於噪音的影響具有左右的力量。當一個人能够預測噪音的出現（每30秒鐘）或是在他可以隨意把噪音關掉的情況下，噪音的不良影響和後果較低，甚或不會存在。要是一個人完全無法對噪音加以操縱，那末不良後果是會存在的。根據 Glass 和 Singer（1972）的研究報告，噪音量的大小並沒有其出現之是否能够預測來得重要，不能預測的少量噪音要比大量噪音（可預測者）更能造成不良的影響。而一個人之具有控制噪音的感覺（不一定眞正加以控制）也有助於消除不良的後果。而且控制之多寡直接與不良效果之消減成正比，這也就是說較多的控制，可以消除較大的不良影響。控制與否為什麼會有這末大的差別，這在目前尙無確定的解釋，不過，我們知道能否預測與能否加以控制直接有關，在我們日常生活中的背景噪音大部分是持續的，這種具持續性的噪音通常較少造成困擾，因為這些是可預期的；反之，那些突如其來的巨響，往往是叫我們感到很頭痛的，對於這種噪音我們也較易受到它的不良的影響。

丙、持久性噪音的久遠影響

大都市裏的公寓，由於交通頻繁（大都位於鬧區或主要公路邊），其居民因此常年受到噪音的侵襲，這種持久性的噪音，其久遠性的影響又是如何呢？學者們（Cohen, Glass 和 Singer, 1973）測量紐約市某些公寓長期（至少居住四年以上）居民中小孩的閱讀能力以及語音的辨別力，發現住在低層公寓中（所受噪音影響較大）的小孩的此等與語言有關的能力不如那些住在較高層樓房的小孩的語言能力，以閱讀能力而言，住在五樓到十一樓的小孩，其所處的百分位（percentile rank）約在五十左右，但是住在二十六到三十二樓的小孩，其百分位爲八十五左右；以語音辨別能力而言，其百分位分別爲二十二和九十左右，這許多資料很明顯地指出，住在越吵的地方，語言能力越是會受到不良的影響。

Cohen等（1980, 1981）研究洛杉磯國際機場附近航線下學校的學生，這些學校受到嚴重噪音的干擾，因爲每天約有三百架飛機在機場起落，換句話說，差不多每兩分半鐘就有一架飛機飛過這些學校。在這些學校上學的學生的血壓要比平靜的學校的學生的血壓來得高，而且這些受到嚴重干擾的學生，解決中度困難的迷津的能力也較差，而且他們也比較輕易地放棄難題的解決。這些研究者還發現受到干擾的學生在從事某些工作時，也比較容易分心，這種不良的影響在學校環境有了改善之後（增加隔音的設備），有很多仍然繼續存在。

住在都市裏的人常常被一些無法控制的噪音所干擾，這種經驗會不會使一個人變成較具侵害性呢？ Donnerstein 和 Wilson （1976）曾安排類似的實驗情境來探討其影響，他們分別以強烈或温和的白音（white noise）透過耳機直接刺激受試者，在接受這種實驗處置之先，有些受試者還受到幾次電擊，而這些受試者接受不同的白音刺激之後，有機會可以電擊來對付其他的人，結果發現強烈無規律的噪音要比溫和的噪音更會引起生氣的受試者（接受電擊的人）使用較多的電擊來對付其他的人，不過這種現象並沒有在不生氣的受試者的身上發生。而且，要是生氣的受試者覺得他們可以自由地控制噪音，這些噪音就不會產生增強侵害行爲的作用。另一項類似的研究（Geen, 1978)，所發現的結果也大致相同，由此可見，噪音會使一個生氣的人變成更具侵害性，不過當這個人覺得有能力控制噪音時，它可以減少這種不良的作用，甚至當這個人並沒有實際進行控制時也是如此。

無法控制的噪音既然會使一個生氣的人變成更具侵害性，從另一個角度來看，這種噪音是否會減低一個人的行善趨向和行爲呢？根據許多有關研究所得到的結果，噪音以及在繁雜生活環境中所受到的刺激超載的影響，對於助人行善的行爲和傾向打了個相當大的折扣。這在下一節討論都市生活的影響時我們再加分析。

從分析許多研究報告我們大約可以看出噪音可能產生許多不良的影響，不過有些研究結果卻看不出有什麼絕對不利的害處，這種不相一致的研究結果應該如何加以解釋呢？根據英國學者 Broadbent（1971; 1978）的說法，噪音在生理上可以提高一個人的清醒程度，而在清醒程度增高的情況下，一個人的注意力比較容易集中，這種注意力集中的現象對於簡單的操作行爲會有增進的作用，但是這種過度緊張的情況卻會對複雜的思考性行爲發生不良的影響。而且這種過度緊張的狀況也會對社會交際活動發生不好的影響，因爲在這種狀況下一般人比較不會去關心在場的其他人。另外，根據Cohen等人（1980; 1981）的研究，噪音所會產生的影響直接與被刺激者的感受和注意力有關，除非一個人在意噪音的存在，噪音的影響是不會太多的。可以預期的噪音以及可以加以控制（或覺得可以加以控制的）的噪音通常也比較不會對被刺激者產生不良的作用。

四、都市生活

一提到都市，尤其是大都市，一般人很容易聯想到上面我們所討論的幾種環境特色：擁擠、吵雜、空氣污染等等，而這許多環境因素或多或少都會對我們的行爲產生不良的影響，如此一來，我們也許會覺得生活在大都市裏很自然地會遭遇到較多的困難，而大都市生活上的問題也比較多。其實這種想法並不是很正確的，都市生活本身並不一定對其居民的身心會有所傷害，以心理疾病而言，都市裏的受害程度並沒有偏高的現象（Srole, 1972）。而其他學者又指出，住在大都市裏的人與住在郊區或鄉村裏的人一樣地快樂，一樣地感到寧靜（Shaver 和 Freedman, 1976）。

從好的地方來看，大都市裏由於人多，因此也就比較複雜，不過也正因爲都市裏人口複雜，一般對於離奇怪異的情境的容忍性與接受性也比較高，都市裏的人作風一般比較開明、自由開放，這比起小地方的保守封閉是大有差別的，因此都市裏的居民要比小地方的居民較能容忍個別行爲上的差異，而對於與自己有所不同的其他人也較能伸出援手加以接受（Hansson 和 Slade, 1977）。不過，心理上的接受並不一定表示行爲上的密切接觸，實際上住在城市裏的人因爲常常會遭遇到陌生人，面對這種生疏不熟的人、事、物，一般都市裏的居民大都採取相應不理，保持距離但又接受共同存在的奇妙態度。

上面我們討論過的刺激超載（stimulation overload）乃是大都市居民每日所要面臨的問題（Milgram, 1970），在這繁雜巨大的五花八門世界裏，一個人需要採取某些有效的方式來適應環境的要求與壓力。其中一個有效的應付方法乃是專注自己的差事而儘量減少與別人打交道。都市裏的人大都行色匆匆，走路比起鄉下人要快得多，這樣子做一方面與繁忙複雜的都市生活方式有關，而另一方面也可以因此而降低與他人接觸交際的機會（Bornstein 和 Bornstein, 1976）；因爲都市裏不熟的生人多，因此他們也儘量減少直視他人的機會（Newman 和 McCauley, 1977）；來自陌生人的招呼與應求（如借用家裏電話等）也大多少會加以理睬（Milgram, 1977）。這許多反應與行爲方式主要是在保護自己，減少強大繁多的外來刺激之影響，降低刺激超載的困擾。

我們常聽說住在大都市裏的人比較勢利，所謂市儈作風可能與大都會都爲商業中心的現實環境有關，不過從個人的社會行爲規範來看，都市居民對於別人的要求協助確是比較不够熱心施與，這尤其是要求協助者是陌生人時更爲明顯。Milgram（1970）最先就此一問題做系統化的研究，他發現都市居民的社會行爲包括有下列諸種常模：(1)在絕對必要時，只提供最低限度的協助，儘量減少應付任何外來刺激的所需時間；(2)對於無關緊要的人物大都置之不理，無意介入；(3)對於具有高度要求其注意力的人物、事物，儘量避免接觸或接觸太深；(4)阻止外來的刺激，例如裝電話而不在電話簿上列名，以防止別人的干擾或接觸和(5)把個人幫助他人的責任推到社會福利救濟機構身上，以減少個人良心上的不安等等。Milgram 等人認爲這許多社會行爲的樣式主要是在應付大都會裏刺激超載的問題，不過，有些人卻認爲都市居民通常不願與他人深入接觸主要是因爲害怕受到陌生人的傷害（一般人對於自己認識不多、瞭解不深的人、事、物大都會有逃避、害怕的感受），不願意把電話號碼列在電話簿上主要是怕壞人或無聊者打電話要挾或干擾。

另一項由 Weiner（1976）所做的研究，直接比較出身於鄉村與出身於城市的學生的助人行爲，實驗情境還包括不同的刺激程度——高度超載與低度超載在意外事件中助人的差別。如果我們認爲住在大都市的人，因爲是已養成了特別的社會行爲規範，比較不那末熱心助人，那末在此項實驗中我們應該發現外來刺激程度之高低與否不至於造成太大的影響才是。但是 Weiner 卻發現不管學生生長背景上的不同，他們在高度刺激的情況下所表現的助人行爲都比較少；更令人困惑的是，來自鄉村的學生，他們助人的行爲一般反而比較低， Weiner 對此一發現的解釋是：在大都市長大的學生因爲身經繁雜的環境，已多少被訓練成較能應付複雜的環境，因此其行爲表現也較具適應性。

五、建築設計與社會行為

我們生活空間與工作場所的設計對我們的行爲會產生什麼樣的影響呢？公寓、學生宿舍、教室以及辦公室等的建築設計又是如何影響我們的士氣與社會行爲呢？這兒我們簡略地介紹一些有關的研究資料。

甲、公寓的設計　三十年前（1954）美國聖路易市在市中區五十七畝地上蓋了四十三幢高樓公寓，這些總共有兩千七百個單位的公寓大厦當初的居民數高達一萬兩千人，不過數年後，這些高樓公寓中的許多玻璃窗戶被破壞，昇降機內以及樓梯間小便味到處可聞到，走道與戶外遊戲場所垃圾到處是，而且搶奪、強姦以及破壞財物的事件又時有所聞，由於這一類的犯罪行爲大多是在樓梯間以及昇降機內發生，慢慢地頂樓的居民逐漸搬出公寓，到了一九七二年政府只好把這些高樓以炸藥夷爲平地，而結束了一場惡夢。

由這個實例來看，大衆公寓（大多是爲低收入者而建）蓋得越高，其犯罪率也隨之增高（Newman，1972；1973），不過由於居住在這種公寓的居民的特殊社會背景（少數民族以及低收入者），因此這許多犯罪事件是否直接與建築物的高度有關，頗值懷疑。因此學者們對建築公寓所應考慮的高度問題，目前仍爭論紛紛（McCarthy 和 Saegert, 1979）。除了高度外，建築物本身的設計可能更有關係。聖路易的大樓公寓主要分為個人的單位以及公眾的樓梯間、昇降機以及室外的空地。但並沒有小型的公眾場所（類似客廳的聚會間）或是像大學校園中的學生活動中心一類的地方來促進公寓中居民的接觸與交往，因此居民間缺乏交情，互相不認識，也就無法辨別居民與外人，對於那些入侵犯罪之徒也就很難識破制止。

其他學者（Bickman 等，1973）研究住在高樓宿舍裏與小宿舍裏的學生的行為反應，發現住在高樓宿舍裏的女學生有百分之四十四的人對於進入該一宿舍的陌生男人不會加以理會，而住在小宿舍裏的人卻只有百分之八有這種反應。這些研究者還故意把寫上收信人住址，貼上郵票而又封上的信件（沒有寄發人的住址）遺散在這兩種不同的宿舍裏，結果發現差不多有百分之百的所有信件被小宿舍裏的學生檢起並投寄出去，反之，只有不到三分之二的信件，被那些住在高樓宿舍裏的學生檢起寄出去。由此看來高樓大厦裏由於人口眾多複雜，個人的行為頗為類似 Milgram（1970）所形容的大都市裏的居民，一般人的交情不深，人情淡薄而少熱心的表現。

許多高樓公寓裏犯罪率之所以偏高可能也與公眾場合（如樓梯間、昇降電梯等）之隱蔽有關，由於這些地方相當隱蔽，因此也就很少受到居民或他人的直接監視，犯罪的情事也就較容易發生。建築設計師們主張以增加此等公眾場所的曝露程度（如電梯裝玻璃門）來防止犯罪的情事。（Newman, 1972; 1973）。為了防止搶刼銀行的犯罪行為，有些人（Archea, 1980）認為我們應該多在銀行裝設大的玻璃窗，如此路過的人可以較清楚地看到室內的動靜，而銀行室內的安排，應儘量避免可以使人一目瞭然的格局，如此可以減低歹徒的安全感，動搖其下手搶刼的歪念頭。

乙、學生宿舍的設計　大學生對於宿舍裏生活之是否感到擁擠，不友善或是缺乏控制的感覺，部分與宿舍格局的安排直接有關（Baum 和 Valins，1977）。Baum 和其他的研究者比較三種不同的格局：長走廊兩旁爲臥房，整層樓共用一洗澡間廁所和一交誼廳；較短的走廊，同樣的設計和住家式的安排（三臥房共用一客廳、一廁所洗澡間）。這三種不同的格局就空間密度（space density，每人所佔用的平均空間）而言，並沒有差別，但是社會密度（social density，共同使用某一定空間的人數）則頗有出入。在一個傳統式的格局裏如果整層宿舍共有十七間臥房分列長廊兩旁，廁所在中間而客廳在一端，以每一臥房住兩個學生而言，任何一個住宿者走出自己寢室之後，可能與三十三個共用交誼廳和洗澡間的任何一個人碰頭見面，而住在住家式套房的學生，所遭遇的社會密度減低很多，他們任何一個人只與其他的另外五人有可能碰面。

Baum 等的研究，發現住在長廊式宿舍的人感到較爲擁擠，而且也比較不易組成非正式的社交小組，而且也常被迫與他人做不願意的接觸與交際。更妙的是，住在這種宿舍裏的學生在實驗室裏的行爲也有些特別，他們顯得比較不願與其他人打交道，與陌生人坐得遠些，而且也少注視他人（Baum 等，1975；1978；1981）。相反地，住在套房式宿舍的學生卻比較熱衷於宿舍外的社交活動（Reichner，1979）。Baum 等（1980）進一步把長廊式的格局安排爲兩個較短的單位，中間的三個寢室改成交誼室，走道則以不上鎖的門將兩邊隔開，其他的寢室和廁所洗澡間依舊不變。爲了研究上好做比較，上一層宿舍則完全保存原先的長廊格局。學生住進這兩種不同的宿舍幾個禮拜後，住下層改變過的宿舍的學生要比住上層的人結交較多的朋友，而且也比較少感覺到宿舍生活忙亂而難加以控制。另一項以監獄宿舍格局做研究的報告（Paulus等，1981），指出分析一千四百名犯人的生病紀錄，發現那些同住一大臥房的罪犯要比單獨住一間房的人常生病，雖然每個人所佔有的空間大略是相同的。

從這些研究資料我們可以看出小的格局似乎可以促進人際間的交往與介入，而有助於社會行爲的發生。其他研究者（Barker，1978；Wicker，1979；Morgan 和 Alwin，1980）比較大小不同型的學校與教會組織中的個人行爲，他們的一個共同發現是小團體的個人對於團體的活動與事務的參與比較多，比較積極。雖然大的學校與敎會有能力提供較多的活動，但是在小團體裏，每一成員似乎都被要求參與介入。另一項報告（Latane′，1980）指出城市越小，其居民參加會議（鄉民大會一類的活動）和選舉的比例反而越高，參與城市事務的情況也較爲熱烈積極。

六、個人空間（personal space）

就一般常人而言，人與人間的空間距離到底需要多大才會令人感到舒暢呢？這當然是一個過於廣泛而很難加以同答的問題，不過，我們可以就此一問題加以細分，而探討有關個體間所處空間之多寡之相關條件，諸如那些人可以擠在一起；空間距離過分窄小時的個人反應等等。這些問題所牽涉的就是我們這兒所要討論的個人空間問題。個人空間指的是那環繞個人四周而又不可見的空間，一般人大都維持相當的空間而防止他人的侵入，個人空間的大小與文化背景關係密切，以美國人而言，他們喜歡維持較大的空間，中東的人則喜歡狹小的個人空間，我們中國人的個人空間也要比美國人小些。

根據 Hall (1966) 的研究，美國外交官在公共場合裏與中東國家的官員交談時一般喜歡保持四到七呎的距離，但是，中東國家的官員則喜歡維持很近的距離，近到可以聞到對方的呼吸和身體的氣息。依照溝通之內容與對象， Hall 指出美國人所採用的個人空間可分爲四種；每種又有遠近之分。

1.親密距離（intimate distance）　近者貼身，遠者在半呎到一呎半間，近者爲做愛撫護的距離，遠者爲交頭接耳、細聲訴說的距離。

2.私人距離（personal distance）　近者一尺半到兩尺半間，爲好朋友間交談的距離或是擁擠聚會時人與人間所保持的距離。遠者在兩尺半到四尺間，爲一般相識者交談的距離。

3.社會距離（social distance）　近者在四至七尺間，爲商業性非私交上的距離；遠者約七到十二尺，爲正式商業性的會談距離。

4.公共距離（public distance）　近者在十二至廿五尺，爲正式公共演說的距離，爲單方向的溝通方式；遠者在廿五尺以上，爲重要人物做很正式的演說時所保持的距離。

七、影響個人空間需要的主要因素

綜合學者們研究個人空間所得的結果(Evans 和 Howard, 1973; Hayduk, 1978) 下列諸因素可以左右個人空間的需要。

1.年齡　小孩子的個人空間沒有類似成人的固定，不過，一般小孩到了十二歲時，其個人空間已發展定型。

2.人格異樣　心理不正常（如精神分裂症患者）的人與一般常人所保持的個人空間距離有所不同，心理變態者通常保持較大的個人空間，不過他們有時卻又容易侵犯別人的空間，這些人的個人空間需求也較富變化性。

3.憂慮 當一個人的心情不穩定或是心境欠安定時，其所保持的個人空間也較大。

4.社會瑕疵 對於傷殘或身體有缺陷者，一般人都保持與其間的較大個人空間。

5.性別 男人間的個人空間要比女人間者大些， 但是熟識的男女間，其個人空間距離最爲靠近。但在一般情況下，異性兩者所持的距離要比同性兩者爲大，（Severy，Fosyth 和 Wagner，1979)。

6.友誼 朋友間的空間距離較小，而有意結交朋友者，其空間距離又較近。對於個人空間的侵犯，男女兩性也有不同的反應。一般男人與好朋友同坐時大都喜歡對面而坐，但是女人則大都喜歡左右併旁而坐。基於此一認識，我們可以想見在陌生人侵犯個人空間而就坐於正對面的情況下，其所造成的不良感受較大（以男人而言），女人則最不喜歡陌生人緊旁而坐。Fish 和 Byrne（1975）以大學圖書館爲實驗場所來研究上述反應的正確性，他們叫共謀者坐到單獨在看書的一個人旁邊，或是在正對面的椅子就坐。結果發現不管侵犯者是男是女，被侵犯的男人較討厭別人坐在正對面，而女人則最氣別人靠邊而坐。這些研究者還發現男學生在圖書館做功課時往往把夾克和書本等東西放在桌子中間以建立一道隔離對面的防線，而女學生的東西大都放在旁邊的椅子上來防止陌生人就坐。

参考文獻

Adams, J. S., & Jacobson, P. R. Effects of Wage inequities on Work quality. *Journal of Abnormal and Social Psychology*, 1964, *69*, 19-25.

Adler, R.P., Lesser, G.S., Mexingoff, L. K., Robertson, T. S., & Ward, S. *The effects of television advertising on Children*. Lexington, Mass: Lexington Books, 1980.

Aiello, J. R., Baum, A., & Gormley, F. P. Social determinants of residential crowding stress. *Personality and Social Psychology Bulletin*, 1981, *7*, 643-649.

Alloy, L. B., & Abramson, L. Y. Judgement of Contingency in depressed and nondepressed college students: A nondepressive distortion. *Journal of Experimental Psychology: General*, 1979, *108*, 441-485.

Alloy, L. B., & Abramson, L. Y. The cognitive component of human helplessness and depression: A critical analysis. In J. Garber & M.E.P. Seligman (Eds.), *Human helplessness: Theory and applications*: New York: Academic Press, 1980.

Alloy, L.B., & Abramson, L.Y. Learned helplessness, depression, and the illusion of control. *Journal of Personality and Social Psychology*, 1982, *42*, 1114-1126.

Allport, F. H. *Social Psychology*. Cambridge, Mass.: Riverside Press, 1924.

Allport, G. W., & Postman, L. *The Psychology of rumor*. New Yort: Holt, 1947.

Altman, I. The communication of interpersonal attitudes: An ecological approach. In T. L. Huston (Ed.), *Foundations of interpersonal attraction*. New York: Academic Press, 1974.

Altman, I. *The environment and social behavior*. Monterey, Calif: Brooks/Cole, 1975.

Altman, I., & Vinsel, A. M. Personal Space: An analysis of E. T. Hall's Proxemics framework. In I. Altman & J. Wohlwill (Eds.),*Human behavior and the environment*. New York: Plenum Press, 1978

Amabile, T. M., & Glazebrook, A. H. A negativity bias in interpersonal evaluation. *Journal of Experimental Social Psychology*, 1982, *18*, 1-22.

Anthony, S. Anxiety and rumor. *Journal of Social Psychology*, 1973, *89*, 91-98.

Apfelbaum, E. On conflicts and bargaining. In L. Berkowitz(Ed.), *Advances in experimental social psychology* (Vol. 7), New York: Academic Press, 1974.

Apfelbaum, E. Relations of domination and movements for liberation: An analysis of power between groups. In W. G. Austin and S. Worchel (Eds.), *The social psychology of intergroup relations*, Monterey, Calif: Brooks/Cole, 1979.

Apsler, R. Effects of embarrassment on behavior toward others. *Journal of Personality and Social Psychology*, 1975, *32*, 145-153.

Archer, R.L. Self-disclosure. In D.M. Wegner & R.R. Vallacher (Eds.), *The self in social psychology*. New York: Oxford University Press, 1980.

Archer, R. L., & Burleson, J. A. The effect of timing of self-disclosure on attraction and reciprocity, *Journal of Personality and Social Psychology*, 1980, *38*, 120-130.

Argyris, C. *Increasing leadership effectiveness*. New York: Wiley, 1976.

Aries, D. Interaction patterns and themes of male, female and mixed groups. *Small Group Behavior*, 1976, *7*, 7-18.

Arkin, R. M., and Duval, S. Focus of attention and causal attribution of actors and observers. *Journal of Experimental Social Psychology*, 1975, *11*, 427-438.

Arkin, R. M., Cooper, H., & Kolditz, T. A statistical review of the literature concerning the self-serving attribution bias in interpersonal influence situations, *Journal of Personality*, 1980, *48*, 435-448.

Aronson, E. *The Social Animal*. San Francisco: Freeman, 1980.

Aronson, E., Blaney, N., Stephan, C., Sikes, J., & Snapp, M. *The jigsaw classroom*. Beverly Hills, Calif.: Sage Publications, 1978.

Aronson, E., & Bridgeman, D. Jigsaw groups and the desegregated classroom: In Pursuit of Common Goals. *Personality and Social Psychology Bulletin*, 1979, *5*, 438-446.

Aronson, E., & Carlsmith, J. M. The effect of the severity of threat on the devaluation of forbidden behavior. *Journal of Abnormal and Social Psychology*, 1963, *66*, 584-588.

Aronson, E., & Golden, B. The effect of relevant and irrelevant aspects of communicator credibility on opinion change, *Journal of Personality*, 1962, *30*, 135-146.

Aronson, E., & Linder, D. Gain and loss of esteem as determinants of interpersonal attractiveness. *Journal of Experimental Social Psychology*, 1965, *1*, 156-171.

Aronson, E., & Mettee, D. R. Affective reactions to appraisal from others. *Foundations of Interpersonal Attraction*. New York: Academic Press, 1974.

Aronson, E., & Worchel, P. Similarity versus liking as determinants of interpersonal attractiveness. *Psychonomic Science*, 1966, *5*, 157-158.

Aronson, E., Willerman, B., & Floyd, J. The effect of a pratfall on increasing interpersonal attractiveness. *Psychonomic Science*, 1966, *4*, 227-228.

Backman, C. W. Attraction in interpersonal relationships. In M. Rosenberg & R. Turner (Eds.), *Social Psychology: Sociological Perspectives*. New York: Basic Books, 1981.

Bales, R. F., & Slater, P. Role differentiation in small decision-making groups. In T. Parsons and R. F. Bales (Eds.). *Family, socialization and interaction processes*, Glencoe, Ill.: Free Press, 1955.

Bandura, A., Ross, D., & Ross, S.A. Transmission of aggression through imitation of aggressive models. *Journal of Abnormal and Social Psychology*, 1961, *63*, 575-582.

Bandura, A., Ross, D., & Ross, S.A. Imitation of film-mediated aggressive models, *Journal of Abnormal and Social Psychology*, 1963, *66*, 3-11.

Bandura, A. Influence of model's reinforcement contingencies on the acquisition of imitative responses. *Journal of Personality and Social Psychology*, 1965, *1*, 589-595.

Bandura, A. *Aggression: A social learning analysis.* Englewood Cliffs, N. J.: Prentice-Hall, 1973.

Barash, D. P. *Sociobiology and behavior*. New York: Elsevier, North Holland, 1977.

Barker, R. G. *Habitats, environments, and human behavior*. San Francisco: Jossey-Bass, 1978.

Baron, R. A. The "foot-in-the-door" phenomenon: Mediating effects of size of first request and sex of requester. *Bulletin of the Psychonomic Society*, 1973, *2*, 113-114.

Baron, R. A. Invasions of personal space and helping: Mediating effects of invader's apparent need. *Journal of Experimental Social Psychology*, 1978, *14*, 304-312.

Baron, R. M. Ecological approaches to understanding human crowding. *Journal of nonverbal Behavior*, 1979, *4*, 235-258.

Baron, R. M., Mandel, D. R., Adams, C. A., & Griffen, L. M. Effects of social density in university residential environments, *Journal of Personality and Social Psychology*, 1976, *34*, 434-446.

Baron, R. S., Moore, D., & Sanders, G. S. Distraction as a source of drive in social facilitation research. *Journal of Personality and Social Psychology*, 1978, *36*, 816-824.

Batson, C. D., Cochran, P. J., Biederman, M. F., Blosser, J. L., Ryan, M.J., & Vogt, B. Failure to help when in a hurry: Callousness or conflict? *Personality and Social Psychology Bulletin*, 1978, *4*, 97-101.

Baum, A., Aiello, J. R., & Calesnick, L. E. Crowding and personal control: Social density and the development of learned helplessnes. *Journal of Personality and Social Psychology*,

1978, *36*, 1000-1011.

Baum, A., & Davis, G. E. Reducing the stress of high-density living: An architectual intervention. *Journal of Personality and Social Psychology*. 1980, *38*, 471-481.

Baum, A., & Gatchel, R. J. Cognitive determinants of reaction to uncontrollable events: Development of reactance and learned helplessness. *Journal of Personality and Social Psychology*, 1981, *40*, 1078-1089.

Baum, A., Harpin, R. E., & Valins, S. The role of group phenomena in the experience of crowding. *Environment and Behavior* 1975, *7*, 185-198.

Baum, A., Shapior, A., Murray, D., & Wideman, M. V. Interpersonal mediation of perceived crowding and control in residential dyads and triads, *Journal of Applied Social Psychology*, 1979, *9*, 491-507.

Baum, A., & Valins, S. *Architecture and social behavior*. Hillsdale, N. J.: Lawrence Erlbaum, 1977.

Baumrind, D. Effects of authoritative parental control on child behavior. *Child Development*, 1966, *37*, 887-907.

Becker, W. Consequences of different kinds of parental discipline. *Review of Child Development Research*, Vol. *1*, ed. M. I. Hoffman & L. W. Hoffman, New York: Russell Sage, 1964.

Bem, D. An experimental analysis of self-persuation. *Journal of Experimental Social Psychology*, 1965, *1*, 199-218.

Bem, D. Self-perception theory. In L. Berkowitz (Ed.), *Advances in experimental social psychology* (Vol. 6). New York: Academic Press, 1972.

Bem, D. J., & McConnell, H. K. Testing the self-perception explanation of dissonance phenomena: On the salience of premanipulation attitudes. *Journal of Personality and Social Psychology*, 1970, *14*, 23-31.

Bem, S. L. Gender schema theory: A cognitive account of sex typing. *Psychological Review*, 1981, *88*, 354-364.

Bem, S. L., & Bem, D. Case study of a non-conscious ideology: Training the woman to know her place. In D. Bem, *Beliefs, attitudes, and human affairs*. Belmont, Calif.: Brooks/Cole, 1970, pp. 89-99.

Berg, J. H., & Archer, R. L. Disclosure or concern: A look at liking for norm-breakers. In *Self-disclosure and responsivity: An attributional analysis*. APA, 1978.

Berger, S. M., Carli, L. C., Garcier, R., & James, J. B. Audience effects in anticipatory learning: A comparison of drive and practice inhibition analysis. *Journal of Personality and Social Psychology*, 1982, *42*, 478-486.

Berger, S. M., Hampton, K. L., Carli, L. L., Grandmaison, P. S., Sadow, J. S., Donath, C. H. & Herschlag, L. R. Audience-induced inhibition of overt practice during learning. *Journal of Personality and Social Psychology*, 1981, *40*, 479-491.

Berkowitz, L. Group standards, cohesiveness, and productivity. *Haman Relations*, 1954, *7*, 509-519.

Berkowitz, L., Cochran, S. T., & Embree, M. C. Physical pain and the goal of aversively stimulated aggression. *Journal of Personality and Social Psychology*, 1980, *40*, 687-700.

Bersheid, E. Interpersonal attraction. In G. Lindzey and E.

Aronson (Eds.), *Handbook of Social Psychology* (3rd ed.), 1983.

Bersheid, E., Boye, D., & Walster E. Retaliation as a means of restoring equity. *Journal of Personality and Social Psychology*, 1968, *10*, 370-376.

Bersheid, E., & Campbell, B. The changing longevity of heterosexual close relationships: A commentary and forecast. In M. Lerner(Ed.), *The justice motive in times of scarcity and change*. New York: Plenum Press, 1981.

Bickman, L., & Kamzan, M. The effect of race and need on helping behavior. *Journal of Social Psychology*, 1973, *89*, 73-77.

Birnbaum, M. H.,& Mellers, B. A. Stimulus recognition may mediate exposure effects. *Journal of Personality and Social Psychology*, 1979, *37*, 391-394.

Blake, R. R., & Mouton, J. S. Loyalty of representatives to ingroup positions during intergroup competition. *Sociometry*, 1961, *24*, 177-183.

Blake, R. R., & Mouton, J. S. The intergroup dynamics of win-lose conflict and problem-solving collaboration in union-management relations. In M. Sherif (Ed.), *Intergroup relations and leadership*. New York: Wiley, 1962.

Blake, R. R., & Mouton, J. S. Intergroup problem-solving in organizations: From theory to practice. In W. G. Austin and S. Worchel(Eds.), *The social psychology of intergroup relations*. Monterey, Calif.: Brooks/Cole, 1979.

Blau, P. M. *Exchange* and *power in social life*. New York: Wiley & Sons, 1964.

Bleda, P. R., & Sandman, P. H. In smoke's way: Socioemotional reactions to another's smoking. *Journal of Applied Psychology*, 1977, *62*, 452-458.

Blood, R. O. Jr. *Love match and arranged marriage*. New York: Free Press, 1967.

Blot. W. J., Brinton, L. A., Fraumeni, J. F., Jr., & Stone, B. J. Cancer mortality in U. S. counties with petroleum industries. *Science*, 1977, *198*, 51-53.

Bocker, J., Rubin, J., & Lang, E. Face-saving and entrapment. *Journal of Experimental Social Psychology*, 1981, *17*, 68-79.

Bond, C. F., Jr. Dissonance and the pill: An interpersonal simulation. *Personality and Social Psychology Bulletin*, 1981, *7*, 398-403.

Bonoma, T. U. Social psychology and social evaluation. *Representative Research in Social Psychology*, 1976, *7*, 147-156.

Booth, A., & Cowell, J. The effects of crowding upon health. Paper presented at the American Population Association Meetings, New York, 1974.

Borgida, E., & Campbell, B. Belief relevance and attitude-behavior consistency: The moderating role of personal experience. *Journal of Personality and Social Psychology*, 1982, *42*, 239-249.

Borgida, E., & Nisbett, R. E. The differential impact of abstract vs. concrete information on decisions. *Journal of Applied Social Psychology*, 1977, *7*, 258-271.

Bradley, G. W. Self-serving biases in the attribution process: A re-examination of the fact or fiction question. *Journal of Personality and Social Psychology*, 1978, *35*, 56-71.

Brehm, J. W. Post-decision changes in desirability of alternatives.

Journal of Abnormal and Social Psychology, 1956, *52*, 384-389.

Brehm, J. W. *Responses to loss of freedom: A theory of Psychological reactance*. Morristown, N. J.: Centeral Learning Press, 1972.

Brehm, S. S., & Brehm, J. W. *Psychological reactance: A theory of freedom and control*. New York: Academic Press, 1981.

Brehm, J. W., & Mann, M. Effect of importance of freedom and attraction to group members on influence produced by group pressure. *Journal of Personality and Social Psychology*, 1975, *31*, 816-828.

Brenner, S. N., & Molander, E. A. Is the ethics of business changing? *Harvard Business Review*, January-February 1977, pp. 57-71.

Briekman, P., Rabinowitz, V. C., Coates, D., Cohn, E., Kidder, L., & Karuza, J. Helping. Unpublished manuscript, University of Michigan, Ann Arbor, 1979.

Broll, L., Gross, A., & Piliavin, I. Effects of offered and requested help on help seeking and reactions to being helped. *Journal of Applied Social Psychology*, 1974, *4*, 244-258.

Brockner, J., & Swap, W. C. Effects of repeated exposure and attitudinal similarity on self-disclosure and interpersonal attraction. *Journal of Personality and Social Psychology*, 1976, *33*, 531-540.

Bronfenbrenner, U. Freudian theories of identification and their derivatives. *Child Development*, 1960, *31*, 15-40.

Brophy, J. E. *Child development and socialization*. Chicago: Science Research Associates, 1977.

Brown, R. *Social Psychology*. New York: Free Press, 1965.

Brown, B. R. The effects of need to maintain face on interpersonal bargaining. *Journal of Experimental Social Psychology*, 1968, *4*, 107-122.

Brown, R. J., & Turner, J. C. Interpersonal and intergroup behavior. In J. C. Turner and H. Biles (Eds.), *Intergroup behavior*. Chicago: University of Chicago Press, 1981.

Bornstein, M. H., & Bornstein, H. G. Cities fast paced. Rocky Mountain News, Feb. 19, 1976.

Broadbent, D. E. *Decision and Stress*. London: Academic Press, 1971.

Broadbent, D. E. The current state of noise research: Reply to Poulton. *Psychological Bulletin*, 1978.

Burgess, R. L., & Huston, T. L. (Eds.) *Social exchange in developing relationships*. New York: Academic Press, 1979.

Burnstein, E., & Vinokur, A. Testing two classes of theories about group-induced shifts in individual choice. *Journal of Experimental Social Psychology*, 1973, *9*, 123-137.

Burnstein, E., & Vinokur, A. Persuasive argumentation and social comparison as determinants of attitude polarization. *Journal of Experimental Social Psychology*, 1977, *13*, 315-330.

Byrne, D. *The attraction paradigm*. New York: Academic Press, 1971.

Byrne, D., & Nelson, D. Attraction as a linear function of properties of positive reinforcements. *Journal of Personality and Social Psychology*, 1965, *1*, 659-663.

Calhoun, J.B. Population density and social pathology. *Scientific*

American, 1962, 206(3), 139-148.

Campbell, D. T. On the conflicts between biological and social evolution and between psychology and moral tradition. *American Psychologist*, 1975, *30*, 1103-1126.

Cantor, N. & Mischel, W. Prototypicality and personality: Effects on free recall and personality impressions. *Journal of Research in Personality*, 1979, *13*, 187-205.

Caplow, T., & Forman, R. Neighborhood interaction in a homogeneous community. *American Sociological Review*, 1950, *15*, 357-366.

Carlsmith, J. M., Ellsworth, P., & Whiteside, J. Guilt, Confession and Compliance. Unpublished manuscript, Stanford University, 1968.

Carlsmith, J. M., & Gross, A. E. Some effects of guilt on compliance. *Journal of Personality and Social Psychology*, 1969, *11*, 232-239.

Carver, C. S., & Scheier, M. F. Self-focusing effects of dispositional self-consciousness, mirror presence, and audience presence. *Journal of Personality and Social Psychology*, 1978, *36*, 324-332.

Carver, C. S., & Scheier, M. F. *Attention and self-regulation*. New York: Springer-Verlay, 1981.

Castore, C. H., & DeNinno, J. A. Investigations in the social comparison of attitudes. In J. Suls & R. Miller (Eds.), *Social comparison processes: Theoritical and empirical perspectives*. Washington, D. C.: Halsted-Wiley, 1977.

Chaiken, S., & Eagly, A. H. Communication modality as a

determinant of message persuasiveness and message comprehensibility, *Journal of Personality and Social Psychology*, 1978, *34*, 605-614.

Chen, S. C. Social modification of the activity of arts in nest-building. *Physiological Zoology*, 1937, *10*, 420-436.

Cherlin, A. Work life and marital disolution. In G. Levinger & O. C. Moles (Eds.), *Divorce and separation*. New York: Basic Books, 1979.

Cialdini, R. B., & Richardson, K. D. Two indirect tactics of image management: Basking and Blasting. *Journal of Personality and Social Psychology*, 1980, *39*, 406-415.

Ciaddini, R. B., Vincent, J. E., Lewis, S. K., Catalan, J., Wheeler, D., & Danby, B. L. Reciprocal concessions procedure for inducing compliance: The door-in-the-face technique. *Journal of Personality and Social Psychology*, 1975, *31*, 206-215.

Christensen, L. The negative subject: Myth, reality, or a prior experimental experience effect? *Journal of Personality and Social Psychology*, 1977, *35*, 392-400.

Clark, M. S., Gotay, C. C., & Mills, J. Acceptance of help as a function of the potential helper and opportunity to repay. *Journal of Applied Social Psychology*, 1974, *4*, 224-229.

Clark, M. S., & Mills, J. Interpersonal attraction in exchange and communal relationships. *Journal of Personality and Social Psychology*, 1979, *37*, 12-24.

Clore, G. L. *Interpersonal attraction: An overview*. Morristown, N. J.: General Learning Press, 1975.

Clore, G. L., & Byrne, D. A reinforcement-affect model of attraction. In T. L. Huston (Ed.), *Foundations of interpersonal attraction*. New York: Academic Press, 1974.

Codol, J. P. On the so-called superior conformity of the self behavior: Twenty experimental investigations. *European Journal of Social Psychology*, 1976, *5*, 457-501.

Cohen, A. R. An experiment on small rewards for discrepant compliance and attitude change. In J. W. Brehm and A. R. Cohen (Eds), *Explorations in cognitive dissonance*.New York: Wiley & Sons, 1962.

Cohen, S., Evans, G. W., Krantz., D. S., & Stokols, D. Physiological, motivational, and cognitive effects of aircraft noise on children. *American Psychologist*, 1980, *35*, 231-244.

Cohen, S., Glass, D., & Singer, J. Apartment noise, auditory discrimination, and reading ability in children. *Journal of Experimental Social Psychology*, 1973, *4*, 407-422.

Cohen, S., & Weinstein N. Nonauditory effects of noise on behavior and health. *Journal of Social Issues*, 1981, *37*(1), 36-70.

Collins, B. E., & Hoyt, M. G. Personal responsibility for consequences: An integration and extension of the "forced compliance" literature. *Journal of Experimental Social Psychology*, 1972, *8*, 558-593,

Collins, B. E., & Raven, B. Psychological aspects of structure in the small group: Interpersonal attraction, coalitions, communication and power. In G Lindzey and E. Aronson (Eds.), *Handbook of Social Psychology* (2nd ed.) (Vol, 4). Group psychology and phenomena of interaction. Reading, Mass.:

Addison-Wesley, 1969.

Cook, T. D., & Flay, B. R. The persistence of experimentally induced attitude change. In L. Berkowitz (Ed.), *Advances in experimental social psychology*. Vol. 11 New York: Academic Press, 1978.

Cooper, J., & Fazio, R. H. The formation and persistence of attitudes that support intergroup conflict. In W. G. Austin and S. Worchel (Eds.), *The social psychology of intergroup relations*, Monterey, Calif.: Brooks/Cole, 1979.

Cooper, J.. & Worchel, S. Role of undesired consequences in arousing cognitive dissonance. *Journal of Personality and Social Psychology*, 1970, *16*, 199-206.

Cooper, J. E., & McGaugh, J. L. Leadership: Integrating principles of social psychology. In C. A. Gibb (Ed.), *Leadership*. Baltimore: Penguin Books, 1969.

Cottrell, N., Wack, D., Sekerak, G., & Rittle, R. Social facilitation of dominant responses by the presence of an audience and the mere presence of others. *Journal of Personality and Social Psychology*, 1968, *9*, 245-250.

Craik, F. I. M., & Tulving, E. Depth of processing and the retention of words in episodic memory. *Journal of Experimental Psychology*, 1975, *104*, 268-294.

Crocker, J. Judgement of covariation by social perceivors. *Psychological Bulletin*, 1981, *90*, 272-292.

Crouse, B. B., & Mehrabian, A. Affiliation of opposite-sexed strangers. *Journal of Research in Personality*, 1977, *11*, 38-47.

Cunningham, M. R. Weather, mood, and helping behavior: Quasi experiments with the sunshine Samaritan. *Journal of Personality and Social Psychology*, 1979, *37*, 1947-1956.

Darley, J. M., & Latane, B. Bystander intervention in emergencies: Diffusion of responsibility. *Journal of Personality and Social Psychology*, 1968, *8*, 377-383.

Darley, S. A. Big-time careers for the "little womam": A dual-role dilemma. *Journal of Social Issues*, 1976, *32*, 85-89.

Darlington, R. B., & Macker, C. E. Displacement of guilt-produced altruistic behavior. *Journal of Personality and Social Psychology*, 1966, *4*, 442-443.

Davis, D., & Perkowitz, W. T. Consequences of responsiveness in dyadic interaction: Effects of probability of response and proportion of content-related responses on inter-personal attraction. *Journal of Personality and Social Psychology*, 1979, *37*, 534-550.

Davis, M. H., & Stephan, W. G. Attribution for exam performance. *Journal of Applied Social Psychology*, 1980 *10*, 235-248.

Dellinger, R. W. Jet roar: Health problems take off near airports. *Human Behavior*, 1979, *8*(5), 50-51.

Deutsch, A. Tenacity of attachment to a cult leader: A psychiatric perspective, *American Journal of Psychiatry*, 1980, *137*, 1569-1573.

Deutsch, M. *The resolution of conflict*. New Haven: Yale University Press, 1973.

Deutsch, M. Introduction. In M. Deutsch & H. A. Hornstein (Eds.), *Applying social psychology: Implications for research, practice, training.* Hillsdale, V. J.: Erlbaum, 1975, pp. 1-12.

Deutsch, M. & Krauss, R. M. Studies of interpersonal bargaining. *Journal of Conflict Resolution*, 1962, *6*, 52-76.

Dickoff, H. Reactions to evaluations by another person as a function of self-evaluation and the interaction context. Unpublished doctoral dissertation, Duke University, 1961.

Diener, E., Lusk, R., De Four, D., & Flax, R. Deindividuation: Effects of group size, density, number of observers, and group member similarity on self-consciousness, and disinhibited behavior. *Journal of Personality and Social Psychology*, 1980, *39*, 449-459.

Diener, E., & Wallbom, M. Effects of self-awareness on antinormative behavior. *Journal of Research in Personality*, 1976, *10*, 107-111.

Diener, F. Deindividuation: Causes and consequences. *Social Behavior and Personality*, 1977, *5*, 143-155.

Dion, K. K., Berscheid, E., & Walster, E. What is beautiful is good. *Journal of Personality and Social Psychology*, 1972, *24*, 285-290.

Dion, K. L., Miller, N., & Magnan, M. A. Cohesiveness and social responsibility as determinants of group risk taking. *Journal of Personality and Social Psychology*, 1971, *20*, 400-406.

Dion, K. K., & Stein, S. Physical attractiveness and interpersonal influence. *Journal of Experimental Social Psychology*, 1978, *14*, 97-109.

Dion, K. L. Intergroup conflict and intra-group cohesiveness. In W. G. Austin, & S. Worchel (Eds.), *The social psychology of intergroup relation*. Monterey, Calif: Brooks/Cole, 1979.

Doob, A. N., & Wood, L. E. Catharsis and aggression: Effects of annoyance and retaliation on aggressive behavior. *Journal of Personality and Social Psychology*, 1972, *22*, 156-162.

Doob, A. N., & Zabrack, M. The effects of freedom-threatening instructions and monetary inducements on compliance. *Canadian Journal of Behavioral Science*. 1971, *3*, 408-412.

Doise, W. Intergroup relations and polarization of individual and collective judgements. *Journal of Personality and Social Psychology*, 1969, *12*, 136-143.

Donnerstein, E., & Wilson, D. W. The effects of noise and perceived control upon ongoing and subsequent aggressive behavior. *Journal of Personality and Social Psychology*, 1976, *34*, 774-781.

Druckman, D., Solomon, D., & Zechmeister, K. Effects of representational role obligations on the process of children's distribution of resources. *Sociometry*, 1972, *35*, 387-410.

Duval, S. Conformity on a visual task as a function of personal novelty on attitudinal dimensions and being reminded of the object status of self. *Journal of Experimental Social Psychology*, 1976, *12*, 87-98.

Duval, S., & Wicklund, R. A, *A theory of objective self-awareness*. New York: Academic Press, 1972.

Eagly, A. H., & Carli, L. Sex of researchers and sex-typed communications as determinants of sex differences in influenceability: A meta-analysis of social influence studies. *Psychological Bulletin*, 1981, *90*, 1-20.

Eagly, A. H., & Chaiken, S. An attribution analysis of the

effect of communicator characteristics on opinion change: The case of communicator attractiveness. *Journal of Personality and Social Psychology*, 1975, *32*, 136-144.

Ebbesen, E. B., Kjos, G. L., & Konecni, V. J. Spatial ecology: Its effects on the choice of friends and enemies. *Journal of Experimental Social Psychology*, 1976, *12*, 505-518.

Einhorn, H. J., & Hogarth, R. M. Confidence in judgement: Persistence of the illusion of validity. *Psychological Review*, 1978, *85*, 394-416.

Eisen, S. V. Actor-observer differences in information inference and causal attribution. *Journal of Personality and Social Psychology*, 1979, *37*, 261-272.

Eisenger, R., & Mills, J. Perception of the sincerity and competence of a communicator as a function of the extremity of his position. *Journal of Experimental Sacial Psychology*, 1968, *4*, 224-232.

Ekman, P. Biological and cultural contributions to body and facial movements. In J. Blacking (Ed.), A. S. A. Monograph 15, *The anthropology of the body*. London: Academic Press, 1977.

Elman, D., & Killebrew, T. J. Incentives and seat belts: Changing a resistant behavior through extrinsic motivation. *Journal of Applied Social Psychology*, 1978, *8*, 72-83.

Ellsworth, P. C., & Langer, E. J. Staring and approach: An interpretation of the stare as a nonspecific activator. *Journal of Personality and Social Psychology*, 1976, *33*, 117-122.

Epstein, S. The stability of behavior: II. Implications for psychological research. *American Psychologist*, 1980, *35*, 790-806.

Epstein, S., & Taylor, S. P. Instigation to aggression as a function of degree of defect and perceived aggressive intent of the opponent. *Journal of Personality*, 1967, *35*, 265-289.

Epstein, Y. M., Woolfolk, R. L., & Lehrer, P. M. Physiological, cognitive, and nonverbal responses to repeated exposure to crowding. *Journal of Applied Social Psychology*, 1981, *11*, 1-13.

Evans, G. W. Human spatial behavior: The arousal model. In A. Baum & Y. M. Epstein (Eds.), *Human response to crowding*. Hillsdale, N. J.: Lawrence Erlbaum, 1978.

Evans, G. W. Behavioral and physiological consequences of crowding in humans. *Journal of Applied Social Psychology*, 1979, *9*, 27-46.

Evans, G. W., & Howard, R. B. Personal space. *Psychological Bulletin*, 1973, *80*, 334-344.

Evans, R. I., Rozelle, R. M., Maxwell, S. E., Raines, B. E., Ditt, C. A., Guthrie, T. J., Henderson, A. H., & Hill, P. C. Social modeling films to deter smoking in adolescents: Results of a three year field investigation, *Journal of Applied Psychology*, 1981, *66*, 399-414.

Falbo, T., & Peplau, L. A. Power strategies in intimate relationships. *Journal of Personality and Social Psychology*, 1980, *38*, 618-628.

Fazio, R. H., & Zanna, M. P. Direct experience and attitude-behavior consistency. In, L. Berkowitz (Ed.), *Advances in experimental social psychology*, Vol, 14, New York: Academic Press, 1981.

Feierbend, I. K., Feierbend, R. L., & Hesvold, B. A. Social change and political violence: Cross-national patterns. In H. D. Graham & T. R. Gurr (Eds.), *Violence in America: Historical and comparative perspectives*. Washington, D. C.: National Commission on the causes & Prevention of Violence, 1969.

Felsenthal, D. S. Bargaining behavior when profits are unequal and losses are equal. *Behavioral Science*, 1977, *22*, 334-340.

Felson, R. B. Ambiguity and bias in the self-concept. *Social Psychology Quarterly*, 1981, *44*, 64-69.

Feshbach, N. D. Nonconformity to experimentally induced group norms of high-status versus low-status members. *Journal of Personality and Social Psychology*, 1967, *6*, 55-63.

Feshbach, S., & Singer, R. D. *Televison and aggression*. San Francisco: Jossey-Bass, 1971,

Festinger, L. *A theory of cognitive dissonance*. Evanston, Ill.: Row, Peterson, 1957.

Festinger, L., & Carlsmith, L. M. Cognitive consequences of forced compliance. *Journal of Abnormal and Social Psychology*, 1959, 58, 203-210.

Festinger, L., Pepitone, A., & Newcomb, T. Some consequences of deindividuation in a group. *Journal of Abnormal and Social Psychology*. 1952, *47*, 382-389.

Festinger, L., Schachter, S., & Back, K. *Social pressures in informal groups: A study of human factors in housing*. New York: Harper & Bros., 1950.

Fields, J. M., & Schuman, H. Public beliefs about the beliefs of the public. *Public Opinion Quarterly*, 1976, *40*, 427-448.

Fiedler, F. W. Leadership effectiveness. *American Behavioral Scientist*, 1981, *24*, 619-632.

Fiedler, F. E. *Leadership*. New York: General Learning Press, 1971.

Fiedler, F. E. Recent developments in research on the contingency model. In. L. Berkowitz (Ed.), *Group Process*. New York: Academic Press, 1978, pp. 209-225.

Fiedler, F. E., Chemers, M. M., & Mahar, L. *Improving leadership effectiveness: The leader match concept*. New York: Wiley & Sons, 1976.

Finkelman, J. M., & Glass, D. C. Reappraisal of the relationship between noise and human performance by means of a subsidiary task measure. *Journal of Applied Psychology*, 1970, *54*, 211-213.

Fichter, J. America's forgotten priests: What are they saying? New York: Harper, 1968.

Fischhoff, B. Debiasing. In D. Kahneman, P. Slovic, & A. Tversky (Eds.), *Judgement under uncentainty: Heuristics and biases*. New York: Cambridge University Press, 1982.

Fischhoff, B., Slovic, P., & Lichtenstein, S. Knowing with certainty: The appropriateness of extreme confidence. *Journal of Experimental Psychology: Human Perception and Performance*, 1977, *3*, 552-564.

Fisher, J., & Byrne, D. Too Close for comfort: Sex differences in response to invasions of personal space. *Journal of Personality and Social Psychology*, 1975, *32*, 15-21.

Fisher, J. D., Nadler, A., & Whitcher, S.J. Recipient reactions to aid: A conceptual review and a new theoretical framework.

Unpublished Manuscript, University of Connecticut, 1980.

Fishbein, M., & Ajzen, I. Attitudes toward objects as predictive of single and multiple behavioral criteria. *Psychological Review*, 1974, *81*, 59-74.

Foa, E. B. Frustration-aggression as exchange of resources. *Dissertation Abstracts International*, 1971, *31*, 5518.

Foa, E. B., & Foa, U. G. *Societal structures of the mind.* Springfield, Ill.: Charles C. Thomas, 1974.

Foa, E. B., & Foa, U. G. Resource theory: Interpersonal behavior as exchange. In K. J. Gergen, M. S. Greenberg, & R. H. Willis (Eds.), *Social exchange: Advances in theory and research*. New York: Plenum, 1980.

Folger, R. Rosenfield, D., Grove, J., & Cockran, I. Effects of "wire" and peer opinions on responses to inequity. *Journal of Personality and Social Psychology*, 1979, *37*, 2253-2261.

Freedman, J. L. Long-term behavioral effects of cognitive dissonance. *Journal of Experimental Social Psychology*, 1965, *1*, 145-155.

Freedman, J. L. *Crowding and behavior*. New York: Vicking Press, 1975

Freedman J. L., & Fraser, S. C. Compliance without pressure: The foot-in-the-door technique. *Journal of Personality and Social Psychology*, 1966, *4*, 195-202.

Freedman, J. L. Heshka, S.. & Levy, A. Population density and pathology: Is there a relationship? *Journal of Experimental Psychology*, 1973, *11*, 539-552.

Freedman, J. L., & Sears, D. O. Warniny, distraction and

resistance to influence. *Journal of Personality and Social Psychology*, 1965, 1, 262-265.

Freedman, J. L., & Staff, I. Crowding, aggressiveness, and external or internal crowding as an intensifier of internal vs, external pleasantness. In J., L. Freedman (Ed.), *Crowding and behavior*. San Francisco: Freeman, 1975.

Fraser, S., Gouge, C., & Billing, M. Risky shifts, cautious shifts and group polarization, *European Journal of Social Psychology*, 1971, *1*, 7-29.

French, J. R. P., Jr., & Raven, B. H. The bases of social power, In D. Cartwright (Ed.), *Studies in social power*. Ann Arbor: University of Michigan, 1959, pp. 150-167.

Frankenhaeuser, M., & Lundberg, U. The influence of cognitive set on performance and arousal under different noise loads. *Motivation and Emotion*, 1977, *1*, 139-149.

Friedrich, L. K., & Stein, A. H. Aggressive and prosocial television programs and the natural behavior of preschool children. Monographs of the Society for Research in Child Development, 1973, *38* (4, Serial No. 151).

Frodi, A., Macaulay, J., & Thome, P. R. Are women always less aggressive than men? A review of the experimental literature. *Psychological Bulletin*, 1977, *84*, 634-660.

Froming, W. J., Walker, G. R., & Lopyan, K. J. Public and private self-awareness: When personal attitudes conflict with societal expectations. *Journal of Experimental Social Psychology*, 1982.

Frost, J. H., & Wilmot, W. W. *Interpersonal conflict*. Dubuque,

Iowa: W. C. Brown, 1978,

Gamson, W. A. A. A theory of coalition formation. *American Sociological Review*, 1961, *26*, 373-382.

Gamson, W. A. A. Experimental studies of coalition formation. In L. Berkowitz (Ed.), *Advances in experimental social psychology* (Vol. 1), New York: Academic Press, 1964.

Gamson, W. A., Fireman, B., & Rytina, S. *Encounters with unjust authority*. Homewood, Ill.: Dorsey Press, 1982.

Garbarins, J., & Bronfenbrenner, U. The socialization of moral judgment and behavior in cross-cultural perspective. In T. Lickona (Ed.), *Moral development and behavior: Theory, research, and social issues*. New York: Holt, Rinehart and Winston, 1976.

Geen, R. G. Some effects of observing violence upon the behavior of the observer. In, B. A. Maher (Ed.), *Progress in experimental personality research*, Vol. 8, New York: Academic Press, 1978.

Geen, R. G. Evaluation apprehension and social facilitation: A reply to Sanders. *Journal of Experimental social Psychology*, 1981, *17*, 252-256.

Geen, R. G., & Quanty, M. B. The catharsis of aggression: An evaluation of a hypothesis. In L. Berkowitz (Ed.), *Advances in experimental social psychology* (Vol. 10). New York: Academic Press, 1977.

Geller, D. M. Involvement in role-playing simulations: A demonstration with studies on obedience. *Journal of Personality and Social Psychology*, 1978, *36*, 219-235.

Gerbner, G., Gross, L., Signorielli, N., & Morgan, M. Television, violence, victimization, and power, *American Behavioral Scientist*, 1980, *23*, 705-716.

Gergen, K. J. Ellsworth, P., Maslach, G. & Siepel, M. Obligation, donor resources and reactions to aid in three-nation study. *Journal of Personality and Social Psychology*, 1975, *31*, 390-400.

Gergen, K. J., & Gergen, M. M. International assistance from a psychological perspective. In *Yearbook of world affairs*, 1971 (Vol. 25). London: Institute of World Affairs, 1972.

Gergen, K. J., Morse, S. J., & Bode, K. A. Overpaid or overworked? Cognitive and behavioral reactions to inequitable rewards. *Journal of Applied Social Psychology*, 1974, *4*, 259-274.

Gibb, C. A. Leadership. In G. Lindzey & E. Aronson (Eds.), *The handbook of social psychology* (Vol. 4). Reading, Mass.: Addison-Wesley, 1969.

Gilmor, T. M. & Reid, D. W. Locus of control and causal attribution for positive and negative outcomes on university examinations. *Journal of Research in Personality*, 1979, *13*, 154-160.

Gintner, G., & Lindskoid, S. Rate of participation and expertise as factors influencing leader choice. *Journal of Personality and Social Psychology*, 1975, *32*, 1085-1089.

Glass D. C., & Singer, J. E. *Urban stress*, New York: Academic Press, 1972.

Glassman, J. B., Burkhart, B. R., Grant, R. D., & Vallery G. G. Density, expectation and extended task performance: An experiment in the natural environment. *Environment and Behavior*, 1978, *10*, 299-315.

Goethals, G. R., & Darley, J. M. Social comparison theory: An attribution approach .In J. M. Suls. & R. L. Miller (Eds.), *Social comparison processes: Theoretical and empirical perspectives*. Washington, D. C.: Hemisphere/Halsted, 1977.

Goldberg, L. R. Differential attribution of trait-descriptive terms to oneself as compared to well-liked, neutral, and disliked others: A psychometric analysis. *Journal of Personality and Social Psychology*, 1978, *36*, 1012-1028.

Gorsuch, R. L., & Aleshive, D. Christian faith and ethnic prejudice: A review and interpretation of research. *Journal for the Scientific Study of Religion*, 1974, *13*, 281-307.

Greenberg, B. S. Diffusion of news of the Kennedy assassination. *Public Opinion Quarterly*, 1964, *28*, 225-232.

Greenberg, J .Attentional focus and locus of performance causality as determinants of equity behavior. *Journal of Personality and Social Psychology*, 1980, *38*, 579-585.

Greenberg, J., Pyszckynski, T., & Solomon, S. The self-serving bias: Beyond self-presentation. *Journal of Experimental Social Psychology*, 1982, *18*, 56-67.

Gottman, T. M. *Experimental investigation of marital interaction*. New York: Academic Press, 1979.

Grube, J. W., Kleinhesselink, R. R., & Kearney, K. A. *Male self-acceptance and attraction toward women*. *Personality and Social Psychology Bulletin*, 1982, *8*, 107-112.

Grush, J. E. Attitude formation and mere exposure phenomena: A nonartifactual explanation of empirical findings. *Journal of Personality and Social Psychology*, 1976, *33*, 281-290.

Grush, J. E. Impact of candidate expenditures, regionality, and prior ontcomes on the 1976 Democratic presidential primaries. *Journal of Personality and Social Psychology*, 1980, *38*, 337-347.

Grush, J. E., McKeough, K. L., & Ahlering, R. F. Extrapolating laboratory exposure research to actual political elections. *Journal of Personality and Social Psychology*, 1978, *36*, 257-270.

Hackman, J. R., and Marris, C. G. Group tasks, group interaction process, and group performance effectiveness: A review and proposed integration. In L. Berkowitz (Ed.), *Advances in experimental social psychology*, Vol. 8, New York: Academic Press, 1975.

Hadden, J. K. *The gathering storm in the churches*. Garden City, N. Y.: Doubleday, 1969.

Hall, E. T. *The hidden dimension*. New York: Doubleday, 1966.

Halpin, A., & Winer, B. The leadership behavior of the airplane commander. Ohio State University Research Foundation, 1952.

Hamilton, D. L., & Fallot, R. D. Information salience as a weighting factor in impression formation. *Journal of Personality and Social Psychology*, 1974, *30*, 444-448.

Hamner, W. C., & Yukl, G. A. The effectiveness of different offer strategies in bargaining.In D. Druckman (Ed.), *Negotiations: Social-psychological perspectives*, London: Sage, 1977.

Hamner, W. C. Effects of bargaining strategy and pressure to reach agreement in a stalemated negotiation. *Journal of Personality and Social Psychology*, 1974, *30*, 458-467.

Hansson, R. O., & Slade, K. M. Altruism toward a deviant in city and small town. *Journal of Applied Social Psychology*, 1977, *7*, 272-279.

Hare, A. P. A study of interaction and consensus in different sized groups. *American Sociological Review*, 1952, *17*, 261-267.

Hare, A. P. *Handbook of small group research*. New York: Free Press, 1976.

Harnett, D. L., Cummings, L. L., & Hamner, W. C. Personality, bargaining style, and Payoff in bilateral monopoly bargaining among European managers. *Sociometry*, 1973, *36*, 325-345.

Harris, M. B. Mediators between frustration and aggression in a field experiment. *Journal of Experimental Social Psychology*, 1974, *10*, 561-571.

Harrison, A. A., & Saeed, L. Let's make a deal: An analysis of revelations and stipulations in lonely hearts advertisements. *Journal of Personality and Social Psychology*, 1977, *35*, 257-264.

Harvey, O. J., & Consalvi, C. Status and conformity to pressures in informal groups. *Journal of Abnormal and Social Psychology*, 1960, *60*, 182-187.

Hass, R. G., & Grady, K. Temporal delay, type of forewarning, and resistance to influence. *Journal of Experimental Social Psychology*, 1975, *11*, 459-469.

Hartfield, E., Utne, M. K., & Taupman, J. Equity theory and intimate relationships. In R. L. Burgess & T. L. Huston(Eds.), *Social exchange in developing relationships*, New York: Academic Press, 1978.

Hartfield, E. Walster, G. W., & Piliavin, J. A. Equity theory and helping relationships. In L. Wispe' (Ed.), *Altruism, sympathy and helping*. New York: Academic Press, 1978.

Hayduk, L. A. Personal space: An evaluative and orienting overview. *Psychological Bulletin*, 1978, *85*, 117-134.

Heider, F. *The psychology of interpersonal relations*. New York: Wiley & Sons, 1958.

Heilman, M. E. Oppositional behavior as a function of influence attempt intensity and retaliation threat. *Journal of Personality and Social Psychology*, 1976, *33*, 574-578.

Higbee, K. L. Expression of "Walter-Mittyness" in actual behavior. *Journel of Personality and Social Psychology*, 1971, *20*, 416-422.

Higgins, E. T., Rholes, W. S., & Jones, C. R. Category accessibility and impression formation. *Journal of Experimental Social Psychology*, 1977, *13*, 141-154.

Higgins, E. T., & Rholes, W. S. Saying is believing: Effects of message modification on memory and liking for the person described. *Journal of Experimental Social Psychology*, 1978, *14*, 363-378.

Hill, C. T., Rubin, Z., & Peplau, L. A. Break-ups before marriage: The end of 103 affairs. *Journal of Social Issues*, 1976, *32*, 147-167.

Hill, G. W. Group versus individual performance: Are N+1 heads better than one? *Psychological Bulletin*, 1982, *91*, 517-539.

Hodges, B. H. Effect of valence on relative weighting in impression formation. *Journal of Personality and Social Psychology*, 1974, *30*, 378-381.

Hoffman, M. L. Is altruism part of human nature? *Journal of Personality and Social Psychology*, 1981, *40*, 121-137.

Hokanson, J. E., & Burgess, M. The effects of three types of aggression on vascular processes. *Journal of Abnormal and Social Psychology*, 1962, *64*, 446-449 (a).

Hokanson, J. E. & Burgess, M. The effects of frustration and anxiety on overt aggression. *Journal of Abnormal and Social Psychology*, 1962, *65*, 232-237 (b).

Hollander, E. P. *Principles and methods of social psychology*, (2nd ed.). New York: Oxford University Press, 1971.

Hollander, E. P. *Leadership dynamics: A practical guide to effective relationships*. New York: Free Press/Macmillian, 1978.

Hollander, E. P., & Julian, J. W. Studies in leader legitimacy, influence, and innovation. In L. Berkowitz (Ed.) *Advances in experimental social psychology*, (Vol. 5). New York: Academic Press, 1970.

Holmes, J., & Miller, D. *Interpersonal conflict*. New York: Central learning Press, 1976.

Holmes, J. G., Throop, W., & Strickland, L. H. The effects of pre-negotiation expectations on the distributive bargaining process. *Journal of Experimental Social Psychology*, 1971, *7*, 582-589.

Horner, M. Sex differences in achievement motivation and performance in Competitive and non-competitive situations. Unpublished doctoral dissertation, University of Michigan, 1968.

Howells, L., & Becker, S. Seating arrangement and leadership emergence. *Journal of Obnormal and Social Psychology*, 1962,

64, 148-150.

Huesmann, L. R. Televison violence and aggressive behavior. In D. Pearl & L. Bouthilet (Eds.), Television and behavior: Ten years of scientific progress and implications for the 80's. Washington, D. C.: U. S. Government Printing Office, 1982.

Hunt, P. J., & Hillery, J. M. Social facilitation in a coaction setting: An examination of the effects of over-learning trials. *Journal of Experimental Social Psychology*, 1973, *9*, 563-571.

Husband, R.W. Semi-logarithmic versus linear plotting of learning curves. *Journal of Educational Psychology*, 1931, *22*, 72-75.

Ickes, W. A basic paradigm for the study of personality, roles, and social behavior. In Ickes & E. S. Knowles (Eds.), *Personality, roles, and social behavior*, New York: Springer-Verlag, 1982.

Ingham, A. G., Levinger, G., Graves, J., Peckham, V. The Ringelmann effect: Studies of group size and group performance. *Journal of Experimental Social Psychology*, 1974, *10*, 371-384.

Insko, C. A. Verbal reinforcement of attitude. *Journal of Personality and Social Psychology*, 1965, *2*, 621-623.

Insko, C. A., & Melson, W. H. Verbal reinforcement of attitude in laboratory and nonlaboratory contexts, *Journal of Personality*, 1969, *37*, 25-40.

Insko, C. A., Sedlak, A. J., & Lipsitz, A. Two valued logic or two valued balance resolution of the challenge of agreement and attraction effects in P-O-X triads, and a theoretical perspective on conformity and hedonism. *European Journal of Social Psych-*

ology, 1982, *12*, 143-168.

Insko, C. A., Thibaut, J., Moehle, D., Wilson, M., Diamond, W. D., Gilmore, R., Solomon, M. K., & Lipsitz, A. *Social evolution and the emergence of leadership. Journal of Personality and Social Psychology*, 1980, *39*, 431-449.

Isen, A. M. Success, failure, attention and reactions to others: The warm glow of success. *Journal of Personality and Social Psychology*, 1970, *15*, 294-301.

Isen, A. M., Horn, N., & Rosenhan, D. L. Effects of Success and failure on children's generosity. *Journal of Personality and Social Psychology*, 1973, *27*, 239-247.

Isen, A. M., & Levin, P. F. The effect of feeling good on helping: Cookies and kindness. *Journal of Personality and Social Psychology*, 1972, *21*, 384-388.

Jacobs, P. A., Brunton, M., & Melville, M. M. Aggressive behavior, mental subnormality and XYY male. *Nature*, 1965, *208*, 1351-1352.

Jacobson, M., & Effertz, J. Sex roles and leadership perceptions of leaders and the led. *Organizational Behavior & Human Performance*, 1974, *12*, 383-396.

Jaeger, M. J., Anthony, S., & Rosnow, R. L. Some determining factors in the transmission of a rumor. Unpublished study, London School of Economics, 1979.

Janis, I. L. *Psychological stress*. New York: Academic Press, 1974.

Janis, I. L. Groupthink. *Psychology Today*, 1971, *5* (6), 43-46.

Janis, I. L. *Victims of Groupthink: A psychological study of foreign policy decisions and fiascoes*. Boston: Houghton Mifflin, 1972.

Janis, I. L. *Victims of Groupthink*. Boston: Houghton Mifflin, 1982.

Jarvik, I.F., Koldin, V., & Matsuyama, S.S. Human aggression and the extra *Y* chromosome: Fact or fantasy? *American Psychologist*, 1973, *28*, 674-682.

Jellison, J. M., & Green, J. A self-presentational approach to the fundamental attribution error: The norm of internality. *Journal of Personality and Social Psychology*, 1981, *40*, 643-649.

Jellison, J. M., & Riskind, J. A social comparison of abilities interpretation of risk-taking behavior. *Journal of Personality and Social Psychology*, 1970, *15*, 375-390.

Jennings, D. L., Amabile, T. M., & Ross, L. Informal covariation assessment: Data-based vs. theory-based judgements. In D. Kahneman, P. Slovic, & A. Tversky (Eds.), *Judgement under uncertainty: Heuristics and biases*. New York: Cambridge University Press, 1982.

Johnson, R. W., & Ryan, B. J. A test of the contingency model of leadership effectiveness. *Journal of Applied Social Psychology*, 1976, *6*, 177-185.

Johnston, J., Ettema, J., & Davidson, T. An evaluation of FREESTYLE: A television series to reduce sex-role stereotypes. Ann Arbor: Institute for social Research, University of Michigan, 1980.

Jones, E, E., & Gordon, E. M. Timing of self-disclosure and its effects on personal attraction. *Journal of Personality and*

Social Psychology, 1972, *24*, 358-365.

Jones, E. E., & McGillis, D. Correspondent inferences and the attribution cube: A comparative reappraisal. In J. H. Harvey, W. J. Ickes, & R. F. Kidd (Eds.), *New directions in attribution research* (Vol. 1). Hillsdale, N. J.: Erlbaum, 1976.

Jones, E. E., & Pittman, T. S. Toward a general theory of strategic self-presentation. In J. Suls (Ed.), *Psychological perspectives on the self*. Hillsdale, N. J.: Erlbaum, 1982.

Jones, E. E., Worchel, S., Goethals, G. R., & Grument, J. F. Prior expectancy and behavioral extremity as determinants of attitude attribution. *Journal of Experimental Social Psychology*, 1971, *7*, 59-80.

Jones, E. E., Wood, G. C., & Quattrone, G. A. Perceived variability of personal characteristics in ingroups and out-groups: The role of knowledge and evaluation. *Personality and Social Psychology Bulletin*, 1981, *7*, 523-528.

Jorgensen, B. W., & Cervone, J. C. Affect enhancement in the pseudorecognition task. *Personality and Social Psychology Bulletin*, 1978, *4*, 285-288.

Kahle, L. R., & Berman, J. J. Attitudes cause behaviors: A cross-lagged panel analysis. *Journal of Personality and Social Psychology*, 1979, *37*, 315-321.

Kahneman, D., & Tversky, A. Intuitive prediction: Biases and corrective procedures. *Management Science*, 1979, *12*, 313-327.

Kaplowitz, S.A. Toward a systematic theory of power attribution. *Social Psychology*, 1978, *41*, 131-148.

Karlin, R., Epstein, Y., & Aiello, J. Strategies for the investigation of crowding, In A. Esser & B. Greenbie (Eds.), *Design for community and privacy*. New York: Plenum, 1978

Karlin, R. A., Rosen, L. S., & Epstein, Y. M. Three into two doesn't go: A follow-up on the effects of overcrowded dormitory rooms. *Personality and Social Psychology Bulletin*, 1979, *5*, 391-395.

Karuza, J., Jr., & Brickman, P. Preference for similarity in higher and lower status others. *Personality and Social Psychology Bulletin*, 1981, *7*, 504-508.

Katz, D., & Kahn, R. L. *The social psychology of organizations* (2nd ed.). New York: John Wiley & Sons, 1978.

Kelley, H. H. Attribution theory in social psychology. In D. Levine (Ed.), *Nebraska Symposium on Motivation*, 1967, *15*, 192-238.

Kelley, H. H. *Attribution in social interaction*, Morristown, N. J.: General Learning Press, 1971.

Kelley, H. H. *Personal relationships: Their structures and processes*. Hillsdale, N. J.: Erlbaum, 1979.

Kelley, H. H., & Stahelski, A. J. Errors in perception of intentions in a mixed motive game. *Journal of Experimental Social Psychology*, 1970, *6*, 379-400. (a).

Kelley, H. H., & Stahelski., A. J. Social interaction basis of cooperators and competitor's beliefs about others. *Journal of Personality and Social Psychology*, 1970, *16*, 66-91. (b).

Kelley, H. H., & Thibaut, J. W. *Interpersonal relations: A theory of interdependence*. New York: Wiley Interscience, 1978.

Kelman, H. C. Human use of human subjects: The problem of

deception in social psychological experiments. *Psychological Bulletin*, 1967, *67*, 1-11.

Kennedy, J., & Stephan, W. G. The effects of cooperation and competition on ingroup-outgroup bias. *Journal of Applied Social Psychology*, 1977, *7*, 115-130.

Kenrick, D. T., & Cialdini, R. B. Romantic attraction: Misattribution versus reinforcement explanations. *Journal of Personality and Social Psychology*, 1977, *35*, 381-391.

Kernis, M. H., & Wheeler, L. Beautiful friends and ugly strangers: Radiation and contrast effects in perception of same-sex pairs. *Personality and Social Psychology Bulletin*, 1981, *7*, 617-620.

Kerr, N. L., & Brunn, S. E. Ringelmann revisited: Alternative explanations for social loafing effect. *Personality and Social Psychology Bulletins*, 1981, *7*, 224-231.

Kiesler, C. A. *The psychology of commitment: Experiments linking behavior to belief* .New York: Academic Press, 1971.

Kiesler, C. A., & Kiesler, S. B. Role of forewarning in persuasive communications. *Journal of Abnormal and Social Psychology*, 1964, *68*, 547-549.

Kiesler, S. B., & Baral, R. L. The search for a romantic partner: The effects of self-esteem and physical attractiveness on romantic behavior. In K. Gergen & D. Marlowe (Eds.), *Personality and Social Behavior*. Reading, Mass.: Addison-Wesley, 1970.

Kiesler, C. A., & Pallak, M. S. Minority influence: The effect of majority reactionaries and defectors, and minority and majority compromisers, upon majority opinion and attraction. *European Journal of Social Psychology*, 1975.

Kilter, T. A., & Gross, A. E. Effects of public and private deviancy on compliance with a request. *Journal of Experimental Social Psychology*, 1975, *11*, 553-559.

Kimble, C. E., Fitz, D., & Onorad, J. R. Effectiveness of counteraggression strategies in reducing interactive aggression by males. *Journal of Personality and Social Psychology*, 1977, *35*, 272-278.

Kimmel, M. J., Pruitt, D.G., Magenau, J. M., Konar-Goldband, E., & Carnevale, P. J. D. Effects of trust, aspiration, and gender on negotiation tactics. *Journal of Personality and Social Psychology*, 1980, *38*, 9-22.

Kipnis, D. *The powerholder*. Chicago: University of Chicago Press, 1976.

Kipnis, D. M. Inner direction, other direction and achievement motivation. *Human Development*, 1974, *17*, 321-343.

Kirmeyer, S. L. Urban density and pathology: A review of research. *Environment and Behavior*, 1978, *10*, 257-269.

Klaas, E. T. Psychological effects of immoral actions: The experimental evidence. *Psychological Bulletin*, 1978, *85*, 756-771.

Kleinke, C. L., Meeker, F. B., & LaFong, C. Effects of gaze, touch, and use of name on evaluation of "engaged couples." *Journal of Research in Personality*, 1974, *7*, 368-373.

Knapp, M. L. *Nonverbal communication in human interaction* (2nd ed.). New York: Holt, Rinehart & Winston, 1978.

Knox, R. E., & Inkster, J. A. Postdecision dissonance at post time. *Journal of Personality and Social Psychology*, 1968, *8*(4), 319-323.

Komorita, S. S. An equal excess model of coalition formation. *Behavioral Science*, 1979, *24*, 369-381.

Komorita, S. S., & Chertkoff, J. M. A bargaining theory of coalition formation. *Psychological Review*, 1973, *80*, 149-162.

Komorita, S. S., & Tumonis, T. M. Extensions and tests of some descriptive theories of coalition formation. *Journal of Personality and Social Psychology*, 1980, *39*, 256-269.

Konečni, V. J. & Doob, A. N. Catharsis through displacement of aggression. *Journal of Personality and Social Psychology*, 1972, *23*, 379-387.

Konečni, V. J. The mediation of aggressive behavior: Arousal level versus anger and cognitive labelling. *Journal of Personality and Social Psychology*, 1975, *32*, 706-712.

Konečni, V. J. Some effects of guilt on compliance: A field replication. *Journal of Personality and Social Psychology*, 1972, *23*, 30-32.

Kenečni, V. J. The role of adversive events in the development of intergroup conflict. In W. G. Austin & S. Worchel (Eds.), *The social psychology of intergroup relations*. Monterey, Calif.: Brooks/Cole, 1979.

Kraut, R. E. Effects of social labeling on giving to charity. *Journal of Experimental Social Psychology*, 1973, *9*, 551-562.

Kraut, R. E. Verbal and nonverbal cues in the perception of lying. *Journal of Personality and Social Psychology*, 1978, *36*, 380-391.

Kravitz, D. A. Effects of resources and alternatives on coalition formation. *Journal of Personality and Social Psychology*, 1981, *41*, 87-98.

Krebs, D. Empathy and altruism. *Journal of Personality and Social Psychology*, 1975, *32*, 1134-1146.

Kvyter, K. *The effects of noise on man*. New York: Academic Press, 1970.

Kulik, J. A., & Brown, R. Frustration, attribution of blame, and aggression. *Journal of Experimental Social Psychology*, 1979, *15*, 183-194.

Lambert, R. Situations of uncertainty: Social influence and decision Processes. In H. Brandstatter, J. H. Davis, H. Schuler (Eds.), *Dynamics of Group decisions*. Beverly Hills, Calif.: Sage Publications, 1978.

Langer, E. J. The Psychology of Chance. *Journal for the Theory of Social Behavior*, 1977, *7*, 185-208.

Larsen, K. Conformity in the Asch experiment. *Journal of Social Psychology*, 1974, *94*, 303-304.

Larwood, L. Swine flue: A field study of self-serving biases. *Journal of Applied Social Psychology*, 1978, *18*, 283-289.

Latané, B. Field studies of altruistic compliance. *Representative Research in Social Psychology*, 1970, *1*, 49-62.

Latané, B., & Darley, J. M. Group inhibition of bystander intervention in emergencies. *Journal of Personality and Social Psychology*, 1968, *10*, 215-221.

Latané, B., & Nida, S. Social impact theory and group influence: A Social engineering perspective. In P. B Paulus (Ed.),

Psychology of group influence. Hillsdale, N. J.: Lawrence Erlbaum, 1980.

Latané, B., Williams, K., & Harkins, S. Many hands make light the work: The causes and consequences of social loafing. *Journal of Personality and Social Psychology*, 1979, *37*, 822-832.

Laughlin, P. R., & Adamopoulos, J. Social combination process and individual learning for six-person cooperative groups on an intellective task. *Journal of Personality and Social Psychology*, 1980, *38*, 941-947.

Layton, B. D., & Moehle, D. Attributed influence: The importance of observing change. *Journal of Experimental Social Psychology*, 1980, *16*, 243-253.

Lécuyer, R. Man's accommodation to space, man's accommodation of space. *Travail Humain*, 1976, *39*, 195-206.

Leik, R., & Leik, S. A. Transition in interpersonal commitment. In R. L. Hamblin & J. H. Kunkel (Eds.), *Behavior theory in sociology*, New Brunswick, N. J.: Transaction Books, 1977.

Leon, D. *The Kibbutz: A new way of life*. London: Pergamon Press, 1969.

Lerner, M. J., & Agar, E. The consequences of perceived similarity: Attraction and rejection, approach and avoidance. *Journal of Experimental Research in Personality*, 1972, *6*, 69-75.

Leventhal, G. W. What should be done with equity theory? New approaches to the study of fairness in social relationships. In K. J. Gergen, M. S. Greenberg, & R. H. Willis (Eds.), *Social exchange: Advances in theory and research*. New York: Plenum 1980.

Leventhal, G. W., & Lane, D. W. Sex, age, equity behavior. *Journal of Personality and Social Psychology*, 1970, *15*, 312-316.

Leventhal, G. W., Weiss, T., & Long, G. Equity, reciprocity and reallocating the rewards in the dyad. *Journal of Personality and Social Psychology*, 1969, *13*, 300-305.

Levine, D. W., Oneal, E. C., Garwood, S. G., & McDonald, P. J. *Classroom ecology: The effects of seating position on grades and participation*, *Personality and Social Psychology Bulletin*, 1980, *6*, 409-412.

Levine, J. M. Reaction to opinion deviance in small groups. In P. B. Paulus, *Psychology of group influence*. Hillsdale, N. J.: Lawrence Erlbaum, 1980.

Levine, R., & Uleman, J. S. Perceived locus of control, chronic self-esteem, and attributions to success and failure. *Personality and Social Psychology Bulletin*, 1979, *5*, 69-72.

Levinger, G. A social psychological perspection on marital dissolution. *Journal of Social Issues*, 1976, *32*, 21-47.

Levinger, G., & Huesmann, L. R. An "incremental exchange" perspective on the pair relationship. In K. J. Gergen, M. Greenberg, & R. H. Willis (Eds.), *Social exchange: Advances in theory and research*. New York: Plenum, 1980.

Levinger, G., & Senn, D. J. Disclosure of feelings in marriage. *Merril-Palmer Quarterly*, 1967, *13*, 237-249.

Levy, J. Alliance formation and war behavior: An analysis of the Great Powers, 1495-1975. *Journal of Conflict Resolution*, 1981, *25*, 581-614.

Lewin, K. *A dynamic theory of personality*. New York: McGraw-

Hill, 1935.

Lewin, K., Lippett, R., & White, R. Patterns of aggressive behavior in experimentally created social climates. *Journal of Social Psychology*, 1939, *10*, 271-299.

Lewis. H. R., & Streitfeld, H. S. *Growth games: How to tune in yourself, your family, your friends*. New York: Harcourt Brace Jovanovich, 1970.

Leyens, J. P., & Parke, R. E. Aggressive slides can induce a weapons effect. *European Journal of Social Psychology*, 1975, *5*, 229-236.

Liberman, S. The effects of changes in soles on the attitudes of role occupants. *Human Relations*, 1956, *9*, 385-402.

Lind, E. A., Erickson, B. E., Friedland, N., & Hickenberger, M. Reactions to procedural models for adjudicative conflict resolution: A cross-national study. *Journal of Conflict Resolution*, 1978, *22*, 308-341.

Lind, E. A., Kutz, S., Musante, L., Walker, L., & Thibaut, J. Procedural and outcome effects on reactions to adjudicated resolution of conflicts of interest. *Journal of Personality and Social Psychology*, 1980, *39*, 643-653.

Linder, D. E., Cooper, J., & Jones, E. E. Decision freedom as a determinant of the role of incentive magnitude in attitude change. *Journal of Personality and Social Psychology*, 1967, *6*, 245-254.

Lindskold, S. Managing conflict through announced conciliatory initiatives backed with retaliatory capability. In W. Austin and S. Worchel (Eds.), *The social psychology of intergroup relations*.

Monterey, Calif.: Brooks/Cole, 1979.

Lindskold, S., & Propst, L. R. Deindividuation, self-awareness, and impression management. In J. T. Tedeschi (Ed.), *Impression management theory and social psychological research*. New York: Academic Press, 1981.

Lingle, J. H., Geva, N., Ostrom, T. M., Leippe, M. R., & Baumgardner, M. H. Thematic effects of person judgments on impression organization. *Journal of Personality and Social Psychology*, 1979, *37*, 674-687.

Locksley, A., & Colten, M. E. Psychological androgyny: A case of mistaken identity. *Journal of Personality and Social Psychology*, 1979, *37*, 1017-1031.

London, H. *Psychology of the persuader*. Morristown, N. J.: Silver Burdett/General Learning Press, 1973.

London, H., Meldman, P., & Lanckton, A. V. The jury method: How the persuader persudes. *Public Opinion Quarterly*, 1971, *34*, 171-183.

Lord, C. G., Ross, L., & Lepper, M. R. Biased assimilation and attitude polarization: The effects of prior theories on subsequently considered evidence. *Journal of Personality and Social Psychology*, 1979, *37*, 2098-2109.

Lorenz, K. *On aggression*. New York: Harcourt Brace Jovanovich, 1966.

Lott, A. J., & Lott, B. E. Group cohesiveness as interpersonal attraction: A review of relationships with antecedent and consequent variables. *Psychological Bulletin*, 1965, *64*, 259-309.

Lowe, C. A., & Goldstein, J. W. Reciprocal liking and attributions of ability: Mediating effects of perceived intent and personal involvement. *Journal of Personality and Social Psychology*, 1970, *16*, 291-297.

Luce, R. D., & Raiffa, H. *Games and decisions*. New York: Wiley, 1957.

Lyle, J., & Hoffman, H. R. Explorations on patterns of television viewing by preschool-age children. In E. A. Rubenstein, G. A. Comstock, & J. P. Murray (Eds.), *Television and social behavior*. Vol. 4. Television in day-to-day life patterns of use. Washington, D. C.: U. S. Government Printing Office, 1972.

Maccoby, N. Promoting positive health behaviors in adults. In L. A. Bond & J. C. Rosen (Eds.), *Competence and coping during adulthood*. Hanover, N. H.: University Press of New England, 1980, (a).

Maccoby, N., & Alexander, J. Use of media in lifestyle programs. In P. O. Davidson & S. M. Davidson (Eds.), *Behavioral medicine: Changing health lifestyles*. New York: Bruner/Mazel, 1980, (b).

Manis, M., Cornell, S. D., & Moore, J. C. Transmission of attitude-relevant information through a communication chain. *Journal of Personality and Social Psychology*, 1974, *30*, 81-94.

Marlowe, D., Gergen, K. J., & Doob, A. N. Opponent's personality, expectation of social interaction, and interpersonal bargaining. *Journal of Personality and Social Psychology*, 1966, *3*, 206-213.

Marquis, D. G., Guetzkow, H., & Heyns, R. W. A social psychological study of the decision-making conference. In H.

Guetzkow (Ed.), *Groups, leadership*, and men: *Research in human relations*. Pittsburgh: Carnegie Press, 1951.

Marks, G., Miller, N., & Maruyama, G. Effect of targets' physical attractiveness on assumptions of similarity. *Journal of Personality and Social Psychology*, 1981, *41*(1), 198-206.

Markus, H. The drive for integration: Some comments. *Journal of Experimental Social Psychology*, 1981, *17*, 257-261.

Mathews, K. E., & Canon, L. K. Environmental noise level as a determinant of helping behavior. *Journal of Personality and Social Psychology*, 1975, *32*, 571-577.

Martin, J. Stories and scripts in organizational settings. In A. Hastorf & A. Isen (Eds.), *Cognitive Social Psychology*. New York: Elsevier-North Holland, Inc., 1982.

McAlister, A., Perry, C., Killen, J., Slinkard, L. A., Maccoby, N. Pilot study of smoking, alcohol and drug abuse prevention. *American Journal of Public Health*, 1980, *70*, 719-721.

McArthur L. A. The how and what of why: Some determinants and consequences of causal attribution. *Journal of Personality and Social Psychology*, 1972, *22*, 171-193.

McCarthy, D. P., & Saegert, S. Residential density, social overload, and social withdrawal. In J. R. Aicllo & A. Baum (Eds.), *Residential crowding and design*. New York: Plenum Press, 1979.

McDougall, W. *An introduction to social psychology*, London: Methuen, 1908.

McGrath, J. E., & Julian, J. W. Interaction process and task outcome in experimentally created negotiation groups. *Journal of Psychological Studies*, 1963, *14*, 117-138.

McGuire, W. J. Personality and susceptibility to social influence. In E. P. Borgatta & W. W. Lambert (Eds.), *Handbook of Personality theory and research*. Chicago: Rand-McNally, 1968.

McGuire, W. J., McGuire, C. V., Child, P., & Fujioka, T. Salience of ethnicity in the spontaneous self-concept as a function of one's ethnic distinctiveness in the social environment. *Journal of Personality and Social Psychology*, 1978, *36*, 511-520.

McGuire, W. J. An information-processing model of advertising effectiveness. In H. L. Davis & A. J. Silk (Eds.), *Behavioral and management sciences in marketing*. New York: Ronald Press, 1978.

McGuire, W. J., McGuire, C. V., & Winton, W. Effects of household sex composition on the salience of one's gender in the spontaneous self-concept. *Journal of Experimental Social Psychology*, 1979, *15*, 77-90.

McGuire, W. J., & Papageorgis, D. The relative efficacy of various types of prior belief-defense in producing immunity against persuation. *Journal of Abnormal and Social Psychology*, 1961, *62*, 317-337.

McNeel, S. P. Tripling up: Perceptions and effects of dormitory crowding. Paper presented at the American Psychological Association convention, 1980.

Michener, H. A., & Burt, M. R, Components of "authority" as determinants of compliance. *Journal of Personality and Social Psychology*, 1975, *31*, 606-14, (a)

Michener, H. A., & Burt, M. R. Use of social influence under varying conditions of legitimacy. *Journal of Personality and Social Psychology*, 1975, *32*, 398-407, (b).

Michener, H. A., & Lawler, E. J. Endorsement of formal leaders: An integrative model. *Journal of Personality and Social Psychology*, 1975, *31*, 216-223.

Michener, H. A., & Lyons, M. Perceived support and upward mobility as determinants of revolutionary coalition behavior. *Journal of Experimental Psychology*, 1972, *8*, 180-195.

Milgram, S. Nationality and Conformity. *Scientific American*, December, 1961, 45-51.

Milgram, S. The experience of living in cities. *Science*, 1970, *167*, 1461-1468.

Milgram, S. *Obedience to authority*. New York: Harper & Row, 1974.

Milgram, S. *The individual in a social world*. Reading, Mass.: Addison-Wesley, 1977.

Miller, A. G., Hinkle, S. W., Pliske, D., & Pliske, R. M. Reactions to the Patricia Hearst Case: An attributional perspective. *Psychological Reports*, 1977, *41*, 683-695.

Miller, A. G., Jones, E. E., & Hinkle, S. A robust attribution error in the personality domain. *Journal of Experimental Social Psychology*, 1981, *17*, 587-600.

Miller, D. T. Ego involvement and attributions for success and failure. Journal of *Personality and Social Psychology*, 1976, *34*, 901-906.

Mills, J., & Aronson, E. Opinion Change as a function of communicator's attractiveness and desire to influence. *Journal of*

Personality and Social Psychology, 1965, *1*, 173-177.

Mischel, W. *Personality and Assessment*. New York: Wiley, 1968.

Mita, T. H., Dermer, M., & Knight, J. Reversed facial images and the mere-exposure hypothesis. *Journal of Personality and Social Psychology*, 1977, *35*, 597-601.

Mitchell, R. E. Some social implications of high-density housing. *American Sociological Review*, 1971, *36*, 18-29.

Mixon, D. Temporary false belief. *Personality and Social Psychology Bulletin*, 1977, *3*, 479-488.

Moreland, R. L., & Zajonc, R. B. Exposure effects may not depend on stimulus recognition. *Journal of Personality and Social Psychology*, 1979, *37*, 1085-1096.

Morgan, D. L., & Alwin, D. F. When less is more: School size and student social participation. *Social Psychology Quarterly*, 1980, *43*, 241-252.

Morris, C. G., & Hackman, J. R. Behavioral correlates of perceived leadership. *Journal of Personality and Social Psychology*, 1969, *13*, 350-361.

Moscovici, S., & Lage, E. Studies in social influence: Ⅲ. Majority vs. minority in a group. *European Journal of Social Psychology*, 1976, *6*, 149-174.

Moscovici, S., Lage, E., & Naffrechoux, M. Influence on a consistent minority on the responses of a majority in a color perception task. *Sociometry*, 1969, *32*, 360-380.

Myers, A. Team Competition, success, and adjustment of group members. *Journal of Abnormal and Social Psychology*, 1982, *65*, 325-332.

Myers, D. G., & Lamm, H. The group polarization phenomenon. *Psychological Bulletin*, 1976, *83*, 602-627.

Nadler. A., Altman, A. & Fisher, J. D. Helping is not enough: Recipient's reactions to aid as a function of positive and negative information about the self. *Journal of Personality*, 1979, *47*, 615-628.

Nadler, A., Fisher, J. D., & Streufert, S. The donor's dilemma Recipient's reactions to aid from friend or foe. *Journal of Applied Social Psychology*, 1974, *4*, 275-285.

Nadler, A., & Porat, I. Names do not help: Effects of anonymity and fours of need attribution on help-seeking behavior. *Personality and Social Psychology Bulletin*, 1978, *4*, 624-626.

Nahemow, L., & Lawton, M. P. Similarity and propinquity in friendship formation. *Journal of Personality and Social Psychology*, 1975, *32*, 205-213.

Nemeth, C., & Wachtler, J. Creating the perceptions of consistency and confidence: A necessary condition for minority influence. *Sociometry*, 1974, *37*, 529-540.

Newcomb, T. *Personality and social change*. Hindsdale, Ill.: Dryden Press, 1943.

Newcomb, T. Persistence and repression of changed attitudes: Long-range studies. *Journal of Social Issues*, 1963, *19*, 3-14.

Newcomb, T. M. Heidenian balance as a group phenomenon. *Journal of Personality and Social Psychology*, 1981, *40*, 862-867.

Newcomb, T., Koenig, K., Flacks, R. & Warwick, D. *Persistence and change: Bennington College and its students after 25 years*. New York: John Wiley & Sons, 1967.

Newman, J., & McCauley, C. Eye contact with strangers in city, suburb, and small town. *Environment and Behavior*, 1977, *9*, 547-558.

Newman, O. *Defensible space*. New York: Macmillan, 1972.

Newman, O. *Architectural design for crime prevention*. Government Printing Office: U. S. Department of Justice, 1973.

Nicosia, G. J., Hyman, D., Karlin, R. A., Epstein, Y. M., & Aiello, J. R. Effects of bodily contact on reactions to crowding. *Journal of Applied Social Psychology*, 1979, *9*, 508-523.

Nisbett, R. E., & Ross, L. *Human inference: Strategies and shortcomings of social judgments*. Englewood. Cliffs, N. J.: Prentice-Hall, 1980.

Nisbett, R. E., & Schachter, S. Cognitive manipulation of pain. *Journal of Experimental Social Psychology*, 1966, *2*, 227-236.

Nogami, G. Y. Crowding: Effects of group size, room size, or density? *Journal of Applied Social Psychology*, 1976, *6*, 105-125.

Norrell, N., & Worchel, S. A reexamination of the relation between equal status contact and intergroup attraction. *Journal of Personality and Social Psychology*, 1981, *41*, 902-908.

Osgood, C. E. *An alternative to war or surrender*. Urbana: University of Illinois Press, 1962.

Papalia, D. E., & Olds, S. W. *A child's world: Infancy through adolescence*. (3rd ed.). New York: McGraw Hill, 1982.

Parke, R. D., Berkowitz, L., Leyens, J. P., Wert, S. G., & Sebastian, R. J. Some effects of violent and nonviolent movies on the behavior of juvenile delinquents. In Berkowitz, L. (ed.). *Advances in Experimental Social Psychology*, Vol. 10, pp. 136-

73. New York: Academic Press, 1977.

Paulus, P. B., Cox, V., McCain, G., & Chandler, J. Some effects of crowding in a prison environment. *Journal of Applied Social Psychology*, 1975, *5*, 86-91.

Paulus, P., McCain, G., & Cox, V. Prison standards: Some pertinent data on crowding. *Federal Probation*, 1981, 45 (4), 48-54.

Paulus, P. B., & Murdock, P. Anticipated evaluation and audience presence in the enhancement of dominant responses. *Journal of Experimental Social Psychology*, 1971, *7*, 280-291.

Pearl, D., & Bouthilet, L. (Eds.) *Television and behavior: Ten years of scientific progress and implications for the 80's*. Washington, D. C.: U. S. Government Printing office, 1982.

Pelton, L. H. *The Psychology of nonviolence*. Elmsford, N. Y.: Pergamon press, 1974.

Perrin, S., & Spencer, C. The Asch effect-a child of its time? *Bulletin of the British Psychology Society*, 1980, *32*, 405-406.

Pessin, J., & Husband, R. W. Effects of social stimulation on human maze learning. *Journal of Abnormal and Social Psychology*, 1933, *28*, 148-154.

Pettigrew, T. F. Three issues in ethnicity: Boundaries, deprivations, and perceptions, In J. M. Yinger & S. J. Cutler (Eds.), *Major social issues: A multidisciplinary View*, New York: Free Press, 1978.

Pettigrew, T. F. Prejudice. In S. Thernstrom et al. (Eds.), *Harvard encyclopedia of American ethnic groups*. Cambridge, Mass.: Harvard University Press, 1980.

Piliavin, I. M., Pilliavin, J. A., & Rodin, J. Cost, diffusion, and the stigmatized victim. *Journal of Personality and Social Psychology*, 1975, *32*, 429-438.

Pilisuk, M., & Skolnik, P. Inducing trust: A test of the Osgood proposal. *Journal of Personality and Social Psychology*, 1968, *8*, 121-133.

Pliner, P., Heather, H., Kohl, J., & Saari, D. Compliance without pressure: Some further data on the foot-in-the-door technique. *Journal of Experimental Social Psychology*, 1974, *10*, 17-22.

Pressman, I., & Carol, A. Crime as a diseconomy of scale. Talk delivered at the Operations Research Society of America Convention, 1969.

Pruitt, D. G., & Insko, C. A. Extension of the Kelley attribution model: The role of comparison-object consensus, target-object consensus, distinctiveness and consistency. *Journal of Personality and Social Psychology*, 1980, *39*, 39-58.

Pryor, J. B., & Kriss, M. The cognitive dynamics of salience in the attribution process. *Journal of Personality and Social Psychology*, 1977, *35*, 49-55.

Rabbie, J. M., & Bekkers, F. Threatened leadership and intergroup competition. *Nelerlands Trjdschrift voor de Psychologie en haar Grensaebieden*, 1976, *31*, 269-283.

Raven, B.H., & French, J.R. Legitimate power, coercive power and observability in social influence. *Sociometry*, 1958, *21*, 83-97.

Raven, B. H., Centers, R., & Rodrigues, A. *Social influence in the Dyad: The Basis of conjugal power.* University of California at Los Angeles, 1969.

Raven, B. H., & Kruglanski, A. Conflict and Power. In Paul Swingle (Ed.), *The structure of conflict.* New York: Academic Press, 1970.

Rawlings, E.J. Reactive guilt and anticipatory guilt in altruistic behavior. In J. R. Macaulay & L. Berkowitz(Eds.), *Altruism and helping behavior.* New York: Academic Press, 1970.

Regan, D. T. Effects of a favor and liking on compliance. *Journal of Experimental Social Psychology*, 1971, *7*, 627-639.

Regula, R. C., & Julian, J. W. The impact of quality and frequency of task contributions on perceived ability. *Journal of Social Psychology*, 1973, *89*, 115-122.

Reichner, R. F. Differential responses to being ignored: The effects of architectural design and social density on interpersonal behavior. *Journal of Applied Social Psychology*, 1979, *9*, 13-26.

Reis, H. T., Nezlek, J., & Wheeler, L. Physical attractiveness in social interaction. *Journal of Personality and Social Psychology*, 1980, *38*, 640-617.

Reitz, H. J. *Behavior in organizations.* Homewood, Ill.: Irwin, 1977.

Reyes, R. M., Thompson, W. C., & Bower, G. H. Judgemental biases resulting from differing availabilities on arguments. *Journal of Personality and Social Psychology*, 1980, *39*, 2-12.

Rogers, R. W. Expressions of aggression: Aggression-inhibiting effects of anonymity to authority and threatened retaliation.

Personality and Social Psychology Bulletin, 1980, *6*, 315-320.

Rogers, R. W., & Prentice-Dunn, S. Deindividuation and anger-mediated interracial aggression: Unmasking regressive racism. *Journal of Personality and Social Psychology*, 1981, *41*, 63-73.

Rosenbaum, L. L. & Rosenbaum, W. B. Morale and productivity consequences of group leadership style, stress, and type of task. *Journal of Applied Psychology*, 1971, *55*, 343-348.

Rosenfeld, D. The relationship between self-esteem and egotism in males and females. Unpublished manuscript, Southern Methodist University, 1979.

Rosenfeld, D., Folger, R., & Adelman, H. F. When rewards reflect competence: A qualification of the overjustification effect. *Journal of Personality and Social Psychology*, 1980, *39*, 368-376.

Rosnow, R. L., & Fine, G. A. *Rumor and gossip: The social psychology of hearsay*. New York: Elsevier, 1976.

Ross, L. D. The intuitive psychologist and his shortcomings: Distortions in the attribution process. In L. Berkowitz (Ed.) *Advances in experimental social psychology*. (Vol. 10), New York: Academic Press, 1977.

Ross, L. D. The "intuitive scientist" formulation and its developmental implications. In J. H. Havell and L. Ross (Eds.), *Social cognitive development: Frontiers and possible futures*. Cambridge, England: Cambridge University Press, 1981.

Ross, L. D., & Anderson, C. A. Shortcomings in the attribution process: On the origins and maintenance of erroneous social assessments. In D. Kahneman, P. Slovic, & A. Tversky(Eds.).

Judgment under Uncertainty: Heuristics and biases. New York: Cambridge University Press, 1982.

Ross, M. & Fletcher, G. Social and cultural factors in cognition. In G. Lindsay and E. Aronson (Eds.), *Handbook of social psychology* (3rd ed.) (Vol. 2), 1983.

Ross, M., & Shulman, R. Increasing the salience of initial attitudes: Dissonance versus self-perception theory. *Journal of Personality and Social Psychology*, 1973, *28*, 138-144.

Rothbart, M., and Birrell, P. Attitude and the perception of faces. *Journal of Research Personality*, 1977, *11*, 209-215.

Rotton, J., Barry, T., Frey, J., & Soler, E. Air pollution and interpersonal attraction. *Journal of Applied Social Psychology*, 1978, *8*, 57-71.

Rubin, J. Z., & Brown, B. R. *The social psychology of bargaining and negotiation*. New York: Academic Press, 1975.

Rubin, Z. Measurement of romantic love. *Journal of Personality and Social Psychology*, 1970, *16*, 265-273.

Rubin, Z. *Liking and loving*. New York: Holt, Rinehart & Winston, 1973.

Rubin, Z., & Schenker, S. Friendship, proximity, and self-disclosure. *Journal of Personality*, 1978, *46*, 1-22.

Runge, T. E., & Archer, R. L. Reactions to self-disclosure of public and private information. Unpublished manuscript, University of Texas at Austin, 1979.

Rushton, J. P. Generosity in children: Immediate and long-term effects of modeling, preaching, and moral judgment. *Journal of Personality and Social Psychology*, 1975, *31*, 459-466.

Rushton, J. P. The effects of prosocial television and film material on the behavior of viewers. In L. Berkowitz (Ed.), *Advances in experimental social psychology* (Vol.12). New York: Academic Press, 1979.

Saegert, S., Swap, W., & Zajonc, R. B. Exposure, context, and interpersonal attraction. *Journal of Personality and Social Psychology*, 1973, *25*, 234-242.

Sampson, E. E. On justice as equality. *Journal of Social Issues*, 1975, *31*(3), 45-64.

Sanders, G. S., Baron, R. S, & Moore, D. L. Distraction and social comparison as mediators of social facilitations effects. *Journal of Experimental Social Psychology*, 1978, *14*, 291-303.

Sanders, G. S. Driven by distraction: An integrative review of social facilitation and theory and research. *Journal of Experimental Social Psychology*, 1981, *17*, 227-251. (a)

Sanders, G. S. Toward a comprehensive account of social facilitation: Distraction/conflict does not mean theoretical conflict. *Journal of Experimental Social Psychology*, 1981, *17*, 262-265. (b)

Santee, R. T., & Maslach, C. To agree or not to agree: Personal dissent amid social pressure to conform. *Journal of Personality and Social Psychology*, 1982, *42*, 690-700.

Schachter, S. Deviation, rejection and communication. *Journal of Abnormal and Social Psychology*, 1951, *46*, 190-207.

Schein, E. H. The Chinese indoctrination program for prisoners of war: A study of attempted brainwashing. *Psychiatry*, 1956, *19*, 149-172.

Schlenker, B. R., Helm, B., & Tedeschi, J. T. The effects of personality and situational variables on behavioral trust. *Journal of Personality and Social Psychology*, 1973, *25*, 419-427.

Schmidt, D. E., & Keating, J. P. Human crowding and personal control: An integration of the research. *Psychological Bulletin*, 1979, *86*, 680-700.

Schmitt, R. C. Density, delinquency and crime in Honolulu. *Sociology and Social Research*, 1957, *41*, 274-276.

Schmitt, R. C. Density, health, and social disorganization. *Journal of American Institute of Planners*, 1966, *32*, 38-40.

Schneier, C. E. The contingency model of leadership: An extension to emergent leadership and leader's sex. *Organizational Behavior and human performance*, 1978, *21*, 230-239.

Schonemann, P., Byrne, D., & Bell, P. A. A statistical reinterpretation of an attraction model. Unpublished manuscript, Purdue University, 1976.

Sears, R. R., Maccoby, E. E., & Levin H. *Patterns of child rearing*. Evanston, Ill.: Row, Peterson, 1957.

Secord, P. F., & Backman, C. W. *Social psychology* (2nd ed.). New York: McGraw Hill, 1974.

Seligman, M. E. P. *Helplessness: On depression, development, and death*. San Francisco: W. H. Freeman, 1975.

Seta, J. The impact of comparison processes on Conctors' task performance. *Journal of Personality and Social Psychology*, 1982, *42*, 281-291.

Severy, L. J., Forsyth, D.R., & Wagner, P. J. A multimethod assessment of personal space development in female and male, black and white children. *Journal of Nonverbal Behavior*, 1979, *4*, 68-86.

Shaver, P., & Freedman, J. L. Happiness. *Psychology Today*, August, 1976.

Shaw, M. A comparison of individuals and small groups in the rational solution of complex problems. *American Journal of Psychology*, 1932, *44*, 491-504.

Shaw, M. E. *Group dynamics: The psychology of small group behavior*. New York: McGraw-Hill, 1981.

Sherif, M., Harvey, O., White, B., Hood, W., & Sherif, C. *Intergroup conflict and cooperation: The Robber's Cove experiment*. Norman: Institute of Group Relations, University of Oklahoma, 1961.

Sherif, M., & Sherif, C. Research on intergroup relations. In W. Austin and S. Worchel (Eds.), *The social psychology of intergroup relations*. Monterey, Calif.: Brooks/Cole, 1979.

Sherman, S. J., Presson, C. C., Chassin, L., Bensenberg, M., Corty, E., & Olshavsky, R. *Direct experience and the predictability of smoking intentions in adolescents. Personality and Social Psychology Bulletin*, 1983.

Sherrod, D. R., Hage, J. N., Halpern, P. L., & Moore, B. S. Effects of personal causation and perceived control on responses to an aversive environment: The more control, the better. *Journal of Experimental Social Psychology*, 1977, *13*, 14-27.

Sherrod, D., & Cohen, S. Density, personal control and design. In S. Kaplan & R. Kaplan (Eds.), *Humanscapes: Environments for people*. North Scituate, Mass.: Duxbury, 1978.

Siegel, S., & Fouraker, L. E. *Bargaining and group decision-making: Experiments in bilateral monopoly*. New York: McGraw-Hill, 1960.

Siegel, J. M., & Steele, C. M. Noise level and social discrimination. *Personality and Social Psychology Bulletin*, 1979, *5*, 95-99.

Sigall, H., & Landy, D. Radiating beauty: Effects of attractive partner on person perception. *Journal of Social Psychology*, 1973, *28*, 218-224.

Sigall, H. Effects of competence and consensual validation on a communicator's liking for the audience. *Journal of Personality and Social Psychology*, 1970, *16*, 252-258.

Singer, J., Brush, C., & Lublin, S. Some aspects of deindividuation: Identification and conformity. *Journal of Experimental and Social Psychology*, 1965, *1*, 356-378.

Skolnick, P., & Heslin, R. Approval dependence and reactions to bad arguments and low credibility sources. *Journal of Experimental Research in Personality*, 1971, *5*, 199-207.

Smith, H. *The Russians*. New York: Ballantine Books, 1976.

Smith, H. W. Territorial spacing on a beach revisited: A cross-national exploration. *Social Psychology Quarterly*, 1981, *44*, 132-137.

Smith, T. C. Arms race instability and war. *Journal of Conflict Resolution*, 1980, *24*, 253-284.

Smith, T. W., Snyder, C. R., & Handlesman, M. M. On the self-serving function of an academic wooden leg: Test anxiety as a self-handicapping strategy. *Journal of Personality and Social Psychology*, 1982, *42*, 314-321.

Smith, G. F., & Dorfman, D. D. The effect of stimulus uncertainty on the relationship between frequency of exposure and liking. *Journal of Personality and Social Psychology*, 1975, *31*, 150-155.

Snyder, C. R., & Fromkin., H. L. *Uniqueness: The human pursuit of difference*. New York: Plenum Press, 1980.

Snyder, M., & Ebbesen, E. Dissonance awareness: A test of dissonance theory versus self-perception theory, *Journal of Experimental Social Psychology*, 1972, *8*, 502-517.

Snyder, M., & Swann, W. B., Jr. Behavioral confirmation in social interaction: From social perception to social reality. *Journal of Experimental Social Psychology*, 1978, *14*, 148-162.

Sohn, D. Critique of Cooper's meta-analytic assessment of the findings on sex differences in conformity behavior. *Journal of Personality and Social Psychology*, 1980, *37*, 1215-1221.

Sommer, R. *Personal space*. Englewood Cliffs, N. J.: Prentice-Hall, 1969.

Sorrentino, R. M., & Boutillier, R. G. The effect of quantity and quality of verbal interaction on ratings of leadership ability. *Journal of Experimental Social Psychology*, 1975, *11*, 403-411.

Spitzer, C. E., and Davis, J. H. Mutual social influence in dynamic groups. *Social Psychology*, 1978, *41*, 24-33.

Spivak, J. *Wall Street Journal*, June 6, 1979.

Srole, L. Urbanization and mental health: Some reformulations. *American Scientist*, 1972, *60*, 576-583.

Staats, A. W. Social behaviorism and human motivation: Principles of the attitude-reinforcer-discriminative system. In A.

G. Greenwald, T. C. Brock, & T. M. Ostrom (Eds.), *Psychological foundations of attitudes*. New York: Academic Press, 1968.

Staats, A. W., & Staats, C. K. Attitude established by classical conditioning. *Journal of Abnormal and Social Psychology*, 1958, *57*, 37-40.

Stang, D. J. Effects of interaction rate on ratings of leadership and liking. *Journal of Personality and Social Psychology*, 1973, *27*, 405-408.

Steele, C. M. Name-calling and compliance. *Journal of Personality and Social Psychology*, 1975, *31*, 361-369.

Stein, R. T., & Heller, T. An empirical analysis of the correlations between leadership status and participation rates reported in the literature. *Journal of Personality and Social Psychology*, 1979, *37*, 1993-2002.

Stephan, W. G., & Rosenfield, D. Effects of desegregation on racial attitudes. *Journal of Personality and Social Psychology*, 1978, *36*, 795-804.

Steiner, I. D. *Group process and productivity*. New York: Academic Press, 1972.

Steiner, I. D. Task-performing groups. In J. Thibaut, J. Spence, & R. Carson (Eds.), *Contemporary trends in social psychology*, Monistown, N. J.: General Learning Press, 1976.

Stewart, A. J., & Rubin, Z. The power motive in the dating couple. *Journal of Personality and Social Psychology*, 1976, *34*, 305-309.

Stockdale, J. E. Crowding: Determinants and effects. In L.

Berkowitz (Ed.), *Advances in experimental social psychology* (Vol. 11). New York: Academic Press, 1978.

Stokols, D. On the distinction between density and crowding: Some implications for future research. *Psychological Review*, 1972, *79*, 275-278.

Stokols, D. A typology of crowding experiences. In A. Baum & Y. M. Epstein (Eds.), *Human response to crowding*. Hillsdale, N. J.: Erlbaum, 1978, pp. 219-255.

Stoner, J. A comparison of individual and group decisions, including risk. Unpublished master's thesis, School of Industrial Management, MIT, 1961.

Storms, M. D., & Thomas, G. C. Reactions to physical closeness. *Journal of Personality and Social Psychology*, 1977, *35*, 412-418.

Streeter, L. A., Krauss, R. M. Geller, V., Olson, C., & Apple, W. Pitch changes during attempted deception. *Journal of Personality and Social Psychology*, 1977, *35*, 345-350.

Strickland, L. H. Changes in self-presentation in need for approval scores. *Perceptual and Motor Skills*, 1968, *27*, 335-337.

Strodtback, F. L., James, R. M., & Hawkins, D. Social status in jury deliberations. *American Sociological Review*, 1957, *22*, 713-719.

Sundstrom, E. Crowding as a sequential process: Review of research on the effects of population density on humans. In A. Baum & Y. Epstein (Eds.), *Human response to crowding*. Hillsdale, N. J.: Lawrence Erlbaum, 1978.

Svenson, O. Are we all less risky and more skillful than our fellow drivers? *Acta Psychologiea*, 1981, *47*, 143-148.

Swap, W. C. Interpersonal attraction and repeated exposure to rewarders and punishers. *Personality and Social Psychology Bulletin*, 1977, *3*, 248-251.

Sweeney, J. An experimental investigation of the free rider problem. *Social Science Research*, 1973, *2*, 277-292.

Swinth, R. L. A decision process model for predicting job preferences. *Journal of Applied Psychology*, 1976, *61*, 242-245.

Tajfel, H. Experiments in intergroup discrimination. *Scientific American*, November, 1970, pp. 96-102.

Tajfel, H. Experiments in a vacuum. In J. Israel and H. Tajfel (Eds.), The context of social psychology: A critical assessment. *European Monographs in Social Psychology*, No. 2. London: Academic Press, 1972.

Tajfel, H. *Human groups and social categories: Studies in social psychology*, London: Cambridge University Press, 1981.

Tajfel, H. Social psychology of intergroup relations. *Annual Review of Psychology*, 1982, *33*, 1-39.

Tajfel, H., & Billing, M. Familiarity and categorization in intergroup behavior. *Journal of Experimental Social Psychology*, 1974, *10*, 159-170.

Tajfel, H. & Turner, J. An integrative theory of intergroup conflict. In W. Austin & S. Worchel, *The social psychology of intergroup relations*. Monterey, Calif.: Brooks/Cole, 1979.

Taylor, S. E. A developing role for social psychology in medicine and medical practice. *Personality and Social Psychology Bulletin*, 1978, *4*, 515-523.

Taylor, S. E., & Crocker, J. Schematic bases of social information processing. In E. T. Higgins, C. P. Hermas, and M. P. Zanna (Eds.), *Social cognition: The Ontario Symposium* (Vol. 1). Hillsdale, N. J.: Erlbaum, 1981.

Taylor, S. E., & Fiske, S. T. Salience, attention and attribution: Top of the head phenomena. In L. Berkowitz (Ed.) , *Advances in experimental social psychology* (Vol. 2). New York: Academic Press, 1978.

Taynor, J., & Deaux, K. When women are more deserving than men: Equity, attribution and perceived sex differences. *Journal of Personality and Social Psychology*, 1973, *28*, 360-367.

Terborg, J. R., Castore, C., & De Ninno, J. A. A longitudinal field investigation of the impact of group composition on group performance and cohesion. *Journal of Personality and Social Psychology*, 1976, *34*, 782-790.

Thibant, J. W. The development of contractual norms in bargaining replication and variation. *Journal of Conflict Resolution*, 1968, *12*, 102-112.

Thibaut, J. W., & Gruder, O. L. The formation of contractual agreements between parties of unequal power. *Journal of Personality and Social Psychology*, 1969, *11*, 59-65.

Thibaut, J. W., & Walker, L. *Procedural justice*: A psychological analysis. Hillsdale, N. J.: Erlbaum, 1975.

Thibaut, J. W., & Walker, L. A theory of procedure. *California Law Review*, 1978, *66*, 541-566.

Thomas, M., Horton, R., Lippincott, E., & Drabman, R. Desensitization to portrayals of real-life aggression as a function of exposure to television violence. *Journal of Personality and Social*

Psychology, 1977, *35*, 450-458.

Thompson, W. C., Cowan, C. L., & Rosenhan, D. L. Focus of attention mediates the impact of negative effect on altruism. *Journal of Personality and Social Psychology*, 1980, *39*, 291-300.

Thompson, W., & Rapkin, D. Collaboration, consensus and detente: The external threat bloc cohesion hypothesis. *Journal of Conflict Resolution*, 1981, *25*, 615-638.

Tjosvold, D., & Sagaria, S. D. Effects of relative power on cognitive perspective-taking. *Personality and Social Psychology Bulletin*, 1978, *4*, 256-259.

Timnick, L. Birth defects linked to noise from jets? *Indianapolis Star*, February *26*, 1978.

Touhey, J. C. Comparison of two dimensions of attitude similarity on heterosexual attraction. *Journal of Personality and Social Psychology*, 1972, *23*, 8-10.

Travis, L. E. The effect of a small audience upon eye-hand coordination. *Journal of Abnormal and Social Psychology*, 1925, *20*, 142-146.

Trivers, R. L. The evolation of reciprocal altruism. *Quarterly Review of Biology*, 1971, *46*, 35-57.

Trivers, R. L. Parent-offspring conflict. *American Zoologist*, 1974, *14*, 249-264.

Tumin, M. M. Readiness and resistance to desegregation: A social portrait of the hard core. *Social Forces*, 1958, *36*, 256-263.

Tversky, A., & Kahneman, D. Availability: A heuristic for judging frequency and probability. *Cognitive Psychology*, 1973,

5, 207-232.

Tversky, A., & Kahneman, D. Judgement under uncertainty: Heuristics and biases. *Science*, 1974, *185*, 1123-1131.

Tversky, A., & Kahneman, D. Causal schemas in judgements under uncertainty. In M. Fishbein (Ed.), *Progress in social psychology* (Vol. 1). Hillsdale, N. J.: Lawrence Erlbaum, 1980.

Valenzi, E. R., & Andrews, I. R. Effects of hourly overpay and underpay inequity when tested with a new induction procedure. *Journal of Applied Psychology*, 1971, *55*, 22-27.

Van de Ven, A. H., and Delbecq. A. The effectiveness of nominal, Delphi, and interacting group decision-making process. *Academy of Management Journal*, 1974, *17*, 605-621.

Van de Vilert, E. Siding and other reactions to a conflict: A theory of escalation toward outsiders. *Journal of Conflict Resolution*, 1981, *25*, 495-520.

Verruge, L. M., & Taylor, R. B. Consequences of population density and size. *Urban Affairs Quarterly*, 1980, *16*, 135-160.

Van Zeist, D. An interpersonal relations technique for industry. *Personnel*, 1952, *29*, 68-77.

Voissem, N. H., & Sistrunk, F. Communication schedule and cooperative game behavior. *Journal of Personality and Social Psychology*, 1971, *19*, 160-167.

Wahrman, R. High status, deviance and sanctions. *Sociometry*, 1970, *33*, 485-504.

Walden, T., Nelson, P., & Smith, D. Crowding, privacy and coping. *Environment and Behavior*, 1981, *13*., 205-224.

Wallace ,M. Some persisting findings: A reply to Professor Wilde.

Journal of Conflict Resolution, 1980, *24*, 289-293.

Wallach, M., Kogan, N., & Bem, D. Diffusion of responsibility and level of risk taking in groups. *Journal of Abnormal and Social Psychology*, 1964, *68*, 263-274.

Wallach, M., & Wing, C. Is risk a value? *Journal of Personality and Social Psychology*, 1968, *9*, 101-106.

Walster, E. The effect of self-esteem on romantic liking. *Journal of Experimental Social Psychology*, 1965, *1*, 184-197.

Walster, E., Aronson, V., Abrahams, D., & Rottman, L. Importance of physical attractiveness in dating behavior. *Journal of Personality and Social Psychology*, 1966, *4*, 508-516.

Walster, E., Berscheid, E., & Walster, G. W. *Equity: Theory and research*. Boston: Allyn & Bacon, 1978.

Walster, E., & Festinger, L. The effectiveness of "overhead" persuasive communications. *Journal of Abnormal and Social Psychology*, 1962, *65*, 395-402.

Walster, E., & Walster, G .W. Effect of expecting to be liked on choice of associates. *Journal of Abnormal and Social Psychology*, 1963, *67*, 402-404.

Walster, E., & Walster, G. W. *Love*. Reading, Mass.: Addison-Wesley, 1978.

Walster, E., Traupman, J., & Walster, G. W. Equity and extramarital sex. *The Archives of Sexual Behavior*, 1979.

Waters, H. F., & Malamud, P. "Drop that gun, Captain Uides. "*Newsweek*" March 10, 1975, *85* (10), 81-82.

Watson, D. M., & Graves, T. D. Quantitative research in proxemic behavior. *American Anthropologist*, 1966, *68*, 971-985.

Watts, W. A., & Halt, L. E. Persistence of opinion change induced under conditions of forewarding and distraction. *Journal of Personality and Social Psychology*, 1979, *37*, 778-789.

Weick, K. E. The concept of equity in the perception of pay. *Administrative science Quarterly*, 1966, *11*, 414-439.

Weiner, B., Frieze, I., Kukla, A., Reed, L., Rest, S., & Rosenbaum, R. M. *Perceiving the causes of success and failure.* Morristown, N. J.: Silver Burdett/General Learning Press, 1971.

Weiner, B., & Peter, N. V. A cognitive-developmental analysis of achievement and moral judgements. *Developmental Psychology*, 1973, *9*, 290-309.

Weiner, B., Russell, D., & Lerman, D. The Cognition-emotion process in achievement-related contexts. *Journal of Personality and Social Psychology*, 1979, *37*, 1211-1220.

Weiner, F. Altruism, ambiance, and action: The effects of rural and urban rearing on helping behavior. *Journal of Personality and Social Psychology*, 1976, *34*, 112-124.

Weiss, J., & Brown, P. Self-insight error in the explanation of mood. Unpublished manuscript, Harvard University, 1976.

Whittaker, J. O., & Meade, R. D. Social pressure in the modification and distortion of judgment: A cross-cultural study. *International Journal of Psychology*, 1967, *2*, 109-113.

Wicker, A. W. Attitudes versus actions: The relationship of verbal and overt behavioral responses to attitude objects. *Journal of Social Issues*, 1969, *25*, 41-78.

Wicker, A. W. Ecological psychology: Some recent and prospective developments, *American Psychologist*, 1979, *34*, 755-765.

Wicker, A. W., Kirmeyers, S. L., Hanson, L., & Alexander, D. Effects of manning levels on subjective experiences, performance and verbal interactions in groups. *Organization Behavior and Human Performance*, 1976, *17*, 251-274.

Wicklund, R. A. *Freedom and reactance*. Potomac, Md.: Lawrence Erlbaum, 1974.

Wicklund, R. A. The influence of self-awareness on human behavior. *American Scientist*, 1979, *67*, 187-193.

Wicklund, R. A., & Brehm, J. W. *Perspectives on cognitive dissonance*, Hillsdale, N. J.: Lawrence Erlbaum, 1976.

Wilder, D. A. Perceiving persons as a group: Categorization and intergroup relations. In D. L. Hamilton (Ed.), *Cognitive processes in stereotyping and intergroup behavior*. Hillsdale, N. J.: Lawrence Erlbaum, 1981.

Wilder, D. A., & Thompson, J. E. Intergroup contact with independent manipulations of in-group and out-group interaction. *Journal of Personality and Social Psychology*, 1980, *38*, 589-603.

Wiley, M. G., Crittenden, K. S., & Birg, L. D. Why a rejection? Causal attribution of a career achievement event. *Social Psychology Quarterly*, 1979, *42*, 214-222.

Williams, K. D. The effects of group cohesion on social loafing, Paper presented at the Midwestern Psychological Association convention, 1981.

Wilson, E. O. *Sociobiology: The new synthesis*, Cambridge, Mass.: Harvard University Press, 1975.

Wilson, G. T., & Rogers, R. W. The fire this time: Effects of race of target, insult, and potential retaliation on black aggression. *Journal of Personality and Social Psychology*, 1975, *32*, 857-864.

Wilson, E. O. *On human nature*. Cambridge, Mass.: Harvard University Press, 1978.

Witkin, H. A., Mednick, S. A., Schulsinger, F., Bakkestrom, E., Christiansen, K. O., Goodenough, D. R., Hirschhorn, K., Lundsteen, C., Owen, D. R., Philip, J., Rubin, D. B., & Stocking, M. Criminality in XYY and XXY men. *Science*, 1976, *196*, 547-555.

Wish, M., Deutsch, M., & Kaplan, S. J. Perceived dimensions of interpersonal relations. *Journal of Personality and Social Psychology*, 1976, *33*, 409-420.

Wixon, D .R., & Laird, J. D. Awareness and attitude change in the forced-compliance paradigm: The importance of when. *Journal of Personality and Social Psychology*, 1976, *34*, 376-384

Won-Doornik, M. J. On getting to know you. The association between the stage of a relationship and the reciprocity of self-disclosure. *Journal of Experimental Social Psychology*, 1979, *15*, 229-241.

Worchel, P. Trust and distrust. In W. C. Austin and S. Worchel (Eds.), *The social psychology of intergroup relations*. Monterey, Calif.: Brooks/Cole, 1979.

Worchel, S. The effect of three types of arbitrary thwarting on the instigation to aggression. *Journal of Personality*, 1974, *42*, 300-318.

Worchel, S. The experience of crowding: An attributional analysis. In A. Baum & Y. Epstein, *Human response to crowding.* Hillsdale, N. J.: Lawrence Erlbaum, 1978.

Worchel, S., & Andreoli, V. A. Attribution of causality as a means of restoring behavioral freedom. *Journal of Personality and Social Psychology*, 1974, *29*, 237-245.

Worchel, S., Andreoli, V. A., & Folger, R. Intergroup Cooperation and intergroup attraction: The effect of precious interaction and outcome of combined effort. *Journal of Experimental Social Psychology*, 1977, *13*, 131-140.

Worchel, S., & Norvell, N. Effect of perceived environmental conditions during cooperation on intergroup attraction. *Journal of Personality and Social Psychology*, 1980, *38*, 764-772.

Worchel, S., & Yohai, S. M. L. The role of attribution in the experience of crowding. *Journal of Experimental Social Psychology*, 1979, *15*, 91-104.

Wortman, C. B., & Brehm, J. W. Responses to uncontrollable outcomes: An integration of reactance theory and the learned helplessness model. In L. Berkowitz (Ed.), *Advances in experimental social psychology* (Vol. 8), New York: Academic Press, 1975, pp. 277-336.

Wylie, R. C. *The self-concept (Vol. 2): Theory and research on selected topics*. Lincoln, Neb.: University of Nebraska Press, 1979.

Younger, J. C., Walker, L., & Arrowood, J. A. Postdecision dissonance at the fair. *Personality and Social Psychology Bulletin*, 1977, *3*, 284-287.

Yukl, G. A. Effects of information, payoff magnitude, and favorability of alternative settlement on bargaining outcomes. *Journal of Social Psychology*, 1976, *98*, 269-282.

Zajonc, R. B. Social facilitation, *Science*, 1965, *149*, 269-274.

Zajonc, R. Attitudinal effects of mere exposure. *Journal of Personality and Social Psychology*, 1968, *9*, 1-27.

Zajonc, R. B., Wolosin, R.J., & Wolosin, M. A. Group risk-taking under various group decision schemes. *Journal of Experimental Social Psychology*, 1972, *8*, 26-46.

Zaleska, M. Some experimental results: Majority influence on group decisions. In H. Brandstätter, J. H. Davis, & H. Schuler (Eds.), *Dynamics of group decisions*. Beverly Hills, Calif.: Sage Publications, 1978.

Zander, A. *Making groups effective*. San Francisco: Jossey-Bass, 1982.

Zanna, M., Kiesler, C. A., & Pilkonis, P. Positive and negative attitudinal effect established by classical conditioning, *Journal of Personality and Social Psychology*, 1970, *14*, 321-328.

Zimbardo, P. G. The human choice: Individuation, reason, and order versus deindividuation, impulse, and chaos. In W. J. Arnold & D. Levine (Eds.), *Nebraska Symposium on Motivation*, 1969. Lincoln: University of Nebraska Press, 1970.

Zuckerman, M. Attribution of success and failure revisited, or: The motivational bias is alive and well in attribution theory. *Journal of Personality*, 1979, *47*, 245-287.

Zuckerman, M., Larrance, D. T., Porac, J. F. A., & Blank, P. D. Effects of fear of success on intrinsic motivation, causal attribution and choice behavior. *Journal of Personality and*

Social Psychology, 1980, *39*, 503-513.

英文教科書

Aronson, E. *The Social Animal*. (3rd ed.). San Francisco: Freeman, 1980.

Baron, R. A., & Byrne, D. *Social Psychology: Understanding human interaction*. (3rd ed.). Boston, Mass.: Allyn and Bacon, 1981.

Berkowitz, L. *A survey of social psychology*, (2nd ed.). New York: Holt, Rinehart &Winston, 1980.

Freedman, J. L., Sears, D. O. & Carlsmith, J. M. *Social Psychology*, (4th, ed.). Englewood Cliffs, N. J.: Prentice-Hall, 1981.

Gergen, K. J. & Gergen, M. *Social Psychology*. New York: Harcourt Brace Jovanovich, 1981.

Myers, D. G. *Social Psychology*. New York: McGraw-Hill, 1983.

Sherrod, D. *Social Psychology*. New York: Random House, 1982.

Worchel, S., & Cooper, J. *Understanding social psychology*, (3rd ed.). Homewood, Ill.: Dorsey, 1983.

索　　引

五 劃

六 劃

七　劃

八　　劃

九　　劃

十　劃

十 一 劃

強制執行法	陳榮宗 著	臺灣大學
法院組織法論	管歐 著	東吳大學

政治・外交

政治學	薩孟武 著	前臺灣大學
政治學	鄒文海 著	前政治大學
政治學	曹伯森 著	陸軍官校
政治學	呂亞力 著	臺灣大學
政治學概要	張金鑑 著	政治大學
政治學方法論	呂亞力 著	臺灣大學
政治理論與研究方法	易君博 著	政治大學
公共政策概論	朱志宏 著	臺灣大學
公共政策	曹俊漢 著	臺灣大學
公共政策	朱志宏 著	臺灣大學
公共關係	王德馨 等著	交通大學
中國社會政治史㈠～㈣	薩孟武 著	前臺灣大學
中國政治思想史	薩孟武 著	前臺灣大學
中國政治思想史（上）（中）（下）	張金鑑 著	政治大學
西洋政治思想史	張金鑑 著	政治大學
西洋政治思想史	薩孟武 著	前臺灣大學
中國政治制度史	張金鑑 著	政治大學
比較主義	張亞澐 著	政治大學
比較監察制度	陶百川 著	國策顧問
歐洲各國政府	張金鑑 著	政治大學
美國政府	張金鑑 著	政治大學
地方自治概要	管歐 著	東吳大學
國際關係——理論與實踐	朱張碧珠 著	臺灣大學
中美早期外交史	李定一 著	政治大學
現代西洋外交史	楊逢泰 著	政治大學

行政・管理

行政學（增訂版）	張潤書 著	政治大學
行政學	左潞生 著	中興大學
行政學新論	張金鑑 著	政治大學

行政管理學	傅肅良 著	中興大學
行政生態學	彭文賢 著	中興大學
各國人事制度	傅肅良 著	中興大學
考詮制度	傅肅良 著	中興大學
交通行政	劉承漢 著	成功大學
組織行爲管理	龔平邦 著	前逢甲大學
行爲科學概論	龔平邦 著	前逢甲大學
行爲科學與管理	徐木蘭 著	臺灣大學
組織行爲學	高尚仁 等著	香港大學
組織原理	彭文賢 著	中興大學
實用企業管理學	解宏賓 著	中興大學
企業管理	蔣靜一 著	逢甲大學
企業管理	陳定國 著	臺灣大學
國際企業論	李蘭甫 著	中文大學
企業政策	陳光華 著	交通大學
企業概論	陳定國 著	臺灣大學
管理新論	謝長宏 著	交通大學
管理概論	郭崑謨 著	中興大學
管理個案分析	郭崑謨 著	中興大學
企業組織與管理	郭崑謨 著	中興大學
企業組織與管理（工商管理）	盧宗漢 著	中興大學
現代企業管理	龔平邦 著	前逢甲大學
現代管理學	龔平邦 著	前逢甲大學
事務管理手冊	新聞局 著	
生產管理	劉漢容 著	成功大學
管理心理學	湯淑貞 著	成功大學
管理數學	謝志雄 著	東吳大學
品質管理	戴久永 著	交通大學
可靠度導論	戴久永 著	交通大學
人事管理（修訂版）	傅肅良 著	中興大學
作業研究	林照雄 著	輔仁大學
作業研究	楊超然 著	臺灣大學
作業研究	劉一忠 著	舊金山州立大學

系統分析	陳 進	著	前聖瑪麗大學

社會

社會學	蔡文輝	著	印第安那大學
社會學	龍冠海	著	前臺灣大學
社會學	張華葆	主編	東海大學
社會學理論	蔡文輝	著	印第安那大學
社會學理論	陳秉璋	著	政治大學
社會心理學	劉安彥	著	傑克遜州立大學
社會心理學	張華葆	著	東海大學
社會心理學	趙淑賢	著	安柏拉校區
社會心理學理論	張華葆	著	東海大學
政治社會學	陳秉璋	著	政治大學
醫療社會學	廖榮利 等	著	臺灣大學
組織社會學	張笠雲	著	臺灣大學
人口遷移	廖正宏	著	臺灣大學
社區原理	蔡宏進	著	臺灣大學
人口教育	孫得雄	編著	東海大學
社會階層化與社會流動	許嘉猷	著	臺灣大學
社會階層	張華葆	著	東海大學
西洋社會思想史	張承漢 等	著	臺灣大學
中國社會思想史（上）（下）	張承漢	著	臺灣大學
社會變遷	蔡文輝	著	印第安那大學
社會政策與社會行政	陳國鈞	著	中興大學
社會福利行政（修訂版）	白秀雄	著	臺灣大學
社會工作	白秀雄	著	臺灣大學
社會工作管理	廖榮利	著	臺灣大學
團體工作：理論與技術	林萬億	著	臺灣大學
都市社會學理論與應用	龍冠海	著	前臺灣大學
社會科學概論	薩孟武	著	前臺灣大學
文化人類學	陳國鈞	著	中興大學

勞工問題	陳國鈞	著	中興大學
少年犯罪心理學	張華葆	著	東海大學
少年犯罪預防及矯治	張華葆	著	東海大學

教　育

教育哲學	賈馥茗	著	臺灣師大
教育哲學	葉學志	著	彰化教院
普通教學法	方炳林	著	前臺灣師大
各國教育制度	雷國鼎	著	臺灣師大
教育心理學	溫世頌	著	傑克遜州立大學
教育心理學	胡秉正	著	政治大學
教育社會學	陳奎憙	著	臺灣師大
教育行政學	林文達	著	政治大學
教育行政原理	黃文輝	主譯	臺灣師大
教育經濟學	蓋浙生	著	臺灣師大
教育經濟學	林文達	著	政治大學
工業教育學	袁立錕	著	彰化教院
技術職業教育行政與視導	張天津	著	臺灣師大
技職教育測量與評鑑	李大偉	著	臺灣師大
高科技與技職教育	楊啟棟	著	臺灣師大
工業職業技術教育	陳昭雄	著	臺灣師大
技術職業教育教學法	陳昭雄	著	臺灣師大
技術職業教育辭典	楊朝祥	編著	臺灣師大
技術職業教育理論與實務	楊朝祥	著	臺灣師大
工業安全衛生	羅文基	著	
人力發展理論與實施	彭台臨	著	臺灣師大
職業教育師資培育	周談輝	著	臺灣師大
家庭教育	張振宇	著	淡江大學
教育與人生	李建興	著	臺灣師大
當代教育思潮	徐南號	著	臺灣師大
比較國民教育	雷國鼎	著	臺灣師大
中等教育	司琦	著	政治大學
中國教育史	胡美琦	著	文化大學

中國現代教育史	鄭世興　著	臺灣師大
中國大學教育發展史	伍振鷟　著	臺灣師大
中國職業教育發展史	周談輝　著	臺灣師大
社會教育新論	李建興　著	臺灣師大
中國社會教育發展史	李建興　著	臺灣師大
中國國民教育發展史	司琦　著	政治大學
中國體育發展史	吳文忠　著	臺灣師大
如何寫學術論文	宋楚瑜　著	臺灣大學
論文寫作研究	段家鋒　等著	政戰學校等

心理學

心理學	劉安彥　著	傑克遜州立大學
心理學	張春興　等著	臺灣師大等
人事心理學	黃天中　著	淡江大學
人事心理學	傅肅良　著	中興大學

經濟・財政

西洋經濟思想史	林鐘雄　著	臺灣大學
歐洲經濟發展史	林鐘雄　著	臺灣大學
比較經濟制度	孫殿柏　著	政治大學
經濟學原理（增訂新版）	歐陽勛　著	政治大學
經濟學導論	徐育珠　著	南康涅狄克州立大學
經濟學概要	歐陽勛　等著	政治大學
通俗經濟講話	邢慕寰　著	前香港大學
經濟學（增訂版）	陸民仁　著	政治大學
經濟學概論	陸民仁　著	政治大學
國際經濟學	白俊男　著	東吳大學
國際經濟學	黃智輝　著	東吳大學
個體經濟學	劉盛男　著	臺北商專
總體經濟分析	趙鳳培　著	政治大學
總體經濟學	鐘甦生　著	西雅圖銀行
總體經濟學	張慶輝　著	政治大學
總體經濟理論	孫震　著	臺灣大學

數理經濟分析	林大侯 著	臺灣大學
計量經濟學導論	林華德 著	臺灣大學
計量經濟學	陳正澄 著	臺灣大學
經濟政策	湯俊湘 著	中興大學
合作經濟概論	尹樹生 著	中興大學
農業經濟學	尹樹生 著	中興大學
工程經濟	陳寬仁 著	中正理工學院
銀行法	金桐林 著	華南銀行
銀行法釋義	楊承厚 著	銘傳管理學院
商業銀行實務	解宏賓 編著	中興大學
貨幣銀行學	何偉成 著	中正理工學院
貨幣銀行學	白俊男 著	東吳大學
貨幣銀行學	楊樹森 著	文化大學
貨幣銀行學	李穎吾 著	臺灣大學
貨幣銀行學	趙鳳培 著	政治大學
現代貨幣銀行學	柳復起 著	新南威爾斯大學
現代國際金融	柳復起 著	新南威爾斯大學
國際金融理論與制度（修訂版）	歐陽勛等編著	政治大學
金融交換實務	李麗 著	中央銀行
財政學	李厚高 著	逢甲大學
財政學（修訂版）	林華德 著	臺灣大學
財政學原理	魏萼 著	臺灣大學
商用英文	張錦源 著	政治大學
商用英文	程振粵 著	臺灣大學
貿易契約理論與實務	張錦源 著	政治大學
貿易英文實務	張錦源 著	政治大學
信用狀理論與實務	蕭啟賢 著	輔仁大學
信用狀理論與實務	張錦源 著	政治大學
國際貿易	李穎吾 著	臺灣大學
國際貿易實務詳論	張錦源 著	政治大學
國際貿易實務	羅慶龍 著	逢甲大學

國際貿易理論與政策（修訂版）	歐陽勛等編著	政治大學
國際貿易政策概論	余德培 著	東吳大學
國際貿易論	李厚高 著	逢甲大學
國際商品買賣契約法	鄧越今 編著	外貿協會
國際貿易法概要	于政長 著	東吳大學
國際貿易法	張錦源 著	政治大學
外匯投資理財與風險	李 麗 著	中央銀行
外匯、貿易辭典	于政長 編著 張錦源 校訂	東吳大學 政治大學
貿易實務辭典	張錦源 編著	政治大學
貿易貨物保險（修訂版）	周詠棠 著	中央信託局
貿易慣例	張錦源 著	政治大學
國際匯兌	林邦充 著	政治大學
國際行銷管理	許士軍 著	新加坡大學
國際行銷	郭崑謨 著	中興大學
行銷管理	郭崑謨 著	中興大學
海關實務（修訂版）	張俊雄 著	淡江大學
美國之外匯市場	于政長 譯	東吳大學
保險學（增訂版）	湯俊湘 著	中興大學
人壽保險學（增訂版）	宋明哲 著	德明商專
人壽保險的理論與實務	陳雲中 編著	臺灣大學
火災保險及海上保險	吳榮清 著	文化大學
市場學	王德馨 等著	中興大學
行銷學	江顯新 著	中興大學
投資學	龔平邦 著	前逢甲大學
投資學	白俊男 等著	東吳大學
海外投資的知識	葉雲鎮 等譯	
國際投資之技術移轉	鍾瑞江 著	東吳大學

會計・統計・審計

銀行會計（上）（下）	李兆萱 等著	臺灣大學等
初級會計學（上）（下）	洪國賜 著	淡水工商
中級會計學（上）（下）	洪國賜 著	淡水工商
中等會計（上）（下）	薛光圻 等著	西東大學等

會計辭典	龍毓聃 譯	
會計學（上）（下）	幸世間 著	臺灣大學
會計學題解	幸世間 著	臺灣大學
成本會計（上）（下）	洪國賜 著	淡水工商
成本會計	盛禮約 著	淡水工商
政府會計	李增榮 著	政治大學
政府會計	張鴻春 著	臺灣大學
稅務會計	卓敏枝 等著	臺灣大學等
財務報表分析	洪國賜 等著	淡水工商等
財務報表分析	李祖培 著	中興大學
財務管理	張春雄 著	政治大學
財務管理（增訂新版）	黃柱權 著	政治大學
商用統計學（修訂版）	顏月珠 著	臺灣大學
商用統計學	劉一忠 著	舊金山州立大學
統計學（修訂版）	張松林 著	政治大學
統計學	劉南溟 著	前臺灣大學
統計學	張浩鈞 著	臺灣大學
統計學	楊維哲 著	臺灣大學
統計學	顏月珠 著	臺灣大學
統計學題解	顏月珠 著	臺灣大學
推理統計學	張碧波 著	銘傳管理學院
應用數理統計學	顏月珠 著	臺灣大學
統計製圖學	宋汝濬 著	臺中商專
統計概念與方法	戴久永 著	交通大學
審計學	殷文俊 等著	政治大學
商用數學	薛昭雄 著	政治大學
商用數學（含商用微積分）	楊維哲 著	臺灣大學
線性代數（修訂版）	謝志雄 著	東吳大學
商用微積分	何典恭 著	淡水工商
微積分	楊維哲 著	臺灣大學
微積分（上）（下）	楊維哲 著	臺灣大學
大二微積分	楊維哲 著	臺灣大學

機率導論	戴久永	著	交通大學

新聞

傳播研究方法總論	楊孝濚	著	東吳大學
傳播研究調查法	蘇蘅	著	輔仁大學
傳播原理	方蘭生	著	文化大學
行銷傳播學	羅文坤	著	政治大學
國際傳播	李瞻	著	政治大學
國際傳播與科技	彭芸	著	政治大學
廣播與電視	何貽謀	著	輔仁大學
廣播原理與製作	于洪海	著	中廣
電影原理與製作	梅長齡	著	前文化大學
新聞學與大眾傳播學	鄭貞銘	著	文化大學
新聞採訪與編輯	鄭貞銘	著	文化大學
新聞編輯學	徐旭	著	新生報
採訪寫作	歐陽醇	著	臺灣師大
評論寫作	程之行	著	紐約日報
新聞英文寫作	朱耀龍	著	前文化大學
小型報刊實務	彭家發	著	政治大學
廣告學	顏伯勤	著	輔仁大學
媒介實務	趙俊邁	著	東吳大學
中國新聞傳播史	賴光臨	著	政治大學
中國新聞史	曾虛白	主編	
世界新聞史	李瞻	著	政治大學
新聞學	李瞻	著	政治大學
新聞採訪學	李瞻	著	政治大學
新聞道德	李瞻	著	政治大學
電視制度	李瞻	著	政治大學
電視新聞	張勤	著	中視文化公司
電視與觀眾	曠湘霞	著	政治大學
大眾傳播理論	李金銓	著	明尼西達大學
大眾傳播新論	李茂政	著	政治大學

大衆傳播與社會變遷	陳世敏 著	政治大學
組織傳播	鄭瑞城 著	政治大學
政治傳播學	祝基瀅 著	
文化與傳播	汪　琪 著	政治大學

歷史・地理

中國通史（上）（下）	林瑞翰 著	臺灣大學
中國現代史	李守孔 著	臺灣大學
中國近代史	李守孔 著	臺灣大學
中國近代史	李雲漢 著	政治大學
中國近代史（簡史）	李雲漢 著	政治大學
中國近代史	古鴻廷 著	東海大學
隋唐史	王壽南 著	政治大學
明清史	陳捷先 著	臺灣大學
黃河文明之光	姚大中 著	東吳大學
古代北西中國	姚大中 著	東吳大學
南方的奮起	姚大中 著	東吳大學
中國世界的全盛	姚大中 著	東吳大學
近代中國的成立	姚大中 著	東吳大學
西洋現代史	李邁先 著	臺灣大學
東歐諸國史	李邁先 著	臺灣大學
英國史綱	許介鱗 著	臺灣大學
印度史	吳俊才 著	政治大學
日本史	林明德 著	臺灣師大
日本現代史	許介鱗 著	臺灣大學
近代中日關係史	林明德 著	臺灣師大
美洲地理	林鈞祥 著	臺灣師大
非洲地理	劉鴻喜 著	臺灣師大
自然地理學	劉鴻喜 著	臺灣師大
地形學綱要	劉鴻喜 著	臺灣師大
聚落地理學	胡振洲 著	中興大學
海事地理學	胡振洲 著	中興大學
經濟地理	陳伯中 著	前臺灣大學
都市地理學	陳伯中 著	前臺灣大學